그레첸 루빈은 정크푸드를 끊고 헬스클럽에 다니는 습관부터 일을 미루지 않는 습관, 저축하는 습관에 이르기까지 습관을 효과적으로 들이는 비밀을 대담하고 기발하게 밝히며 습관에 관한 우리의 통념을 깨부순다. 우리에게 필요한 첫 번째 습관은 보물과도 같은 이 책을 매일 한 장씩 읽는 것이다.

_애덤 그랜트(《오리지널스》 저자)

깊이 있는 연구와 관찰, 조사에 기반을 둔 이 책은 좋은 습관을 들이는 방법은 물론, 그보다 더 중요한 나쁜 습관을 바꾸는 방법을 구체적으로 설명한다. 변화를 꿈꾸는 모든 이에게 꼭 필요한 책이다.

_찰스 두히그(《습관의 힘》 저자)

꼭 버리고 싶은 나쁜 습관이 있는가? 있었으면 하는 좋은 습관은? 그레첸 루빈의 글은 매력이 흘러넘친다. 이 책을 읽으면 건강하게 먹고 자면서도 더 이상 일을 미루지 않고 삶의 모든 것을 만끽할 수 있다. 어제와 다른 삶을 살 수 있는 방법을 알려주는 책이다.

_수전 케인(《콰이어트》 저자)

그레첸 루빈은 누구보다 강한 호기심으로 습관을 정복하는 방법을 쉬지 않고 연구했다. 저자의 놀라운 통찰력과 흥미로운 경험담을 읽으면 진정한 변화를 경험할 수 있을 것이다. 이 책을 읽고 난 뒤 습관에 대한 내 생각이 바뀌었고 덕분에 행복해졌다.

_브레네 브라운(《마음가면》 저자)

인간의 행동패턴을 철저히 분석한 이 책은 '내 인생을 바꾸려면 어떻게 해야 할까?'라는 오래된 화두를 다룬다. 그레첸 루빈은 목표와 가치관을 반영한 삶을 살아가는 방법을 기발하고 재치 있게 소개하고 있다.

_아리아나 허핑턴(허핑턴포스트 미디어그룹 회장)

바꾸고 싶은 습관이 있는가? 그렇다면 이 책부터 읽어라. 실제로 일상에 적용할 수 있는 조언과 전략이 당신을 성공으로 이끌어줄 것이다.

_댄 히스(《스틱》 저자)

그레첸 루빈은 실생활에 적용 가능한 정보를 아낌없이 전해주는 한편, 왜 그토록 많은 사람이 습관을 제대로 고치지 못했는지 설명한다. 일상을 변화시키고 싶은 사람들에게 큰 가르침을 주는 책이다.

_세스 고딘(《보랏빛 소가 온다》 저자)

정말 똑똑하고 따뜻하며 유머러스한 저자가 쓴 최고의 책이다. 실제 경험과 다양한 조사를 통해 그녀는 진실로 변화를 꿈꾸는 사람들에게 명쾌한 답을 선물한다.

_앤 라모트(《나쁜 날들에 필요한 말들》 저자)

누구나 날씬하고 똑똑해지길 원한다. 누구나 잘생기고 재미있고 일을 잘하는 사람, 행복한 사람이 되길 바란다. 또 누구나 자신이 어제보다 나아졌는지 알고 싶어 한다. 이 책은 그 방법을 알려준다. 습관을 주제로 한 여타 서적과 달리 삶을 제대로 바꾸는 구체적인 방법과 계획을 제시하는 책이다.

_브라이언 완싱크(《나는 왜 과식하는가》 저자)

대단한 통찰력으로 무장한 책이다. 이 책은 어떻게 하면 더 건강하게 먹고 운동할 수 있는지, 일을 미루지 않고 스트레스를 덜 받는지, 중요한 일에 집중할 수 있는지 등에 관해 놀랄 정도로 실용적인 팁을 제시하고 있다.

_캐시 빌(아마존 독자)

그레첸 루빈은 습관에 관한 자신의 성향을 조사한 후 우리 모두의 삶을 더 행복하게 만들어줄 훌륭한 지침서를 내놓았다.

_다이애나 가드(아마존 독자)

다정하고 솔직하며 재미있는 저자의 글을 읽고 있으면 마치 친한 친구와 대화를 나누는 듯한 기분이 든다. 즐겁게 책을 읽다 보면 일상을 변화시킬 힘이 솟는다.

_제너비브 로드리게스(아마존 독자)

저자는 인생의 가장 중요한 목표가 무엇인지, 그 목표를 손에 넣으려면 어떻게 해야 하는지 상세히 알려준다.

_《뉴욕 타임스》

좋은 습관을 들이면 더 이상 건강하게 먹거나 위대한 문학 작품을 읽으려 애쓰지 않아도 된다. 아인슈타인이 매일 회색 재킷과 셔츠를 입었던 것처럼 우리도 그런 사소한 일에 신경 쓰느라 시간을 낭비하지 않을 수 있다. 이 책은 따르고 싶은 좋은 행동을 습관화하는 위대한 방법을 친절하고 구체적으로 알려준다.

_《타임》

우리의 삶에 긍정적인 영향을 미치는 변화는 꼭 필요하다. 저자가 새 프로젝트에 제시한 목표처럼 변화를 통해 우리가 더 건강하고 행복하게 오래 살 수 있다면 이보다 더 좋은 것이 어디 있겠는가.

_《시카고 트리뷴》

그레첸 루빈에 따르면 사람들은 대부분 네 가지 성향 중 하나에 속한다. 자신의 성향을 알면 새로운 습관을 잘 들일 수 있다. 이 책은 이제껏 알지 못했던 새로운 변화의 힘을 알려준다.

_《라이프해커》

자신 있게 말하건대 그레첸 루빈의 이 책은 당신의 인생을 360도 바꿔놓을 것이다.

_《베터 홈스 앤 가든스》

이 책은 우리가 더 이상 일을 미루지 않고 운동과 정리정돈을 시작하게 해준다. 행복 전도사 그레첸 루빈은 삶의 변화를 둘러싼 케케묵은 고정관념을 타파하고, 누구나 따라 하는 좋은 습관이 아닌 자신에게 꼭 맞는 습관을 찾도록 도와준다.

_《퍼레이드》

저자는 철학자 윌리엄 제임스의 뒤를 이어 심리학, 사회학, 인류학적인 지식을 통해 현대인의 삶을 바꿔주는 습관의 힘을 밝히고 있다.

_《브레인 피킹스》

행복의 비밀은 바로 습관에 있다. 자신에게 맞는 습관을 들이면 훨씬 건강하고 행복한 삶, 풍요로운 삶을 살 수 있다. 그레첸 루빈의 이야기를 통해 행복 속으로 들어가 보자.

_《맥클린스》

나는 오늘부터 달라지기로 결심했다

Better Than Before:
Mastering the Habits of Our Everyday Lives
by Gretchen Rubin
First published by Crown Publishers, an imprint of the Crown Publishing Group,
a division of Random House LLC, a Penguin Random House Company, New York.

Korean Translation Copyright © 2016 by The Business Books and Co., Ltd.
Korean edition is published by arrangement with Gretchen Rubin c/o
Fletcher & Company LLC, New York through Duran Kim Agency, Seoul.

나는
오늘부터
달라지기로
결심했다

그레첸 루빈 지음 | 유혜인 옮김

어제보다 나은 내일을 꿈꾸는 맞춤형 습관 수업

비즈니스북스

나는 오늘부터 달라지기로 결심했다

1판 1쇄 발행 2016년 11월 25일
1판 8쇄 발행 2022년 10월 21일

지은이 | 그레첸 루빈
옮긴이 | 유혜인
발행인 | 홍영태
발행처 | (주)비즈니스북스
등 록 | 제2000-000225호(2000년 2월 28일)
주 소 | 03991 서울시 마포구 월드컵북로6길 3 이노베이스빌딩 7층
전 화 | (02)338-9449
팩 스 | (02)338-6543
대표메일 | bb@businessbooks.co.kr
홈페이지 | http://www.businessbooks.co.kr
블로그 | http://blog.naver.com/biz_books
페이스북 | thebizbooks
ISBN 979-11-86805-43-5 03190

비즈니스북스는 독자 여러분의 소중한 아이디어와 원고 투고를 기다리고 있습니다.
원고가 있으신 분은 ms1@businessbooks.co.kr로 간단한 개요와 취지, 연락처 등을 보내 주세요.

세상에서 가장 위대한 제국은 나 자신을 다스리는 제국이다.

푸블릴리우스 시루스Publilius Syrus

'어떻게 하면 삶이 달라질 수 있을까?'

이 책을 쓰기 전에 떠올린 질문이다. 그 답을 찾기 위해 오랫동안 연구한 결과, 이 문제를 해결할 단 하나의 열쇠는 바로 습관임을 발견했다.

습관은 눈에 보이지 않는 곳에서 우리의 인생을 설계한다. 사람이 하루에 하는 행동 중 무려 40퍼센트는 매일 반복된다. 그리고 이 40퍼센트의 행동은 습관으로 굳어져 우리의 현재와 미래를 결정한다. 그런 까닭에 습관을 바꾸면 삶 전체가 달라진다. 여기서 떠오르는 질문이 하나 더 있다.

'어떻게 해야 습관을 바꿀 수 있을까?'

지금부터 이 질문을 파헤쳐볼까 한다. 이 책은 어떻게 하면 습관을 바꿀 수 있는지 설명할 뿐, 특정한 습관이 좋다고 추천하진 않는다. 아침에 일어나 운동부터 하라고 권하지 않을 것이다. 디저트를 일주일에 두 번만 먹으라거나 사무실을 청소하라고도 하지 않는다. 한 분야에는 최고의 습관이 있다고 이야기하지만 그것뿐이다.

모든 사람에게 통하는 한 가지 해결책은 이 세상에 없다. 창의적인 사람의 습관, 일 잘하는 사람의 습관을 그대로 따라 하면 자신도 그렇게 될 것이라고 기대한다. 하지만 습관은 우리 각자의 몸에 맞아야 한다. 소소하게 시작할 때 성공하는 사람이 있는 반면, 처음부터 일을 크게 벌여야 하는 사람도 있다. 어떤 사람은 책임감이 필요하지만 어떤 사람은 책임감을 거부한다. 이따금 좋은 습관을 지키지 않아야 성공하는 사람이 있는 반면, 습관을 하나라도 어기면 실패하는 사람도 있다. 이러니 습관을 만들기가 쉬울 턱이 없다.

습관을 들이고 싶다면 무엇보다 자신이 어떤 사람인지 파악한 후 자기에게 맞는 전략을 짜야 한다. 우선 각자 바꾸고 싶은 습관을 몇 가지 찾아보자. 그런 다음 이 책을 읽으면서 어떤 습관 전략을 사용할지 생각해보자. 빈 페이지에 오늘 날짜를 써놓으면 습관을 바꾸기 시작한 시점을 기억할 수 있다.

이 책에서는 개인적인 경험에 비추어 습관을 설명하다 보니 내 성격과 관심사가 강하게 묻어날지도 모른다. 어쩌면 '사람마다 습관을 들이는 법이 다르다는데 굳이 남의 이야기를 읽을 필요가 있나?'라고 생각할 수도 있다. 하지만 습관과 행복을 연구하면서 발견하게 된 놀라운 사실 중 하나는, 바로 체계적인 연구나 학술 논문을 읽을 때보다 누군가의 특별한 경험을 관찰할 때 더 많은 깨달음을 얻는다는 것이다. 그래서 이 책에는 각양각색의 사람들이 습관을 바꾼 경험담이 담겨 있다. 누텔라 (초콜릿 잼)의 유혹에 괴로워하지 않아도, 잦은 출장에 시달리지 않아도, 감사 일기를 억지로 쓰지 않고도 우리는 충분히 다른 사람의 경험을 거울삼아 습관을 바꿀 수 있다.

습관을 바꾸는 과정은 단순하다. 하지만 결코 만만하진 않다. 이 책을 통해 습관의 힘을 깨닫고 삶을 바꿔보기 바란다. 때와 장소는 중요하지 않다. 이 글을 읽고 있는 지금 이 순간 바로 시작하면 된다.

결정하지 않기로
결정하다

우리의 본질은 우리가 반복해서 하는 행동이다.
그러므로 훌륭한 자질은 행동이 아니라 습관에서 나온다.
아리스토텔레스

아주 오래전부터 나는 책이나 연극, TV 프로그램에 종종 등장하는 '비포 앤 애프터'before and after의 순간을 보는 게 정말이지 좋았다. 금연처럼 중대한 변화든 책상 정리 같이 사소한 변화든 상관없이 무언가가 달라진다는 생각만으로도 가슴이 벅차올랐다. 그들 중에는 극적인 변화를 경험하는 사람보다 그렇지 못한 사람이 더 많았는데, 그러다 보니 점점 변화의 성패를 좌우하는 것이 무엇인지 궁금해졌다.

나는 직업이 작가인지라 인간의 본성, 그중에서도 특히 행복이라는 주제에 관심이 많다. 몇 년 전 나는 삶이 달라지면서 행복해졌다는 사람들의 이야기에서 한 가지 패턴을 발견했는데 그것은 변화를 이끈 '습관'이 있었다는 점이다. 변화에 실패했다며 우울해하는 사람의 사연에서도 습관은 빠지지 않았다. 그때까지만 해도 습관은 내게 가벼운 관심사에 불과했으나 어느 날 점심을 함께한 친구의 이야기를 들은 뒤부터 24시간 내내 습관만 생각하게 되었다.

친구는 메뉴를 고르고 나서 이렇게 말했다.

"운동하는 습관을 들이고 싶은데 마음처럼 되지 않아 걱정이야."

그녀는 짧게 덧붙였다.

"참 희한해. 고등학교에서 육상부 활동을 할 때는 연습을 하루도 빼먹지 않았거든. 그런데 지금은 밖에 나가 달릴 엄두가 나질 않아. 왜 그럴까?"

나는 적절한 조언을 해주고 싶었지만 그동안 행복을 연구하며 머릿속에 차곡차곡 정리한 내용을 아무리 휘저어도 꼭 맞는 대답이 떠오르지 않았다.

그 일이 있은 후 며칠이 지난 뒤에도 친구의 말이 뇌리에서 떠나지 않았다. 예전에는 착실하게 운동을 하던 친구가 왜 지금은 못하는 것일까? 어떻게 해야 다시 운동을 시작할 수 있을까? 중대한 문제를 발견할 때마다 늘 그랬듯 내 안의 어디선가 특별한 힘이 솟아올랐다. 그러다가 마침내 삶을 바꾼 사람들의 이야기에서 찾아낸 교훈과 친구의 말을 나란히 놓는 순간 나는 답을 알아냈다. 변화의 원인을 찾으려면 습관부터 이해해야 한다! 이보다 분명할 수는 없었다. 정답은 바로 '습관'이었다.

나는 닥치는 대로 관련 자료를 읽고 다양한 분야의 책을 섭렵하면서 습관에 관한 정보를 뒤적였다. 가능한 한 과학적 근거가 있는 정보를 뽑아내기 위해 논문과 역사서, 전기는 물론 최신 학술 연구 자료까지 샅샅이 조사하는 한편 일상생활을 직접 관찰하며 깨달은 지식도 잊지 않았다.

이처럼 습관을 연구하면 할수록 내 관심은 커져갔지만 한편으로는 답답하기도 했다. 어떤 참고 자료를 살펴봐도 내가 중요하게 생각한 다음의 문제를 설명해주는 것은 없었기 때문이다.

- 싫어하는 일은 당연히 습관화하기 힘들다. 그렇다면 좋아하는 일을 습관화하기 힘든 이유는 무엇일까?
- 하루아침에 생기는 습관이 있는가 하면 오래 이어지다가 갑자기 버려지는 습관이 있는 이유는 무엇일까?
- 습관을 두려워하고 거부하는 사람과 습관을 간절히 원하는 사람의 차이는 무엇일까?
- 어째서 많은 사람이 다이어트에 성공한 뒤 요요 현상을 겪고, 그것도 모자라 더 찌는 것일까?
- 습관을 지키지 않으면 어떻게 될지 알면서도 아무렇지 않게 어기는 이유는 무엇일까? 대표적인 예로 미국에서 지병 환자의 30~50퍼센트가 처방받은 약을 제대로 먹지 않는다.
- 똑같은 전략으로 쉬운 습관(안전벨트 착용)과 어려운 습관(음주량 줄이기)을 동시에 들일 수 있을까?
- 때로는 간절히 습관을 바꾸고 싶은데도 실패하는 이유는 무엇일까? 내가 아는 한 친구는 "나는 몸이 좋지 않아서 특정 음식을 먹으면 탈이 나지만 눈앞에 보이면 그냥 손을 뻗고 말아."라고 말했다.

- 한 가지 습관 전략이 모든 사람에게 통할까?
- 습관을 들이기 쉬운 상황이 있다면 그것은 어떤 상황일까? 그 이유는 무엇일까?

나는 이들 질문의 답을 찾기로 결심했다. 습관이 어떻게 생기고 버려지는지 낱낱이 알아내자고 말이다. 습관을 이해하면 사람이 어떻게 변화하는지 알 수 있다.

사람이 습관으로 달라지는 '이유'는 무엇일까? 나는 간단명료하지만 더없이 흥미로운 몇몇 문장에서 어느 정도 답을 발견했다. 로이 바우마이스터Roy Baumeister 와 존 티어니John Tierney 는 《의지력의 재발견》Willpower 에서 이렇게 말했다.

"자제력self-control 이 강한 사람은 욕구를 참는 시간이 상대적으로 '짧다.' …… 이들은 강한 자제력을 비상시에 사용하기보다 일이나 공부에 도움을 줄 하루 일과를 정하고 습관을 들이는 데 쏟는다."[1]

이 말은 일단 습관을 들이면 자제력을 발휘할 필요가 없다는 뜻이다.

자제력은 우리 삶에서 아주 중요한 역할을 한다. 자제력(의지력, 자기절제력, 자기관리력이라고도 한다)이 강한 사람은 남보다 행복하고 건강하며 배려심이 깊고 인간관계가 끈끈하다.[2] 또 갈등과 스트레스를 잘 다스리고 자기 분야에서 성공하며 수명도 길다. 특히 나쁜 습관을 멀리하는 이들은 자기 자신과의 약속도 굳게 지킨다. 그런데 한 연구에 따르면 자제력으로 유혹을 이겨내려 한 사람 중 절반이 실패한다고 한다.[3] 대규모로 이뤄진 다국적 조사 결과를 살펴봐도 자신의 결점을 '자제력 부

족'으로 꼽는 사람이 가장 많다.[4]

자제력의 본질을 놓고 의견이 분분한데 한편에서는 자제력에는 한계가 있고 쓸수록 바닥난다고 주장한다. 다른 한편에서는 자제력에는 한계가 없기 때문에 행동을 바꾸면 새로운 힘이 나온다고 반론한다. 나는 아침에는 어느 정도 자제력을 발휘하다가 시간이 지날수록 약해지는 편이다. 회의 중에 과자 접시를 앞에 두고 한 시간이나 참다가 회의실을 나가는 길에 결국 과자 몇 개를 집어 든 적도 있다.

습관이 필요한 이유가 바로 여기에 있다. 습관이 있으면 자제력을 아낄 수 있기 때문이다. 다 마신 커피 잔을 식기세척기에 넣는 습관이 있으면 그 행동을 하는데 굳이 힘을 쓸 필요가 없다. 물론 좋은 습관을 들이기까지는 자제력이 필요하지만 일단 습관화하면 힘들이지 않고 원하는 일을 할 수 있다.

일반적인 정의에 따르면 습관은 특정 상황에서 의식이나 자각 없이 자주 되풀이하는 반복 행동이다. 반면 내가 생각하는 습관은 결정을 하지 않는 행동이다. 일단 습관화하면 따로 결정할 필요가 없다. 아침에 일어나 세수를 할지 말지 굳이 결정한 후에 세수하는 사람이 어디 있는가. 이런 점에서 습관은 자제력 소모를 막아준다.

한 번 의식적으로 행동한 다음에는 그 행동을 의식하지 않는다. 가령 건강한 행동을 선택한 후에는 내 몸에 이로운 선택을 해야 한다는 걱정이 사라진다. 더 이상 선택할 필요가 없기 때문이다. 이처럼 우리는 결정을 내리는 상황에서 벗어나야 한다.[5] 그렇지 않으면 유혹을 뿌리치기 위해 한껏 자제력을 발휘해야 한다.

결국 '사람이 습관으로 달라지는 이유는' 습관을 들이면 결정을 하거나 자제력을 발휘할 필요가 없기 때문이다. 좋은 행동을 애쓰지 않고 꾸준히 하면 사람은 달라질 수 있다.

어느 날 나는 로스앤젤레스에 사는 동생 엘리자베스에게 전화를 걸었다. 그때까지 습관에 관해 조사한 내용을 방송작가인 동생에게 얘기하고 싶었기 때문이다.

"습관이 왜 그토록 중요한지 알아냈어. 습관이 있으면 결정을 하거나 자제력을 발휘할 필요가 없어. 그냥 의식하지 않고 하고 싶은 일을 하면 되는 거야. 물론 하기 싫은 일을 습관으로 만들어야 할 때도 있겠지만. 어떻게 생각해?"

"제법 그럴듯한데."

"그런데 문제가 있어. 어떻게 해야 사람들의 차이를 알아낼 수 있을까? 습관을 좋아하는 사람이 있는가 하면 싫어하는 사람도 있거든. 단숨에 습관을 들이는 사람이 있는 반면 그걸 힘들어하는 사람도 있어. 왜 그런 것일까?"

"언니 자신의 습관부터 알아봐. 내 주변에 언니만큼 습관에 몰두하는 사람은 없잖아."

동생의 말처럼 나는 정말로 습관을 기꺼이 받아들이는 사람이었고 습관에 깊이 빠져들수록 더 많은 장점을 깨달았다.

두뇌는 적절한 시점에 우리의 행동을 습관으로 만든다. 덕분에 우리는 그 습관으로 아긴 자제력을 복잡하거나 새로운 문제, 위급한 문제에 사용할 수 있다. 즉, 습관이 있으면 결정을 하거나 선택지를 놓고 고민할 필요가 없다. 한마디로 삶이 단순해지고 일상의 귀찮은 문제가 감쪽

같이 사라진다. 예를 들면 콘택트렌즈 착용 과정을 일일이 생각할 필요가 없으므로 그 시간에 물이 새는 서재의 난방기를 어떻게 옮길지 고민할 수 있다.

또한 습관은 마음이 복잡하거나 몸이 피곤할 때 안식처가 되어준다. 습관적으로 행동하면 자제력이 강해지고 불안감이 줄어든다는 연구 결과도 있다.[6] 내게는 강연을 앞두고 유난히 긴장감이 느껴지는 날 푸른색 재킷을 입는 습관이 있는데 그러면 이상하게도 힘이 난다.

뜻밖에도 스트레스가 많다고 해서 나쁜 습관으로 이어지지는 않는다.[7] 불안하거나 피곤할 때 우리는 좋든 나쁘든 기존의 습관을 따르려는 경향이 있다. 한 연구진의 실험 결과에 따르면 습관적으로 균형 잡힌 아침식사를 한 학생은 대부분 시험기간에도 건강한 식사를 했지만, 습관적으로 편식한 학생은 대개 건강에 해로운 음식을 먹었다. 따라서 스트레스를 받을 때 습관을 통해 그 상황을 개선하려면 처음 습관을 들일 때부터 신중해야 한다.

물론 좋은 습관에도 단점은 있다. 날마다 규칙적인 생활을 하는 사람은 하루가 짧게 느껴지고 또 별다른 기억이 남지 않는다. 반대로 습관을 따르지 않는 날에는 두뇌가 새로운 정보를 처리하느라 시간이 천천히 흐르는 듯하다. 같은 직장에서도 신입사원의 한 달이 입사 5년차의 한 달보다 길게 느껴지는 이유가 여기에 있다.

습관대로 생활하면 시간만 빨리 흐르는 게 아니라 일상에도 무심해진다.[8] 예를 들어 처음 몇 번은 황홀했던 이른 아침의 커피 한 잔이 당연한 일상사로 변하면서 더 이상 커피 맛을 음미하지 않게 된다. 그저 커피를 먹지 않으면 불안해질 뿐이다. 습관을 따르는 사람은 자기 존재에도 무감각해질 위험이 있다.

좋든 나쁘든 습관은 보이지 않는 곳에서 우리의 일상생활을 설계한다. 연구 결과에 따르면 사람의 행동 열 가지 중 네 가지는 날마다 같은 상황에서 반복된다고 한다.[9] 나 역시 일상생활에서 반복하는 행동이 아주 많은데 '오늘은 왜 어제와 똑같을까?'라는 의문을 품는 순간 곧바로 습관 때문이라는 결론이 나왔다. 건축가 크리스토퍼 알렉산더Christopher Alexander도 이렇게 설명한 바 있다.

곰곰 생각해보면 계속 반복되는 판에 박힌 몇 가지 행동이 내 삶을 지배하는 것 같다. 잠자기, 샤워하기, 아침 먹기, 서재에서 글쓰기, 정원 거닐기, 사무실 동료들과 함께 점심 요리해 먹기, 영화 보기, 가족과 외식하기, 친구와 술 한 잔 하기, 운전하기, 다시 잠자기. 여기에 더 추가해봐야 몇 가지에 불과하다.

이처럼 한 사람이 일상에서 반복하는 행동은 생각보다 적다. 많아야 열 가지쯤 될까. 다들 자신의 생활을 돌이켜봐도 별반 다르지 않을 것이다. 하루에 반복하는 행동이 그것뿐임을 알았을 때 나는 상당히 놀랐다. 하루에 그토록 적은 행동을 반복한다고 생각하니 그것이 내 삶에 얼마나 큰 영향을 주는지 알 것 같았다. 그 몇 가지 행동이 나와 잘 맞으면 인생이 행복하지만 그렇지 않으면 불행할 수밖에 없다.[10]

특히 건강과 관련된 습관에서 생각 없이 행동하면 치명적인 결과가 나타난다. 미국에서 가장 일반적인 질병 및 사망 원인인 영양 불균형, 운동 부족, 흡연, 음주 등은 습관으로 충분히 통제할 수 있는 것이다.[11]

그 밖에도 습관은 여러 측면에서 우리의 운명을 결정하며, 그래서 습관을 바꾸면 운명도 바꿀 수 있다.

사람이 추구하는 변화는 대개 '7대 기본 욕구'로 나뉘는데 우리는 다음의 일곱 가지 욕구를 충족시켜줄 습관을 원한다.

1. 더 건강하게 먹고 마시기(백설탕 끊기, 야채 많이 먹기, 음주량 줄이기)

2. 규칙적으로 운동하기

3. 현명하게 벌어서 저축하고 소비하기(저축하기, 빚 줄이기, 의미 있는 일에 기부하기, 계획한 예산 지키기)

4. 마음 편히 쉬고 즐기기(잠자리에서의 TV 시청 금지, 휴대전화 끄기, 자연 속에서 지내기, 침묵 수련하기, 푹 잠자기, 자동차에서 보내는 시간 줄이기)

5. 미루지 말고 더 많은 것에 도전하기(악기 연습하기, 끈기 있게 일하기, 외국어 공부하기, 블로그 관리하기)

6. 간소화, 정리정돈, 청소(침구 정리하기, 정기적으로 파일 정리하기, 열쇠를 같은 장소에 보관하기, 분리수거하기)

7. 타인, 신, 세상과 더 가까워지기(친구에게 전화하기, 자원봉사하기, 섹스 횟수 늘리기, 가족과 더 많은 시간 보내기, 종교 행사 참석하기)

우리는 하나의 습관으로도 다양한 욕구를 충족시킬 수 있다. 예컨대 아침에 공원을 산책하는 습관은 일종의 운동(2번 욕구)이자 마음 편히 쉬면서 즐기는 방법이기도 하다(4번 욕구). 여기에다 친구와 함께 산책한다면 우정도 쌓을 수 있다(7번 욕구).

사람마다 가치 있게 여기는 습관은 다르다. 잘 정리된 파일을 보면 창의력이 솟는다는 사람도 있지만 무질서하게 늘어놓은 상황에서 영감을 얻는 사람도 있다. 우리가 피로와 긴장을 동시에 느끼는 것도 습관의 차이에서 비롯된다. 몸은 기진맥진한데 아드레날린과 카페인, 당분으로 정신은 말똥말똥한 때가 있지 않은가. 만약 당신이 미친 듯이 바쁘다면 정말로 중요한 일에 시간을 쏟는지 돌아보라. 나는 보통 늦게까지 깨어 있는데 이것은 친구들과 수다를 떨기 위해서가 아니라 드라마《디 오피스》The Office의 심야 재방송을 보기 위해서다. 작업을 할 때도 소셜 네트워크 사이트 링크트인에서 헤어 나오지 못하고 '지인을 찾아보세요' 메뉴를 훑어보느라 늘 시간에 쫓긴다.

　연구를 진행하면서 내가 생각하는 습관의 개념이 점점 또렷해졌다. 내가 습관을 들이면 결정을 하거나 자제력을 발휘할 필요가 없어서 사람이 달라질 수 있다고 결론을 내리자 중요한 문제가 수면 위로 떠올랐다. 정말 습관으로 사람이 달라진다면 어떻게 해야 습관을 들일 수 있을까?

　우선 나는 사람들이 평소에 '나는 습관적으로 헬스클럽에 가' 혹은 '나는 식습관을 개선하고 싶어'라고 말하는 것에 착안해 습관의 의미를 폭넓게 정의하기로 했다. 일과routine는 여러 습관을 연이어 행한다는 개념이고, 의식ritual은 종교 등 초월적 가치를 반영하는 습관이다. 나는 중독, 강박적 충동장애, 신경성 습관을 다룰 생각이 없고 습관의 신경과학을 설명하지도 않을 것이다(물론 시나몬 건포도 베이글을 볼 때 뇌에 어떤 식으로 신호가 들어오는지 조금 궁금하긴 하다).

　그다음으로 나는 내가 들이고 싶은 습관을 '좋은 습관', 버리고 싶은 습관을 '나쁜 습관'으로 부르기로 했다. 습관을 '좋다, 나쁘다'로 구분해서 무슨 도움이 되겠느냐는 사람도 있겠지만 말이다.

내 연구 대상은 습관을 바꾸는 '방법'이다. 나는 이 책을 집필하기 위해 습관을 조사하고 주변 사례를 관찰했으며 습관을 바꾸는 전략에 관한 방대한 정보를 수집했다. 습관을 둘러싸고 벌어지는 논쟁을 보면 마치 한 가지 방법이 모든 사람에게 통하는 것처럼 획일화된 방법을 내세우는 경우가 많았는데 내 경험에 비춰볼 때 그런 방법은 틀렸다! 하나의 해답이 모든 사람의 문제를 해결해준다면 얼마나 좋을까. 그러나 아쉽게도 사람들에게는 저마다 다른 해결책이 필요하다.

원하는 습관을 들이려면 먼저 자신의 성향을 알아야 한다. '파트 1'에서는 자신의 타고난 성향을 이해하는 4유형 전략과 성향 구분 전략을 살펴본다. '파트 2'에서는 너무 익숙해서 진가를 몰라보기 쉬운 관찰 전략, 토대 습관 전략, 일정 전략, 책임감 전략을 알아본다. '파트 3'에서는 첫걸음 전략, 백지 전략, 섬광 전략을 다루며 습관 들이기를 시작하는 시점의 중요성을 특히 강조한다. '파트 4'에서는 노력 없이 쾌락을 즐기려는 욕구를 중심으로 포기 전략, 편의 전략, 불편 전략, 안전장치 전략, 맹점 포착 전략, 관심 전환 전략, 보상 전략, 선물 전략, 짝짓기 전략을 말한다(이 중 맹점 포착 전략이 제일 재미있다). 마지막으로 '파트 5'에서는 타인의 관점에서 나를 이해 및 정의하려는 욕구를 비롯해 명료성 전략, 정체성 전략, 타인 전략을 살펴본다.

이런 습관 변화 전략을 발견하자 나는 한시라도 빨리 실험을 해보고 싶었다. 인류는 몇 세대에 걸쳐 자신을 바꾸는 방법과 습관을 바꾸는 방법이라는 한 쌍의 곤란한 수수께끼로 고민해왔다. 이 문제를 해결하려면 스스로 실험용 쥐가 되어 경험을 분석함으로써 이론을 뒷받침해야했다. 실험하지 않고는 이론이 참인지 거짓인지 알아낼 길이 없지 않은

가. 그런데 내가 습관을 연구하고 있고 몇 가지 새로운 습관을 시도해볼 생각이라고 하자 한 친구가 반기를 들었다.

"습관에 맞서 싸우지는 못할망정 새로 습관을 들인다는 게 무슨 소리야."

"아니, 내가 습관을 얼마나 사랑하는데 그래. 자제력을 발휘할 필요도, 고민할 필요도 없어. 양치를 하는 것과 똑같아."

"나는 달라! 습관은 덫에 걸린 느낌을 준단 말이야."

친구는 단호했다. 나는 습관에 찬성하는 입장이었지만 친구와의 대화를 통해 '습관이 사람을 따라야지, 사람이 습관을 따르면 안 된다'는 중요한 원칙을 깨달았다. 나는 습관으로 더 나은 사람이 되고 싶을 뿐 스스로 내 인생에 족쇄를 채우고 싶지는 않았다.

지금보다 더 강하고 자유로워질 수 있는 습관을 추구하되 '습관을 들이고 지키는 목적이 무엇인가?'라는 질문을 멈춰서는 안 된다. 사람은 오직 타고난 성향 위에만 행복한 삶을 쌓아 올릴 수 있으며 습관도 자신과 잘 맞아야 한다. 만약 타인이 습관을 들이도록 돕고 싶다면 그 사람에게 맞는 습관을 권해야 한다.

어느 날 밤 나는 남편에게 그날 습관을 연구하며 알게 된 것을 들려주었다. 남편은 별안간 웃음을 터트리더니 이렇게 말했다.

"당신이 쓴 여러 권의 행복 시리즈에서는 '어떻게 하면 행복해질까'라는 질문의 답을 찾으려 했잖아. 이번 책은 '어떻게 하면 본격적으로 더 행복해질까'인 거야?"

"맞아! 많은 사람이 '어떻게 하면 행복해질지 알지만 도저히 그렇게 못하겠어'라고 말하지. 해결책은 습관이야."

일단 원하는 습관을 선택한 뒤 자제력을 발휘해 습관을 들이면 새로운 인생이 시작된다. 그다음부터는 놀라운 습관의 힘을 믿고 그냥 따르면 된다. 운전대에서 손을 떼듯 결정을 멈추고, 가속 페달에서 발을 떼듯 자제력을 아끼자. 자동주행 장치에 운전을 맡기는 것처럼 습관에 몸을 맡기면 습관을 바꾸는 데 성공할 수 있다.

행복하기를 원한다면 주변 환경을 바꿔야 한다. 새로운 지식을 쌓고 새로운 사람과 인연을 맺자. 이전과는 다른 마음가짐으로 막혀 있던 문제를 해결하고 다른 사람을 돕자. 완벽한 삶은 불가능할지 모르지만 습관이 있으면 어제보다 더 행복해질 수 있다. 좋은 습관을 지켜 어제보다 더 행복한 내일을 추구한다면 올해만큼은 한 해가 저물 때 후회가 남지 않을 것이다.

정말로 달라지고 싶다면, 이전과는 다른 내가 되고 싶다면(물론 세상이 말하는 완벽한 삶을 의미하는 것은 아니다) 지금의 나를 먼저 돌아봐야 한다. 나의 현재 모습, 나의 진짜 성향을 알아야만 나에게 맞는 변화의 방법들을 찾을 수 있다. 정말로 달라지기로 결심했다면, 어제보다 더 행복해지길 원한다면 이제 한 번 시작해보자.

차 례

Part 1
모든 것은 나를 아는 것에서 시작된다

Part 2
습관의 버팀목

• Part 1 •

모든 것은
나를 아는 것에서
시작된다

원하는 습관을 들이려면 먼저 자신의 성향을 파악해야 한다. 한 사람이 효과를 본 전략이라고 해서 그것이 다른 사람에게도 통할 것이라고 장담할 수는 없다. 사람은 모두 각양각색의 성향을 지니고 있기 때문이다. 파트 1에서는 성향의 4유형 전략과 성향 구분 전략을 통해 저마다 타고난 성향이 습관에 얼마나 큰 영향을 미치는지 알아본다. 이것은 관찰 중심의 전략이므로 아직 행동을 바꾸는 단계는 아니다. 그저 자신을 정확히 판단하는 방법을 배우는 시간일 뿐이다.

우리의 타고난
운명적 성향

다른 문화권의 사람을 만나야 비로소
진정한 내 신념을 깨달을 수 있다.
조지 오웰 《위건 부두로 가는 길》

습관에 대해 구체적으로 알아보기 전에 먼저 말하고 싶은 것이 있다. 지난 몇 년 동안 나는 삶의 경험에서 터득한 진리를 따로 노트에 정리했다. '남이 즐거워한다고 나도 즐거우리라는 보장은 없다'처럼 진지한 내용이 있는가 하면 '음식은 손으로 먹어야 더 맛있다' 같이 시시한 내용도 있다. 그중 내가 가장 중요하게 생각하는 진리는 이것이다.

'나는 생각보다 다른 사람과 비슷하고 또 생각보다 다른 사람과 다르다.'

이것은 나와 남의 차이는 그리 크지 않지만 그 사소한 차이야말로 굉장히 중요하다는 의미다. 같은 맥락에서 한 가지 습관 전략이 모든 사람에게 통하지는 않는다. 자기 관리를 철저히 하려면 내가 누구인지 알아야 하고, 다른 이를 돕고 싶으면 상대방을 이해해야 하는 법이다. 습관을 탐구하는 출발점은 자기 인식이다. 즉, 타고난 성향이 습관에 어떤 영향을 주는지 확인해야 한다. 물론 이것은 쉬운 일이 아니다. 소설가 존 업다이크John Updike도 "우리가 어떤 사람인지 알 수 있는 단서는 극히 적다."[1]라고 하지 않았던가.

어째서 사람마다 습관을 다르게 받아들이는지를 규명한 이론을 찾아봤지만 놀랍게도 그런 이론은 존재하지 않았다. 상대적으로 습관을 쉽게 받아들이거나 어렵게 대하는 이유를 아무도 궁금해 하지 않는 것일까? 왜 어떤 사람은 습관을 두려워할까? 같은 상황에서도 특정 습관을 잘 지키는 사람과 그렇지 않은 사람의 차이는 어디에서 오는 걸까?

나는 도무지 그 패턴을 알아낼 수가 없었다. 그러던 어느 날 오후 갑자기 눈이 번쩍 뜨였다. 도서관에서 아무리 책을 뒤져도 소용없었는데 앞서 말한 친구의 얘기에 사로잡혀 곰곰이 생각하던 중에 해답을 찾아낸 것이다. 고등학생 시절 단 한 번도 육상부 훈련에 빠지지 않았던 그 친구는 이제 자발적으로 달리기를 할 의욕이 생기지 않는다고 했다. 그 이유는 무엇일까?

내가 깨달은 것은 습관을 이해하는 데 가장 중요한 질문은 '기대를 어떻게 받아들이는가?'라는 점이다. 새로운 습관을 들일 때 우리는 스스로 기대치를 정한다. 따라서 습관을 이해하려면 사람이 기대를 받아들이는 방식을 이해할 필요가 있다.

기대는 외적 기대(작업 마감 기한 지키기, 교통법규 준수하기)와 내적 기대(잔소리 그만하기, 신년 계획 지키기)로 나뉜다. 내가 관찰한 바에 따르면 사람들은 대부분 다음의 네 가지 유형에 속한다.

준수형Upholders 외적 기대와 내적 기대를 모두 쉽게 받아들인다.

의문형Questioners 모든 기대에 의문을 제기한 후 옳다고 생각하는 기대만 충족시킨다.

강제형Obligers 외적 기대는 쉽게 받아들이지만 내적 기대는 충족시키기 어려워한다(내 친구와 달리기의 경우).

저항형Rebels 외적 기대와 내적 기대를 가리지 않고 모든 기대에 저항한다.

이 이론에 맞는 이름을 찾으려 고심하던 중 평소에 좋아하던 구절이 하나 떠올랐다. 지그문트 프로이트는 논문 〈세 상자의 모티프〉The Theme of the Three Caskets에서 그리스 신화에 나오는 운명의 여신 세 명의 이름을 각각 '운명의 법칙 안의 우연', '피할 수 없는 운명', '저마다 타고난 운명적 성향'이라는 뜻으로 설명했다. 이 중 저마다 타고난 운명적 성향에서 착안해 나는 이 이론에 '성향의 4유형'이라는 이름을 붙이기로 했다('운명적 성향의 4유형'이 더 정확하지만 다소 과장스럽다). 성향의 4유형론을 연구하면서 나는 마치 성격의 원소주기율표를 발견한 듯한 기분이 들었다. 그것은 인위적인 어떤 체계가 아니라 자연의 법칙을 밝히는 것으로, 어쩌면 내가 습관의 마법 모자(조앤 롤링의 《해리 포터》 시리즈에서 기숙사를 배정하는 모자―옮긴이)를 발명한 것인지도 모른다.

성향은 세상에 대한 우리의 관점을 결정하며 습관에도 막대한 영향을 미친다. 물론 성향은 개인적이지만 알고 보면 거의 모든 사람이 넷 중 하나의 유형에 정확히 맞아떨어진다. 일단 성향을 확인한 뒤 어느 한 성향에 속하는 사람들이 입을 모아 똑같이 말하는 것을 들으며 나는 전율을 느꼈다. 이를테면 의문형은 대부분 줄을 서서 기다리는 것이 질색이라고 말했다.

준수형
외적 기대 충족
내적 기대 충족

의문형
외적 기대 저항
내적 기대 충족

강제형
외적 기대 충족
내적 기대 저항

저항형
외적 기대 저항
내적 기대 저항

남과 자기 자신이 기대하는 행동을 하는 '준수형'

준수형은 외적 기대와 내적 기대를 모두 어려움 없이 받아들인다. 이들은 아침에 일어나면 '오늘 일정은 어떻고 무슨 일을 해야 하지?'라고 생각한다. 자신이 어떤 기대에 부응해야 하는지 알고자 하고 그 기대를 충족시키길 원하기 때문이다. 실수를 하거나 누군가를 실망시키는 일은 사절이다. 설령 실망하는 사람이 자기 자신이라 해도 예외는 아니다.

다른 유형은 준수형에게 도움을 받지만 준수형은 자기 자신을 믿는다. 또한 준수형은 자기주도적인 성향이라 큰 무리 없이 계획을 따르고 약속을 지키며 마감 기한을 어기지 않는다(미리 끝내기도 한다). 그들은 규칙을 이해하려 노력하고 때로는 예술이나 도덕에서도 규칙 이상의 규칙을 찾으려 한다.

준수형 아내를 둔 내 친구는 이렇게 말했다.

"내 아내는 미리 정해놓은 일은 무조건 하려고 들어. 태국에 여행을 갔을 때도 그랬지. 무슨 사원에 가기로 계획했는데 아내는 전날 밤 식중독에 걸렸었거든. 근데 내내 토하면서 결국 가더라고."

준수형은 스스로 세운 기대치를 충족시켜야 한다는 의무감 때문에 자기 보호 본능이 강하다. 그로 인해 다른 사람의 기대에 부응해야 한다는 자신의 성향에 맞설 수도 있다. 또 다른 준수형 친구는 내게 말했다.

"나는 혼자 운동하고 업무를 기획하고 음악을 들을 시간이 많이 필요해. 혹시라도 누군가가 그 시간을 방해하면 부탁을 단칼에 거절해."

준수형은 기대가 명확치 않거나 규칙이 분명하지 않은 상황을 견디지 못한다. 설사 무의미한 기대라 해도 저버리지 않아야 한다고 생각하며 불필요한 규칙도 합당한 이유를 찾지 못하면 규칙을 어길 때 불안해한다.

나는 준수형인데 때론 규칙을 지켜야 한다는 걱정이 도를 넘는다. 가령 몇 년 전 카페에서 일하려고 노트북을 꺼냈다가 바리스타에게 "여기서는 노트북을 사용하면 안 됩니다."라는 말을 들은 이후 다른 카페에 가서도 노트북을 사용해도 괜찮은지 걱정하는 식이다.

준수형에게는 집요한 면도 있다. 남편 제이미는 하루도 빠짐없이 아침 6시를 알리는 내 알람 소리가 지긋지긋할지도 모른다. 알람을 맞춰놓은 나조차 지겨울 때가 있는데 오죽할까. 다른 준수형 친구는 1년에 헬스클럽에 가지 않는 날이 고작 엿새쯤이라고 한다. 가족이 뭐라고 하지 않느냐고 물었더니 이런 대답이 돌아왔다.

"남편은 불만이 많았지. 지금은 그러려니 해."

나는 준수형이지만 남들의 인정을 갈구하고 모든 명령에 곧이곧대로 따르며 어떤 규칙이든 무턱대고 지키려는 준수형의 단점을 인정한다. 준수형은 상대적으로 습관을 들이기 쉽고(준수형이 아닌 유형에 비해) 습관을 지켜야 만족하기 때문에 두 팔 벌려 습관을 환영한다. 그러나 아무리 습관을 사랑하는 준수형일지라도 좋은 습관을 들이려면 피나는 노력이 필요하다. 습관을 들이는 것은 쉽지 않은 일이다.

스스로 최선이라고 믿는 행동을 하는 '의문형'

의문형은 모든 기대에 의문을 제기한 뒤 타당하다고 판단하는 기대만 충족시킨다. 그들을 움직이는 힘은 이성과 논리, 타당성이다. 의문형은 '오늘 할 일은 무엇이고 왜 해야 하지?'라는 생각으로 하루를 시작한다. 무엇이 옳은 행동인지 스스로 결정하고 목적이 타당해 보이지 않으면 절대로 하지 않는다. 모든 기대를 내적 기대로 바꾸는 셈이다. 의문형인 어떤 사람이 내 블로그에 이런 글을 남겼다.

"저는 통제하기 위한 규칙은 거부하지만(차가 오지 않으면 무단횡단하고 한밤중에 다른 차가 없으면 빨간불이어도 그냥 지나가요) 도덕·윤리·논리가 근거인 규칙은 절대 어기지 않습니다."

내게 이렇게 말하는 의문형 친구도 있었다.

"나는 왜 비타민을 먹지 않을까? 의사는 먹어야 한다는데 손이 가질 않네."

내가 물었다.

"넌 마음속으로 비타민을 먹어야 한다고 믿니?"

친구는 잠시 뜸을 들이더니 말했다.

"솔직히 믿지 않아."

나는 스스로 비타민이 중요하다고 생각했다면 분명 먹었을 거라고 대답했다. 의문형은 단순히 통제하기 위한 규칙을 거부한다. 한 독자가 내 블로그에 다음과 같이 썼다.

"아들네 교장선생님이 아이들한테 셔츠를 바지 안에 넣으라고 했대요. 무슨 규칙이 그렇게 터무니없나 싶어 따졌더니, 글쎄 학교에는 규칙을 준수하는 법을 가르치기 위한 규칙이 많다는 거예요. 아무리 애들이지만 규칙을 따르라는 이유가 너무 수준 낮은 것 아닌가요? 그런 규칙은 뿌리를 뽑아야 지금보다 더 살기 좋은 세상이 될 겁니다."

의문형은 심사숙고해서 스스로 결론을 내리기 때문에 머리를 많이 쓰고 근거를 철저히 조사한다. 그런 다음 근거가 충분하다고 판단하는 기대는 따르지만 근거가 부족한 기대는 거들떠보지도 않는다. 특히 근거가 없다고 판단하면 모두 거부한다. 일례로 이렇게 말하는 의문형도 생각보다 많다.

"내가 중요하다고 판단하는 계획은 지킬 자신이 있지만 신년 계획은 세우지 않는다. 1월 1일은 내게 별다른 의미가 없는 날이기 때문이다."

이처럼 정보를 얻고 타당한 이유를 찾으려 하는 의문형의 욕구는 가끔 지나친 부담으로 다가온다. 어떤 독자가 말했다.

"어머니 때문에 너무 힘들어요. 어머니는 저도 당신처럼 많은 정보를 필요로 하는 줄 아셔요. 제가 별로 궁금해 하지도 않고 알고 싶지도 않은 질문을 계속 합니다."

물론 의문형도 가끔은 집요한 조사 없이 기대를 받아들일 수 있기를 원한다. 한 의문형이 내게 씁쓸한 표정으로 털어놓았다.

"저는 깊이 생각하느라 쉽게 결정을 내리지 못하는 분석 마비증analysis paralysis에 걸렸어요. 하나라도 더 많은 정보를 찾아야 직성이 풀리죠."

의문형이 행동하려면 확실한 근거가 있어야 하며 적어도 확실하다고 믿는 근거가 필요하다. 때로 의문형은 전문가의 의견을 무시하고 자신이 내린 결론을 고수하는 바람에 이상한 사람으로 취급받기도 한다. '무슨 근거로 네가 의사보다 암을 더 잘 안다고 생각해?' 또는 '일반적인 보고서 양식을 두고 왜 괴상한 형식을 고집하는 거야?'라는 말이 의문형의 귀에 들릴 턱이 없다.

이러한 의문형은 준수형에 가까운 의문형과 저항형에 가까운 의문형으로 나뉜다. 내 남편은 사사건건 의문을 제기하지만 조금만 설득하면 규칙을 잘 준수하는 준수형에 가까운 의문형이다. 의문형은 가치 있게 여기는 습관을 굳게 지키지만 이를 위해서는 그 습관의 가치에 만족해야 한다.

다른 사람을 실망시키고 싶지 않은 '강제형'

강제형은 외적 기대는 쉽게 받아들이지만 내적 기대는 좀처럼 충족시키지 못한다. 외부에서 책임을 지워야 비로소 행동에 나서는 강제형은 아침에 일어나 이렇게 생각한다.

'오늘 반드시 해야 할 일이 뭐더라?'

이들은 외적 기대와 마감 기한을 잘 지키고 어떻게든 책임을 완수하려 하기 때문에 훌륭한 동료, 가족 구성원, 친구로 인정받는다. 반면 내적 기대를 거부하는 유형이라 자기 의지로 행동하는 것에 서툴다. 예를 들어 그들이 자발적으로 박사논문을 쓰거나 인맥을 쌓기 위한 모임에 나가거나 자동차 점검을 받기란 쉽지 않다. 강제형은 외적 책임에 따라 움직이므로 마감 기한, 연체료 같은 조건이 있거나 다른 사람의 기대를 저버릴지도 모른다는 두려움을 느껴야 한다. 한 강제형이 내 블로그에 이런 글을 남겼다.

"사람과의 약속에는 책임감을 느끼지만 달력에 적어놓은 계획을 보면 그런 느낌이 없습니다. 달력에 '조깅하기'라고만 쓰여 있으면 지키지 않는 날이 허다합니다."

또 다른 강제형은 "자기 자신과 한 약속은 어겨도 된다. 절대 어기지 않아야 할 것은 다른 사람과의 약속이다."라고 정리했다. 이들은 자신이 하고 싶은 일을 하는 데도 외적 책임을 필요로 한다. 어느 강제형의 말이 그것을 증명한다.

"평생 독서할 시간을 내지 않을 것 같아서 북클럽에 가입했어요. 북클럽에서는 의무적으로 책을 읽어야 하니까요."

하지만 강제형을 이해하려면 이들의 자기희생 습성("내 일이 태산인데 왜 항상 남의 급한 일부터 해주고 있을까?")을 살펴보는 것이 더 낫다. 강제형은 독창적으로 외적 책임을 만드는데 한 강제형이 그것을 설명해주었다.

"농구경기를 보고 싶다고 말만 했을 뿐 정작 간 적은 한 번도 없었어요. 이제는 정기입장권을 사서 형과 함께 경기장에 갑니다. 제가 가지 않으면 형이 가만히 있지 않거든요."

다른 강제형은 "주말에 옷장 청소를 하고 싶으면 자선단체에 미리 연락해 월요일에 기증품을 가져가라고 말해둬요."라고 말했다. 또 이렇게 후회하는 강제형도 있었다.

"과제와 마감이 필요한 성격이라 사진 촬영 강좌에 등록했습니다. 몇 번 강의를 듣고 나니 굳이 수업에 참석하지 않아도 재미있게 할 수 있겠다는 생각이 들더군요. 그 후로 사진을 몇 장 찍었는지 아세요? 달랑 한 장이에요."

많은 강제형이 롤모델이 되어야 한다는 의무감으로 좋은 습관을 유지하기도 한다. 한 강제형 친구는 자녀가 보고 있을 때만 야채를 먹는다고 했고, 어떤 강제형 친구는 다음과 같이 말했다.

"혼자서는 피아노 연습을 하지 않을 것 같아서 애들이 레슨을 받을 나이까지 기다렸지. 요즘 애들과 같이 레슨을 받는데 난 무조건 연습을 해야 해. 내가 하지 않으면 애들도 하지 않거든."

강제형은 자신을 위해 하지 못하는 일도 다른 사람을 위해서라면 거뜬히 해낸다. 적지 않은 강제형이 내게 이런 말을 했다.

"아이들이 아니었으면 지옥 같은 결혼생활에서 여태까지 벗어나지 못했을 겁니다. 내 자식을 위해 이혼이 필요했어요."

타인의 부탁을 잘 거절하지 못하는 강제형은 외적 기대의 무게를 이기지 못하고 지쳐버릴 수 있다. 한 강제형은 "동료가 보고서 교정을 봐달라고 하면 없는 시간을 쪼개서라도 해주는데 그러느라 정작 내 보고

서를 완성할 시간을 내지 못합니다."라고 말했다.

강제형은 습관을 잘 들이지 못한다. 사람들은 대개 자신의 이익을 위해 습관을 들이지만 강제형에게는 자신보다 타인의 일을 하는 것이 더 쉽기 때문이다. 이러한 강제형의 습관 들이기 방법에는 외적 책임이 핵심이다.

원하는 행동을 자기 방식대로 하는 '저항형'

저항형은 외부와 내부를 가리지 않고 모든 기대에 저항한다. 자유롭게 행동하는 저항형은 아침에 일어나 '오늘 하고 싶은 일이 뭐지?'라고 생각한다. 통제의 주체가 자기 자신일지라도 통제를 거부하고 규칙과 기대를 무시한다.

이들은 자기만의 방식으로 자기만의 목표를 추구하고 반드시 해야 할 일까지 거부하면서도 목표를 달성한다. 한 저항형이 자신의 경험담을 들려주었다.

"저는 석사논문이 권장 기준보다 10쪽 모자랐는데 제 논문심사에 규정 외의 지도교수님을 추가해달라고 학과 측에 얘기했어요. 그렇게 심사를 받았고 잘해냈습니다. 제 방식대로요."

저항형은 진정성과 자기 결정권을 중요시하고 자유로운 정신으로 행동한다. 한 저항형은 내게 말했다.

"주어진 임무보다는 제가 완성하고 싶은 일을 합니다. 문제는 주간 품질 조사처럼 주기적인 업무가 생길 때인데 그런 일은 도저히 못하겠어요."

권위에 저항하는 저항형은 우리 사회에 꼭 필요한 사람들이다. 한 의문형 독자는 이렇게 설명했다.

"저항형은 반대의견을 제시한다는 점에서 가치가 있습니다. 교육 혹은 기업 문화로 길들이거나 아예 말을 꺼내지 못하도록 무안을 줘서는 안 돼요. 그런 목소리야말로 우리 모두를 대변해줍니다."

하지만 순순히 부탁을 들어주거나 지시를 따르는 법이 없는 이들은 다른 사람들에게 눈엣가시다. 이들은 '다들 너만 믿는다', '네가 한다고 했잖아', '부모님이 화내실걸', '규칙 위반이야', '그때까지 끝내야 해', '무례하구나' 같은 말을 들어도 눈썹 하나 까딱하지 않는다. 오히려 부탁이나 지시를 받으면 청개구리처럼 행동한다. 한 저항형은 내 블로그에 다음과 같이 썼다.

"어떤 일을 하라는 명령을 받거나 기대가 있으면 머릿속이 정지 상태에 놓이기 때문에 그 상태에서 적극 벗어나려고 합니다. 식기세척기를 비워달라는 부탁을 들으면 제 두뇌는 '원래 하려던 일이지만 부탁을 받으니 못하겠어. 안 해'라고 말해요."

저항형의 주변 사람들은 무심결에 그들의 반항심을 자극하지 않도록 주의해야 한다. 저항형 자녀를 둔 부모는 특히 어려운데 한 부모가 그 상황을 설명해주었다.

"저항형 아이를 설득하려면 정보만 던져주고 아이 스스로 결정하게 하는 방법이 가장 좋습니다. 아이가 해결할 수 있는 문제를 제시하고 부모의 허락 없이 결정하고 행동하도록 두는 겁니다. 감시하지 말고 아이가 판단하게 하세요. 남의 시선은 곧 기대가 됩니다. 부모가 감시하지 않는다고 생각하면 아이는 부모의 기대에 저항할 이유가 없지요."

이렇게 말하는 부모도 있었다.

"아들이 저항형인데 원래 똑똑한 아이였지만 퇴학당하고 아무 일도 하려고 하지 않더군요. 아이가 열여덟 살이 되자마자 세계 일주 비행기 표를 끊어주고 '네가 알아서 해!'라고 했어요. 3년 동안 여행을 다녀오더니 지금은 대학원을 다니며 아주 잘 살고 있습니다."

저항형은 자기 자신에게조차 어떤 일을 하라고 지시할 수 없어 답답함을 느낀다. 작가 존 가드너 John Gardner 는 다음과 같이 말했다.

"남의 명령을 거부하고자 하는 충동을 억누르지 못하고 …… 이사하거나 생활방식을 바꾸는 버릇이 있는 내가 참 가엾다. 딱 한 군데 정착할 수 있다면 얼마나 좋을까."

그런데 이들은 저항하고자 하는 에너지를 긍정적으로 활용할 수도 있다. 예산에 맞춰 소비하고 싶을 경우 '쓰레기 같은 물건을 팔려는 마케터에게 휘둘리지 않겠다'라고 생각하면 자신에게 이로운 선택이 가능하다. 공부를 잘하고 싶다면 '다들 내가 좋은 대학에 갈 수 없을 거라고 생각하는데 그렇지 않다는 걸 보여주겠어'라고 결심할 수 있다.

한편 저항형은 무법지대 환경에 이끌리는 경우가 많다. 파괴적 혁신 기술(기존 시장을 파괴하고 새로운 시장을 창조하는 기술—옮긴이) 분야에서 일하는 내 친구가 그 대표적인 예다. 규칙과 위계질서를 거부하는 저항형은 자기가 주도권을 쥐어야 다른 사람과 일할 때 차질이 없다. 그러나 심오한 진리는 거꾸로 뒤집어도 진리인 법이다. 의외로 저항형 중에는 많은 규칙에 끌리는 사람도 있다. 누군가가 내 블로그에 이런 댓글을 달았다.

"다른 사람에게 주도권을 넘겨도 자유로워질 수 있습니다. 군대에 생각보다 저항형이 많을걸요."

다른 저항형도 이와 비슷한 견해를 밝혔다.

"저항형은 그 안에서 마음껏 선을 넘고 방법을 바꾸고 규칙을 어길 경계선이 필요한 것인지도 모릅니다. 저는 뭐든 마음대로 하라면 마음이 불안하고 일의 능률도 오르지 않습니다. 규칙을 깨뜨리지도 못하고 저녁에 할 일 목록을 확인하며 '야호! 하나도 지키지 않았다'라고 생각하지도 못하니까요."

나는 성향을 주제로 강연을 할 때 각자 자신이 속하는 유형에 손을 들어보라고 한다. 그런데 놀랍게도 기독교 목사 가운데 저항형의 비율이 유난히 높았다. 한 저항형 목사가 내게 설명했다.

"성직자는 신의 부름을 받은 자신이 남과 다르다고 생각합니다. 신의 축복을 받은 몸이니 삶의 다른 여러 존재보다 우위에 있다고 생각하는 거죠. 규칙도 그중 하나입니다."

두말할 필요 없이 저항형은 습관을 거부한다. 언젠가 나는 한눈에 봐도 저항형일 것 같은 여성에게 물었다.

"매일 선택을 하는 게 피곤하지 않으세요?"

"아뇨. 선택을 하면 자유로워져요."

"저는 어느 선까지 자유롭게 생활하겠다는 한계를 정해요."

"자유로우려면 한계가 없어야죠. 습관이 통제하는 삶은 메말라 있는 느낌이에요."

이처럼 습관을 거부하는 저항형도 자신의 선택과 행동을 연결 지으면 습관 같은 행동을 받아들인다. 한 저항형이 이렇게 말했다.

"매일 해야 하는 일이 있으면 절대 하지 않지만 '이번에는 이 일을 하겠다'라고 매일 결심하면 끊이지 않고 계속할 수 있습니다."

거의 모든 사람이 의문형 아니면 강제형이다. 저항형은 극소수고 준수형도 그에 못지않게 적은 것으로 밝혀져 나는 적지 않게 충격을 받았다(준수형과 저항형이 별로 없기 때문에 다수를 대상으로 습관을 형성하려는 고용주나 기기제조회사, 보험회사, 교사 등은 의문형을 위해 확실한 근거를 제시하거나 강제형을 위해 책임감을 부여하는 방법에 집중해야 효과가 좋다).

소설가 진 리스 Jean Rhys 는 "사람은 태어날 때부터 수용하는 자와 저항하는 자로 나뉜다."라고 말했다. 사람의 성향은 고정적이라 결점을 어느 정도 보완할 수는 있어도 성향을 아예 바꾸지는 못한다. 어린아이의 성향은 확인하기 어렵지만(나는 두 딸의 성향을 아직도 모르겠다) 성인이 되면 각각의 성향에 따라 관점과 행동이 완전히 굳어진다.

그러나 경험과 지식을 쌓으면 누구나 자기 성향의 부정적인 면을 보완할 수 있다. 준수형인 나는 성향대로 무조건 기대에 맞추기보다 '이 기대를 충족시켜야 하는 이유는 무엇일까?'라고 묻는 법을 배웠다. 여기에다 나는 의문형과 결혼한 덕분에 종종 남편처럼 스스로 의문을 제기한다. 때론 남편이 대신 해주기도 한다. 어느 날 남편과 연극을 볼 때 막간에 내가 "이 연극 별로다."라고 하자 남편은 "나도 그래. 그냥 집에 가자."라고 말했다. 순간적으로 나는 '정말 가도 되나?' 하는 생각을 했지만 우리는 집으로 향했다. 본능은 내게 주어진 기대를 따르라고 말하지만 남편이 "에이, 그건 할 필요가 없어."라고 한마디 툭 던지면 나는 "그래, 하지 않아도 돼."라며 쉽게 결정을 내린다.

반대로 남편은 밖에서는 모르겠지만 집에서만큼은 준수형에 더 가까워졌다. 가끔 내 부탁에 의문을 제기하고 싶어도 내가 언제나 이유 있는 부탁을 하고 또한 그 이유를 일일이 설명하기 귀찮아한다는 사실을 알고부터 길게 끌지 않고 내 기대를 받아들인다.

성향을 알면 강력하게 습관을 들이는 방법이 보인다. 나 같은 준수형은 운동이 해야 할 일 목록에 있으면 규칙적으로 운동을 한다. 의문형은 운동이 어떤 점에서 건강에 좋은지 근거를 나열하고, 강제형은 다른 사람과 매주 자전거를 타기로 약속한다. 예술가이자 저항형인 내 친구 레슬리 판드리히Leslie Fandrich 는 달리기와 관련된 자신의 글에서 저항형이 자유와 욕구를 높이 평가한다는 사실을 강조했다.

"달리기는 효과가 좋기도 하지만 내 뜻대로 자유롭게 건강을 찾는 방법으로도 안성맞춤이다. …… 헬스클럽 회원권 비용을 아끼고 언제든 내 스케줄에 맞춰 뛸 수 있다. 야외에서 신선한 공기를 만끽하며 최신 음악을 듣는 재미도 쏠쏠하다."[2]

성향의 4유형 전략은 직원의 생산성을 높이려는 상사, 환자가 규칙적으로 약을 복용하게 하려는 의사, 사람들의 목표 달성을 돕는 컨설턴트, 코치, 트레이너, 심리치료사 등 타인의 습관을 바꾸려는 모든 사람에게 큰 도움을 준다. 누군가에게 습관을 들이라고 설득하려면 그 사람의 성향까지 고려해야 성공할 확률이 높다.

가령 의문형 코치는 확실한 근거를 내세우지만 듣는 강제형은 근거가 아닌 외적 책임이 있어야 행동에 나선다. 준수형이 의무를 다하라는 일장연설을 해봐야 의문형은 기대를 저버리기만 한다. 의문형은 모든 의무에 의문을 제기하기 때문이다. 내 친구는 의사가 처방해준 약을 드시게 하려고 저항형 아버지에게 이런 방법을 썼다고 한다.

"의사는 약이 얼마나 중요한지 이유만 늘어놓더라고. 나는 아버지에게 이래라저래라 하는 방법이 통하지 않는다는 사실을 알고 있었지. 그래서 나중에 아버지가 내게 '꼭 먹어야 할까?'라고 물었을 때 '저라면 그냥 신경 쓰지 않겠어요'라고 했어. 아버지는 '내가 죽었으면 좋겠다는 말이냐?' 하더니 약을 드시더라고."

준수형, 의문형, 저항형은 대체로 결점을 아쉬워할 뿐 자신의 성향에 만족한다. 나도 준수형이 어떤 점에서 불편한지 알지만 내가 준수형이어서 행복하다. 준수형 성향이었기에 나는 부단히 노력해 첫 여성 대법관인 산드라 데이 오코너Sandra Day O'Connor의 보좌관으로 일했고, 작가라는 전혀 다른 분야에도 도전할 수 있었다(물론 준수형이라 학술지 각주에 마침표를 기울임꼴로 써야 할지와 같은 사소한 문제로 고민하기도 했다. 농담이 아니다).

의문형은 만사에 의문을 제기하는 성격이 피곤하다고 하면서도 자신의 방식이 가장 이성적이니 모든 사람이 따라야 한다고 생각한다. 저항형도 때로는 규칙을 따를 수 있기를 바라지만 저항형 성향을 버릴 마음은 없다. 반면 강제형은 자기가 속한 성향을 싫어하는 편이다. 타인의 기대는 충족시키면서 자기 자신의 기대는 외면하는 성격이 못마땅하기 때문이다.

강제형을 제외한 세 가지 성향의 단점은 타인을 괴롭힌다는 사실이다. 잔소리가 심한 준수형, 시시콜콜 캐묻는 의문형, 독불장군인 저항형은 다른 사람의 짜증을 돋우지만 남의 뜻을 다 받아주는 강제형의 단점은 자신에게 직격탄을 날린다는 점이다. 물론 강제형이 갑자기 기대를 거부하는 '강제형의 반란' 단계에 이를 수도 있다. 한 강제형은 이렇게 설명했다.

"제가 남의 기대대로만 행동한다고 생각하는 사람들에게 질리다 못해 이성이 '뚝' 끊어질 때가 있습니다. 그러면 반항심으로 자기주장을 합니다."

다른 강제형도 덧붙였다.

"저는 다른 사람과의 약속은 지키려고 온갖 노력을 하지만 자신과의 약속은 지키지 못하는 성격입니다. …… 그래도 어쩌다 한 번은 곧 죽어도 남의 기분을 맞춰주기가 싫어요."

강제형은 머리 모양이나 옷, 자가용 같은 상징을 이용해 저항하기도 한다. 이러한 강제형의 반골기질을 알면 내가 발견한 또 다른 패턴을 이해할 수 있다. 만일 저항형에게 오랜 연인이 있다면 그 상대는 십중팔구 강제형이다. 준수형과 의문형은 기대를 거부하는 저항형을 견디지 못하지만 강제형은 저항형이 외적 기대에 굴복하지 않는 것을 즐기기 때문이다. 어느 강제형에게 저항형과 강제형의 조합이 잘 맞는 이유를 들어보자.

"남편이 아니었다면 저는 이 세상을 평범하게 살지 못했을 거예요. 우리 집에서는 세금, 공과금, 쓰레기 분리수거 등 제때에 해야 하는 것은 무엇이든 남편이 처리합니다. 저는 시간 엄수를 질색하는 사람이거든요. 하지만 중요한 일을 의논할 때는 제가 최종 결정을 내려요."

성향과 상관없이 모든 사람이 스스로 결정권을 갖고 싶어 한다. 만약 타인의 통제가 지나칠 경우 자유나 선택권을 위협하는 존재에 저항하는 '리액턴스'reactance 현상이 나타난다. 심지어 원래 하려고 했던 일마저 명령을 받으면 저항하기도 한다. 내 딸 엘리자도 그랬다. 내가 "숙제를 마저 하는 게 어때?"라고 하면 엘리자는 "그만하고 쉴래요."라고 말한다. "열심히 했으니 잠깐 쉬지 그러니?"라는 말에는 "지금 끝내고 싶어요."라고 대답한다. 이러한 저항 충동은 부모뿐 아니라 의사, 교사, 기업 관리자에게는 분명 골칫거리다. 강요할수록 상대방의 저항이 더 심해질지도 모르니 말이다.

언젠가 나는 성향의 4유형 전략에 대한 강연이 끝난 뒤 생각지도 않던 질문을 받았다.

"어떤 성향의 사람이 가장 행복한가요?"

이 당연한 질문을 한 번도 염두에 두지 않았기에 나는 적잖이 당황했다. 그 사람은 당연한 질문을 하나 더 했다.

"어떤 성향이 가장 성공합니까?"

안타깝게도 성향을 이해하는 데 집중하느라 성향들을 서로 비교해보지 않은 나는 멋진 답변을 하지 못했다. 내가 내린 결론이 좀 답답하게 들렸을 수도 있지만 나는 "그때그때 다르다."라고 응답했다. 실제로 성향의 강점과 약점을 어떻게 받아들이는가에 따라 앞의 질문에 대한 대답은 달라진다. 가장 행복한 사람, 가장 성공한 사람은 자신의 성향을 유리하게 활용하는 법을 알아낸 이들이다. 나아가 자기 성향의 한계를 보완할 방법을 찾은 사람들이다.

나는 저항형 소설가 존 가드너가 《파리 리뷰》Paris Review 와 인터뷰한 글에서 읽은 한 문장을 잊지 못한다.

"법을 어길 때마다 대가를 치르고, 법을 지킬 때마다 대가를 치른다."

모든 행동과 습관에는 대가가 따른다. 준수형, 의문형, 강제형, 저항형은 저마다 자기 성향에 따르는 대가를 치러야 한다. 나는 매일 아침 6시에 일어나는 대가를 치른다. 대가를 치르지 않는 사람은 없다. 그러나 무엇을 위해 대가를 치를지는 스스로 선택할 수 있다.

자신이 준수형, 의문형, 강제형, 저항형 중 어디에 속하는지 알고 싶다면 다음 테스트를 해보자. 자신과 맞는다고 생각하는 문항에 표시하면 된다.

성향의 4유형은 서로 조금씩 겹치는 구조이기 때문에 테스트를 하다 보면 하나 이상의 유형에 표시하게 된다. 그렇지만 결국에는 자기 성향을 더 정확히 설명하는 한 가지 유형을 발견할 수 있다.

이 테스트가 성향을 완전히 결정짓는 것은 아니다. 그저 자신이 어떤 사람인지 보다 분명하게 이해하기 위한 참고 자료로 봐주었으면 좋겠다. 두 유형이 동점이라고 해서 내 성향이 양쪽으로 나뉘었다는 뜻도 아니다. 네 가지 성향을 두루 살펴보며 어떤 성향이 자신을 가장 잘 설명하는지 찾아보기 바란다.

● 준수형

규칙을 어기는 사람('휴대전화 사용 금지'라는 표지판을 보고도 통화하는 사람)과 함께 있으면 그 사람이 문제를 일으키거나 타인에게 피해를 주지 않아도 마음이 불편하다.
임의의 날짜라도 내가 정한 마감일을 지킨다.
신년 계획을 대체로 잘 지킨다(오직 '신년' 계획이다).
타인과 한 약속처럼 나 자신과 한 약속도 반드시 지킨다.
엄격하게 규칙을 지키는 나를 보고 짜증을 내는 사람들이 있다. 융통성이 없다는 말도 들어봤다.

● 의문형

삶에 변화를 주고 싶으면 곧바로 행동으로 옮긴다. 하지만 나에게 아무 의미가 없는 1월 1일 같은 날짜에 맞춰 신년 계획을 세우지는 않는다.
이유를 충분히 따져보고 결정을 내린다. 확실한 근거와 정보를 요구하다가 사람들에게 불평을 듣는다.
이유가 뚜렷하지 않은 부탁을 받으면 신경질이 난다.

전문가의 의견도 좋지만 내 행동은 직접 결정한다. 구체적인 지시(운동계획표 같은)를 받아도 스스로 판단해서 수정한다.

새로운 습관이 목표에 부합하면 큰 어려움 없이 받아들이지만 목표에 어긋나는 습관에는 관심도 주지 않는다.

성향의 4유형론이 과연 타당한지 의심스럽다.

● 강제형

보고서를 수정해달라거나 내 차로 카풀을 하자거나 코앞에 닥친 회의에서 발표를 해달라며 부탁하는 사람이 많다. 일이 산더미처럼 쌓였어도 부탁을 받으면 수락하는 성격이라는 걸 알기 때문이다.

신년 계획을 지킨 적이 없어서 이제는 세우지도 않는다.

내 의지로는 하지 못하는 일(피아노 연습, 편식 줄이기, 담배 끊기 등)도 남에게 좋은 롤모델이 되기 위해서라면 마다하지 않는다.

없는 시간을 쪼개 남의 급한 일을 해주느라 내 일을 할 시간이 없어서 답답하다.

좋은 습관도 몇 가지 있지만 아무리 애써도 들이지 못하는 습관이 더 많다.

● 저항형

신년 계획을 세우거나 습관을 들이려는 시도조차 하지 않는다. 그런 구속은 사양한다.

내가 하고 싶은 일을 한다. 남의 기대에 따르지 않고 내가 원하는 대로 행동한다.

부탁이나 지시를 받으면 거절하고 싶다.

부탁을 거절해서 다른 사람의 기분을 상하게 할 때도 있다.

어려운 일도 스스로 선택하고 내 방식대로 할 수 있으면 즐겁게 해낸다.

목공 수업처럼 재미있는 일도 남이 하라고 하면 반발심이 생긴다. 주위 사람의 기대를 받으면 재미가 반감된다.

서로 다른 우리,
해결책은 하나가 아니다

이처럼 단순하게 나누는 방법은 형식적이고 부자연스러우며 이치에 맞지도 않는다.
그러나 …… 이 구분법에 조금이나마 진실이 담겨 있다면 여기서
하나의 관점을 찾아 관찰하고 비교하면서 진정한 연구를 시작할 수 있다.
이사야 벌린, 《고슴도치와 여우》

성향의 4유형 전략을 통해 나는 사람
이 어떤 성향을 타고나는지 이해했지만 아직도 풀지 못한 수수께끼가
많았다. 서둘러 구체적인 행동 전략을 연구하고 싶은 마음이 굴뚝같았
으나 자기 성향을 확인하는 나머지 방법을 마저 다 찾아내기 전에는 불
가능했다. 몇 년 전 행복 프로젝트를 진행할 때 나는 '나만의 12계명'을
세우고 그것을 내 인생의 원칙으로 삼았다. 첫 번째 계명은 '나답게 살
자'였다. 그러나 내가 어떤 사람인지 파악하기가 여간 어렵지 않았다.
선망하는 모습이나 가식적인 모습의 그늘에 가려 진정한 내 모습이 보

이지 않았기 때문이다.

　기본적으로 내가 어떤 사람인지 파악하는 데도 시간이 한참 걸렸다. 나는 음악이나 여행을 썩 좋아하지 않는다. 게임이나 쇼핑도 즐기지 않고 동물에도 별 관심이 없다. 입맛도 평범하다. 나는 왜 그럴까? 대부분의 사람들이 음악 정도는 좋아하지 않는가? 나는 왜 이런 성향을 진작 알아차리지 못했을까? 그런 생각을 할 기회가 없기도 했지만 한편으로는 지금의 한계를 극복할 날이 올 것이라는 근거 없는 믿음이 있기도 했다. 언젠가는 내가 여행을 즐기고 이국적인 요리의 진가를 인정할 줄 알았다.

　더구나 나는 나와 남이 크게 다르지 않다고 생각했다. 어찌 보면 맞는 말이지만 내 인식과 달리 나와 남의 사소한 차이는 매우 중요하다. 그 사소한 차이로 전혀 다른 습관이 탄생하기도 한다. 한번은 사람의 머리는 아침에 가장 맑으므로 복잡한 일은 아침에 하라는 글을 읽고 꼭 그런 습관을 들여야겠다는 의무감에 사로잡힌 적이 있다. 하지만 결국 평소의 내 습관대로 한 시간 동안 단순한 이메일 업무를 본 뒤 글을 쓰는 것이 내게 가장 잘 맞았다. 준비운동을 하지 않고서는 복잡한 일을 하지 못하는 내가 섣불리 습관을 바꿨다면 영락없이 실패했을 것이다.

　습관은 결코 변할 리 없는 기본 성향과 일치해야 한다.

　'다른 작가와 함께 일하면 글을 더 많이 쓸 수 있지 않을까? 누가 책을 빨리 완성하는지 경쟁할 테니 말이야.'

　이런 생각은 경쟁을 싫어하는 내게 별다른 의미가 없다. 나에게 맞지 않는 습관을 들이려 애쓰느라 귀중한 에너지를 허비하지 않으려면 습관을 자신에게 맞출 필요가 있다. 이에 따라 나는 습관과 관련된 성향을 밝혀줄 몇 가지 구분법을 개발했다.

사람은 세상을 둘로 나누는 사람과 그렇지 않은 사람, 두 종류로 나뉜다고 한다. 나는 아마도 전자에 속할 것이다.

아침형 인간 vs. 저녁형 인간

연구에 따르면 아침형 인간과 저녁형 인간은 그 차이가 분명하다고 한다.[1] 거의 모든 사람이 그 중간에 해당하지만 극단적인 아침형 인간과 저녁형 인간도 틀림없이 존재한다. 두 유형은 똑같은 하루라도 능률이 높고 활력이 넘치는 시간이 서로 다르다.

나 같은 아침형은 일찍 자고 일찍 일어나지만 저녁형은 그와 정반대로 생활한다. 한때는 저녁형도 일찍 자려고 노력하면 아침형이 될 수 있다고 생각했지만 연구진은 한번 고정된 성향이 변하는 일은 없다고 주장한다. 여기에는 유전자와 나이가 크게 작용하는데 어린아이는 아침형 성향을 보이다가 청소년기에 저녁형이 된다(여성은 19.5세, 남성은 21세에 정점을 찍는다). 성인은 대부분 저녁형 성향을 보인다.

흥미롭게도 아침형이 저녁형보다 더 행복하고 건강하며 삶의 만족도가 높다는 연구 결과가 있다.[2] 이것은 아마도 세상이 대부분 아침형 인간을 선호하기 때문일 것이다. 아침형보다 늦게 자는 저녁형은 사회적으로 정해진 출근시간, 등교시간, 일찍 일어나는 어린 자녀 등으로 잠이 부족해 매일 피로에 시달린다. 아침형 인간과 저녁형 인간 그리고 그 사이에 있는 모든 사람은 습관을 들이려 할 때 자신이 타고난 성향을 고려해야 한다. 저녁형은 일찍 일어나 공부하는 습관을 들이려고 해봐야 소용이 없고, 아침형은 저녁식사 후 두 시간을 글 쓰는 시간으로 정하면 안 된다.

개중에는 자신의 성향을 성인이 되고도 한참 지나서 알게 되는 경우도 있다. 한 친구가 내게 경험담을 들려주었다.

"명상수행을 갔더니 기상시간이 4시인 거야. 그때 이후로 마치 스위치를 누른 것처럼 사는 게 훨씬 만족스러워졌어. 9시나 9시 30분쯤 자서 4시에 일어나는 요즘 생활이 내게는 딱 맞아."

장거리파, 단거리파 그리고 느림보파

업무 습관을 정할 때는 자신이 선호하는 작업 속도부터 구분해야 한다. 나는 장거리파로 느리지만 조금씩 꾸준히 일하고 마감이 임박한 상황을 싫어한다. 그래서 마감 기한보다 일을 일찍 끝낼 때가 많다. 나는 한 가지 일을 장기간 꾸준히 할 때 창의력이 솟아나는 편이다.

반대로 짧은 시간에 노력을 집중해서 일하는 단거리파는 창의력을 자극하기 위해 일부러 마감이 코앞에 닥칠 때까지 기다린다. 한 단거리파가 내게 말했다.

"저는 강연 준비를 하지 않고 연단에 오릅니다. 진행자들은 난처해하지만 저는 청중이 자리에 앉아야 아이디어가 떠올라요."

이렇게 말하는 단거리파도 있었다.

"저는 짧은 기간에 완전히 몰입하는 유형입니다. 그래야 막힘없이 진도가 나가고 집중력도 흐트러지지 않지요. 총 작업시간을 계산하면 긴 시간 동안 조금씩 일할 때보다 훨씬 많습니다."

단거리파와 장거리파는 자신의 작업 방식에 만족하지만 느림보파는 다르다. 마감이 닥쳐야 일을 끝낸다는 면에서는 단거리파와 비슷할지 모르지만 둘 사이에는 상당한 차이가 있다. 단거리파는 마감이 다가올수록 머리가 맑아지기 때문에 일부러 일을 막판에 몰아서 한다. 반면 작업을 몰아서 하는 것에 부담을 느끼는 느림보파는 마음만큼은 억지로라도 일을 미리 해놓고 싶어 한다. 그들은 일하지 않고 괴로워하느라 정작 즐기거나 중요한 일을 하지 못한다는 점에서 단거리파와 다르다. 일을 미뤄두고 그 불편한 느낌에서 벗어나고자 쓸데없이 다른 용건에 매달려 바쁘게 지낼 수도 있다.

단거리파는 장거리파를 '지루하다'고 생각하고, 장거리파는 단거리파를 '무책임하다'고 여긴다. 그러나 정답은 없다. 다만 느림보파는 꾸준히 일하는 습관을 들일 때 행복해진다.

저소비족 vs. 과소비족

저소비족은 쇼핑을 싫어하지만 과소비족은 쇼핑을 사랑한다. 저소비족인 나는 물건을 최대한 늦게 사거나 적게 산다. 예를 들면 겨울 코트 혹은 수영복도 필요할 때라야 부랴부랴 장만한다. 특히 양복 가방, 핸드크림, 헤어컨디셔너, 장화, 티슈처럼 용도가 한정된 물건은 선뜻 사지 못한다. 살까 하다가도 '다음에 사야겠다' 또는 '그다지 필요 없을 거야'라고 생각하는 때가 많다. 저소비족은 소비 활동을 워낙 싫어해서 좋은 습관에 도움을 주는 물건이나 서비스에도 지갑을 닫기 일쑤다.

반면 과소비족은 일부러 핑계를 찾아서라도 쇼핑을 한다. '언젠가 쓸일이 생기겠지' 하며 사무용품이나 주방용품, 여행 준비물을 대량으로 쌓아두는 것이다. 과소비족은 좋은 습관에 도움을 주는 물건 및 서비스에 돈을 아끼지 않는 경향이 있다.

저소비족은 '테니스 신발이 있는데 뭐 하러 운동화를 사?'라고 생각하는 반면 과소비족은 '운동화를 사야겠다. 여벌의 운동화, 형광 조끼, 만보기, 부상 예방법 책도 사자'라고 생각한다. 자신의 소비 성향을 알면 건강한 습관을 위해 돈을 언제 써야 하고 또 언제 쓰지 말아야 하는지 알 수 있다. 저소비족은 좋은 습관에 돈을 투자할 가치가 있음을 기억해야 한다. 과소비족은 그저 물건을 쌓아둔다고 좋은 습관이 저절로 생기는 것은 아니라는 사실을 잊지 말아야 한다.

소박한 삶 vs. 풍요로운 삶

나는 아동문학 애독자로 아동문학 독서모임을 세 개나 만들었다. 어느 날 모임의 한 친구가 "나는 항상 텅 비어 있는 느낌이 좋아."라고 하자 다른 친구가 "나는 매일 꽉 차 있는 느낌을 원해."라고 대답했다. 이처럼 짧고도 흥미로운 대화는 처음이었다. 두 친구의 말뜻을 정확히 이해한 것은 아니지만 나는 그들의 말을 듣고 소박한 삶을 사랑하는 사람과 풍요로운 삶을 사랑하는 사람의 차이를 생각해보았다.

소박한 삶을 지향하는 사람은 텅 빈 공간, 깨끗한 표면이나 선반, 최소한의 선택지, 공간이 많은 옷장처럼 '적다'는 개념에 끌린다. 내 성향도 그렇다. 나는 물건을 얻을 때보다 버릴 때 더 행복하다. 지나치게 큰 소리를 듣거나 많은 물건을 보거나 한꺼번에 많은 일이 닥치면 당황스러워 어찌할 바를 모른다. 반면 풍요로운 삶을 지향하는 사람은 중독될 만큼의 넘치는 풍부함과 찬장이 그릇이나 물건으로 가득한 것처럼 '많다'는 개념을 선호한다. 그들은 언제나 필요 이상으로 원하고 잔뜩 쌓아둔다. 또 약간의 소음이 있어야 편안해하고 수집하는 취미를 즐기며 선택지가 많을수록 행복을 느낀다.

소박함을 추구하는 사람은 깔끔하고 조용한 사무실에서 일해야 능률이 오르지만, 풍요로움을 사랑하는 사람은 사무실에 활기가 넘치고 눈에 띄는 장식이 가득해야 일을 잘한다.

습관을 바꿀 때도 소박한 삶을 지향하는 사람은 무엇이든 줄이고 없애는 방법을 선호한다(가령 케이블TV를 해지하거나 인터넷 쇼핑을 끊어 돈을 아낀다). 이와 달리 풍요로운 삶을 지향하는 사람은 다양하고 중독적인 방법일수록 효과가 좋다(프리랜서 일을 시작하거나 투자 방법을 배워 돈을 번다).

시작하는 사람 vs. 끝내는 사람

어떤 사람은 시작하기를 좋아하고 또 어떤 사람은 끝내기를 좋아한다. 여기서 시작과 끝은 글자 그대로의 의미와 비유적인 의미를 모두 포함한다. 끝내는 사람은 프로젝트를 완성할 때 희열을 느끼고 샴푸를 마지막 한 방울까지 남김없이 쓴다. 시작하는 사람은 기쁘고 설레는 마음으로 새로운 프로젝트에 착수하고 치약을 새로 따는 순간 희열을 느낀다.

나는 끝내는 사람에 속한다. 마지막으로 하나 남은 계란을 사용하며 성취감을 느끼고 오래 써서 고장 나거나 닳은 물건을 볼 때마다 묘하게 기분이 좋다. 나 자신이 끝내기를 좋아하는 성향이라는 사실을 알고 난 뒤 왜 우리 집 소파가 닳아 솜이 삐져나오거나 낡은 양말에 구멍이 날 때 만족감이 느껴지는지 이해할 수 있었다. 반면 남편 제이미는 시작하는 사람이다. 얼마 전 나는 주방 찬장에서 개봉한 시리얼을 네 개나 발견했다. 범인인 남편에게 하나를 다 먹기 전까지는 다른 것을 개봉하지 말라고 으름장을 놓자 남편은 웃더니 몇 주 동안 내 앞에서 새 것을 개봉하는 연기를 하며 즐거워했다. 남편처럼 시작을 좋아하는 한 법학과 교수는 내게 말했다.

"나는 끊임없이 새로운 논문을 쓰거나 강의 계획을 짠다네. 다듬지 않고 뒷전으로 미루는 바람에 완성하지 못한 초안이 산더미야. 새로 딴 겨자 병도 냉장고 안에 몇 개나 쌓여 있어."

자신이 시작과 끝 중 어느 쪽을 선호하는지 알면 그에 맞춰 습관을 들일 수 있다. 예를 들어 나는 블로그에 꼬박꼬박 글을 쓰는 습관을 들이려고 매주 6일 동안 글을 올렸다. 반면 시작하기를 좋아하는 내 지인은 300개가 넘는 웹페이지 주소를 사서 12개의 사이트를 운영한다. 그 와중에도 새로운 사이트를 개설할 생각뿐이다. 이런 행동을 하는 이유는 시작하고자 하는 욕구 때문이다. 내가 다니는 근력 운동 전문 헬스클럽은 20분 동안 웨이트트레이닝을 하면 끝이라는 점에서 나와 잘 맞는다. 물론 시작을 선호하는 사람은 다양한 운동을 번갈아가며 하는 헬스클럽이 잘 맞을 것이다.

끝내기를 좋아하는 사람은 일을 완성하는 데 집중하므로 선뜻 새로운 습관에 도전하지 않는다. 반대로 시작하기를 좋아하는 사람은 얼마든지 새로운 습관을 쉽게 들일 수 있다고 자만한다.

익숙한 상황 vs. 새로운 상황

어떤 사람은 익숙한 상황을 좋아하고 또 어떤 사람은 새로운 상황을 좋아한다. 나는 당연히 익숙한 상황을 좋아하는데 마음에 드는 책이나 영화는 몇 번을 다시 봐도 지겹지 않다. 먹는 음식도 웬만하면 바꾸지 않고 전에 가봤던 장소를 반가운 마음으로 다시 찾는다. 물론 나와 달리 새로운 상황을 좋아하는 사람도 있다.

익숙한 상황을 좋아하는 사람은 익숙한 행동일수록 습관들이기가 쉽다. 로스쿨 신입생 시절 나는 도서관에 들어가면 왠지 위축되었다. 그래서 마음이 편안해질 때까지 일부러 하루에도 몇 번씩 도서관을 들락날락했다. 블로그를 시작했을 때는 낯선 환경에 지레 겁을 먹었지만 날마다 억지로라도 글을 올리자 그 환경에 익숙해져 글을 올리는 것이 무의식적인 행동으로 바뀌었다.

그런데 새로운 상황을 좋아하는 사람은 습관이 습관 같지 않을 때 더 쉽게 받아들인다. 어떤 남자가 내게 말했다.

"날마다 출근해서 만나는 사람이 늘 똑같아 지겨웠지요. 그래서 일주일에 한 번씩 다른 지사로 출근해 기분전환을 합니다."

새로운 상황을 좋아하는 사람은 한 가지 습관을 기계처럼 반복하기보다 '30일 도전과제'처럼 짧게 끝나는 행동을 연이어 해야 질리지 않고 습관을 들일 수 있다. 한 독자의 댓글을 보자.

"저는 일정을 짜고 습관을 계획할 때는 의욕이 넘치지만 열에 아홉은 지키지 못합니다. 같은 일을 같은 방식으로 해야 한다고 생각하면 뼛속부터 거부감이 들어요. 그런데 새로운 일을 시도할 때의 쾌감은 말할 수 없이 강렬합니다."

성취 지향 vs. 안정 지향

심리학자 토리 히긴스Tory Higgins와 하이디 그랜트 할버슨Heidi Grant Halv-orson은 《어떻게 의욕을 끌어낼 것인가》Focus에서 사람은 목표를 세

울 때 '성취 지향' 성향과 '안정 지향' 성향으로 나뉜다며 흥미로운 주장을 펼쳤다.[3]

늘 더 많은 것을 원하고 사랑과 칭찬, 쾌락에 목말라하는 성취 지향형은 목표 달성에 노력을 집중한다. 또한 긍정적인 자세로 목표를 향해 열심히 달린다. 반대로 안정 지향형은 자기가 맡은 임무를 곧이곧대로 수행할 뿐 손해 보는 일을 꺼리고 위험이나 고통, 비난을 회피한다. 특히 문제나 장애물이 언제 나타날지 몰라 촉각을 곤두세운다.

그런데 좋은 습관과 나쁜 습관은 한쪽을 뒤집으면 결국 같은 의미다. '정크푸드 끊기'는 '몸에 좋은 음식 먹기'이고, '일찍 자기'는 '늦게 자지 않기'와 같다.

재미있게도 성취 지향형은 환경을 보호하기 위해 재활용을 하지만 안정 지향형은 과태료를 물기 싫어서 재활용을 한다. 이렇듯 사람마다 내세우는 이유가 다르므로 어떤 성향이 자신에게 맞는지 잘 생각해봐야 한다.

작은 변화 vs. 큰 변화

수월하게 습관을 들이려면 감당할 수 있을 만큼 적당한 보폭으로 시작해야 한다.[4] 소소해도 눈에 보이는 성과를 얻으면 자신감이 붙어 노력을 계속할 수 있다. 인간의 행태 연구로 유명한 심리학자 B. J. 포그B. J. Fogg는 '작은 습관'tiny habits[5]이라는 개념을 소개하면서 윗몸일으키기 한 번이나 책 한 쪽처럼 작은 보폭으로 꾸준히 나아가면 습관을 굳힐 수 있다고 말한다. 작은 성과가 조금씩 쌓이면서 의욕이 커지고 습관이 오래간다는 얘기다. 적당한 변화를 꾸준히 이어가면 한 번에 크게 변하려

할 때보다 힘들이지 않고 새로운 습관을 지킬 수 있다.

작은 변화를 택할 경우 새로운 습관이 서서히 일상에 스며들어 익숙해진다는 장점도 있다. 습관 자체보다 습관을 지키는 습관이 훨씬 더 중요한 법이다. 최소한 변화를 지속하기라도 하면 습관이 강력해지면서 무너지지 않는다. 고등학생 시절 달리는 습관을 들이려 했던 나는 출발점에서 세 번째 집까지 달리다가 되돌아왔다. 그렇게 몇 번 달린 후에는 목표를 네 번째 집으로 올렸고 나중에는 몇 킬로미터도 너끈히 달릴 수 있었다. 조금씩 감당할 수 있을 만큼만 변하면 포기하지 않고 습관으로 굳히는 것이 가능하다.

그런데 야망이 커야 성공하는 사람도 있다.[6] 이런 사람은 조금씩 습관을 바꾸라고 하면 이내 관심을 잃거나 스트레스를 받아 그만두고 만다. 때론 변화하는 의미가 없다고 결론을 내리기도 한다. 반면 한 번에 크게 변화할 때는 신바람이 나서 의욕적으로 습관을 들인다. 스티브 잡스는 이렇게 말했다.

"저도 점진적인 변화를 대단하게 여기고 살면서 그런 경험을 한 적도 있습니다. 하지만 그보다는 혁신적인 변화에 늘 마음이 갑니다. 왜 그런지는 잘 모르겠어요."[7]

대학 시절 내 룸메이트의 좌우명은 '모든 것을 단숨에 처리하라'였다. 한 독자는 짐 콜린스Jim Collins 와 제리 포라스Jerry Porras가 쓴 《성공하는 기업들의 8가지 습관》Built to Last 에 나온 표현을 인용해 다음과 같이 말하기도 했다.

"무조건 크고 위험하고 대담한 목표Big Hairy Audacious Goals, BHAG 를 세워야 합니다. 그동안 저는 지나치게 높이 도약하면 고꾸라질 뿐이라고 생각해 그런 목표를 거부했습니다. 한데 알고 보니 저는 더 높이 뛰어야 더 열심히 노력하는 사람이었어요."

때로는 뜻밖의 질문 하나가 미처 몰랐던 성향을 들춰내기도 한다. 예를 들어 '당신은 자신과 타인 중 누구를 탓하는가?' 같은 질문을 받으면 자신을 새로운 시각으로 바라볼 수 있다. 다음은 성향을 더 자세히 파악하게 해주는 몇 가지 간단한 질문이다. 이들 질문에 대한 답을 바탕으로 자신의 성향에 맞는 습관을 생각해보자.

시간 활용

- 하루 중 가장 활력이 넘치는 시간은 언제인가? 가장 움직이기 힘든 시간은 언제인가?
- 어떤 행동에서 다음 행동으로 빠르게 넘어가는 것이 좋은가, 아니면 서서히 넘어가고 싶은가?
- 특별히 재미있거나 도움이 되지 않는데 시간만 잡아먹는 행동이 있는가?
- 친구들과 어울리는 시간이 좋은가? 혼자 있는 시간을 좋아하는가?
- 들뜬 마음으로 기대하는 약속이 있는가?
- 몇 시간 동안 하고도 지루하지 않은 일은 무엇인가?
- 어린 시절 매일 또는 매주 했던 놀이는 무엇인가?

가치관

- 시간을 절약했을 때, 돈을 벌었을 때, 노력했을 때 중 언제가 가장 만족스러운가?

- 나와 다르게 행동하는 사람을 보면 눈에 거슬리는가, 아니면 즐거운가?
- 다른 사람은 중요하다고 하지만 내게는 의미 없는 일을 많이 하는가?
- 갑자기 공돈 500달러가 생기면 어디에 쓸 것인가?
- 전문가의 말을 듣고 따르는가, 아니면 스스로 문제를 해결하는 편인가?
- 어떤 활동에 돈을 쓰면 더 전념하고 싶어지는가, 아니면 관심이 시들해지는가?
- 내 자녀가 나와 같은 인생을 산다면 과연 행복할까?

현재의 습관

- 무리 안에 있을 때와 혼자 있을 때 중 언제 나쁜 습관에 빠지는가?
- 한 가지 습관을 노력 없이 저절로 바꿀 수 있다면 무엇을 택하겠는가?
- 주변 사람들이 가장 바꾸라고 하는 내 습관은 무엇인가?
- 현재 습관 중에서 내 자녀가 가졌으면 하는 습관과 그렇지 않은 습관은 무엇인가?

나는 일반 소설 모임 하나와 어린이·청소년 소설 모임 세 개에 참여하면서 즐거운 마음으로 좋은 습관을 많이 들였다. 우선 책 읽는 습관이 몸에 뱄고(7대 기본 욕구 중 4번, 마음 편히 쉬고 즐기기) 좋아하는 책만 다시 읽는 성향에서 벗어나 새로운 책을 읽게 되었다(7대 기본 욕구 중 5번, 미루지 말고 더 많은 것에 도전하기). 그리고 기존 친구들과도 정기적으로 만나지만 새로운 인연과도 친해졌다(7대 기본 욕구 중 7번, 타인과 더 가까워지기).

사람들은 마치 하나의 길만 따라가야 한다는 듯 내게 "무엇이 가장 좋은 습관입니까?"라는 질문을 많이 한다. 어떤 습관이 창의력과 생산성을 높이는지에 관해서는 의견이 분분한데 메이슨 커리Mason Currey 는 161명의 작가와 작곡가, 화가, 과학자, 철학자의 업무 습관을 조사해 정리한 책《리추얼》Daily Rituals에서 한 가지를 분명히 밝히고 있다. 그것은 우수한 인재는 저마다 습관이 다르지만 모두 자신에게 맞는 습관을 제대로 알고 있고 그 습관을 지키려 치열하게 노력한다는 사실이다.

누군가에게는 하루를 일찍 시작하는 습관이 있고(일본 작가 무라카미 하루키) 또 누군가에게는 밤늦게까지 일하는 습관이 있다(영국 극작가 톰 스토파드). 예측 가능한 삶을 사는 사람도 있고(영국 생물학자 찰스 다윈) 온종일 술에 취해 흥청대며 노는 사람도 있다(프랑스 화가 앙리 드 툴루즈 로트레크). 끊임없이 일을 미루는 사람(미국 심리학자 윌리엄 제임스), 시간에 맞춰 규칙적으로 일하는 사람(영국 작가 앤서니 트롤럽), 고요한 곳에서 일하는 사람(오스트리아 작곡가 구스타프 말러), 시끌벅적한 곳에서 일하는 사람(영국 작가 제인 오스틴)도 있다. 어떤 사람은 술을 잔뜩 마시고(독일 작가 프리드리히 폰 실러) 어떤 사람은 커피를 달고 산다(덴마크 철학자 쇠렌 키르케고르). 하루에 작업하는 시간이 긴 사람도 있고(미국의 문예 비평가 헨리 루이 멩켄) 딱 30분만 일하는 사람도 있다(미국 작가 거트루드 스타인).

모든 문제를 마법처럼 해결하는 방법은 없다. 창의적이고 일을 잘하는 타인의 습관을 그대로 따라 한다고 해서 자신도 그렇게 되리라는 보장도 없다. 단지 내가 타고난 성향을 정확히 파악해 나와 가장 잘 맞는 습관을 찾는 것이 최선의 방법이다.[8]

Part 2

습관의
버팀목

습관의 대표적인 네 가지 전략은 관찰 전략, 토대 습관 전략, 일정 전략, 책임감 전략이다. 우리에게 너무 익숙해 진가를 몰라보기 쉬운 이 네 가지 전략은 사실 그 가치를 헤아릴 수 없다. 이러한 네 가지 기본 전략을 최대한 활용하려면 앞서 자신이 어떤 성향인지 확인하고 배운 점을 참고해야 한다. 거의 모든 사람이 '일정 전략'으로 효과를 보지만 저항형은 아니다. 또한 원래부터 만능인 '책임감 전략'은 특히 강제형에게 필수다. 이들 네 가지 전략이 서로 긴밀히 연결돼 있다는 점도 기억하자.

관찰 없이는
관리도 없다

일정한 형태로 존재하는 우리의 인생은 습관으로 이루어진 덩어리에 지나지 않는다.
몸과 마음, 머리의 습관은 촘촘히 짜여 우리의 모든 행복과 불행을 결정하고
우리를 거부할 수 없는 운명으로 이끈다.

윌리엄 제임스, 《교사와 학생에게 전하는 말》

관찰 전략Strategy of Monitoring의 위력은
아주 막강해서 실제로 변화하는 과정이 없어도 어느덧 달라진 자신을
발견한다. 경영학계의 진리를 살짝 바꿔 말하자면 '관찰 없이는 관리도
없다.' 식사나 음주, 운동, 업무, TV 시청, 인터넷 사용, 소비 등 모든 습
관을 유심히 관찰할수록 성과는 커진다. 나를 평가하면 내가 어떤 사람
인지 보이고 그렇게 자기 인식을 할 때 자제력이 강해진다. 이는 길가에
속도 표시기만 있어도 운전자가 현재 속도를 확인하고 속력을 낮추는
것과 같은 이치다.[1]

관찰 전략에서는 어떤 습관을 관찰할지 정확히 판단하는 단계가 가장 중요하다. 매일 아침 신문 읽기나 클라이언트 한 명에게 전화하기 같은 구체적인 습관은 관찰하기 쉽지만, 더 많은 지식 쌓기나 고객 관리 잘하기처럼 모호한 계획은 관찰하기가 어렵다. 일반론적이기는 하지만 영국의 물리학자 로드 켈빈Lord Kelvin의 흥미로운 말이 생각난다.

"숫자로 표현할 수 없는 지식은 어설프고 미흡하다."

만약 관찰하고 싶은 삶의 요소가 있다면 관찰 방법부터 찾아야 한다. 사람은 자신의 행동을 잘 판단하지 못하기 때문에 직접 눈으로 관찰하는 과정이 반드시 필요하다. 우리는 하루의 식사량을 실제보다 적게, 운동하는 양은 더 많이 추측하는 경향이 있다. 한 조사에 따르면 사람들은 운동하는 시간 외에 자신이 하루 약 6킬로미터를 걷는다고 추측했지만 실제로는 3킬로미터 남짓 걸었다.[2]

습관을 빈틈없이 관찰하다 보면 그 습관이 시간, 돈, 에너지를 투자할 만한 것인지 알 수 있다. 자신이 TV를 지나치게 본다고 생각한 내 친구 하나는 하루의 TV 시청 시간을 관찰했는데 정말로 많은 시간을 바보상자 앞에 매달려 있었다. 어떤 부부는 술 마시는 데 쓰는 돈을 관찰한 결과 6년 동안 3만 달러에 육박한다는 계산이 나오자 술을 끊었다. 인지 행동 치료법을 개발한 심리학자 아론 벡Aaron Beck은 배우자가 잘못한 일은 눈에 잘 보여도 잘한 일은 그렇지 않으므로 배우자의 좋은 행동을 관찰하는 부부 일기를 쓰라고 제안한다. 이렇게 서로를 관찰하며 일기를 쓴 부부의 70퍼센트가 관계를 회복했다는 연구 결과도 있다.

자기 자신을 관찰하고 싶은 사람은 일상생활을 하나부터 열까지 관찰하는 자가 측정Quantified Self 활동에 참여할 수 있다. 하지만 그처럼 전부 관찰하려는 사람은 많지 않다. 관찰 전략의 장점은 확실하지만 시간이 많이 걸리고 다소 귀찮다는 단점도 있기 때문에 나는 일상에서 아주 중요한 부분만 관찰하고 있다.

내 동생 엘리자베스는 췌장에서 인슐린이 충분히 분비되지 않는 제1형 당뇨병 환자다. 인슐린 수치가 떨어지면 최악의 경우 목숨을 잃는 수준까지 혈당이 치솟기 때문에 엘리자베스는 하루에도 몇 번씩 인슐린을 투여한다. 이때 정확한 양을 투여하려면 반드시 혈당 수치를 알아야 한다. 수년간 혈액검사를 해서 혈당을 확인해온 동생은 얼마 전 지속적으로 혈당을 확인해주는 장치를 피부 아래에 삽입했다. 동생이 말했다.

"배 안에 기계를 넣기가 싫어서 몇 년 동안 거부했는데 막상 달고 나니 그동안 측정기 없이 어떻게 살았는지 모르겠어. 이젠 하루에도 몇 번씩 혈당 테스트를 할 필요 없이 측정기가 쉬지 않고 확인해줘. 그래서 현재의 혈당 수치와 변화 방향을 알 수 있지. 내 행동으로 혈당이 어떻게 달라지는지 나오니까 변명은 통하지 않아. 프로즌 요구르트가 저탄수화물이라고 우겨도 측정기 표시를 보면 사실이 아니거든."

"측정기가 직접 하는 일은 없지만 숫자를 보는 것만으로도 달리 행동하게 된다는 말이네?"

"맞아. 그전에는 아무 생각 없이 건강에 별로 이롭지 않은 음식을 먹고 몇 시간 후에 혈액검사를 했어. 시간이 지난 후였으니 수치가 괜찮았지. 하지만 측정기가 있으면 감히 그러지 못해. 변명의 여지가 없더라고."

더 이상 변명의 여지가 없다는 바로 그 이유에서 관찰 전략은 효과적이다.

나는 내 습관에도 관찰 전략을 적용해보기로 했다. 내 행동을 잘 감시하면 습관에 필요한 에너지를 올바른 방향에 집중할지도 모를 일이었고 또 실제보다 잘 지킨다고 착각하는 습관은 없는지 확인하고 싶은 마음도 있었다.

첫 타자는 식습관과 운동 습관이었다. 흥미롭게도 많은 사람이 대머리, 주름살, 뱃살, 이상한 헤어스타일 등 겉모습에 많이 신경 쓰고 나머지는 그리 걱정하지 않지만 나는 건강과 미용을 위해 일부러 좋은 음식을 먹고 운동을 한다. 물론 나는 체중 감량에 관심이 많고 이는 다른 사람도 마찬가지다. 7대 기본 욕구에도 '더 건강하게 먹고 마시기'가 있듯 체중 감량은 건강하게 먹고 마셔야 할 대표적인 이유다. 2010년 기준 미국인의 70퍼센트는 과체중이거나 비만으로 이들은 관상동맥성 심장 질환, 고혈압, 뇌졸중, 제2형 당뇨병, 암, 수면 무호흡증에 걸릴 위험이 있다.[3]

과체중은 신체 건강만 해치는 게 아니라 정신 건강에도 영향을 준다. 나는 한 컨퍼런스에서 우연히 어떤 여성의 말을 듣고 안타까워한 적이 있다.

"TED 강연 요청을 받았는데 순간 '안 돼, 지금의 몸무게로는 그런 데 나갈 수 없어'라는 생각이 들었어요."

누구나 관심이 많은 체중 감량에 관찰 전략을 적용하는 것은 어떨까? 건강하게 먹고 마시는 데 식단 일기만큼 효과적인 방법은 없다.[4] 다이어트를 시도한 사람을 대상으로 조사한 결과 매주 6~7일 동안 식단 일기를 쓴 사람은 매주 한 번 쓰거나 전혀 쓰지 않은 사람보다 체중을 두 배 더 감량했다. 그런데 식단 일기를 쓰는 것은 그리 만만한 일이 아니다. 나는 세 번 시도해서 전부 실패한 경험이 있다.

만보기로 걸음 수를 헤아린 적도 있다. 2003년 조사를 보면 미국인의 하루 평균 걸음 수는 권장수치의 절반인 5,117보에 그쳤다.[5] 만보기를 차고 목표를 달성하다 보면 신체활동이 활발해진다고 한다.[6] 나도 만보기를 이용했을 때 확실히 더 많이 걸었다. 그러나 걸핏하면 만보기가 바닥에 떨어지고 모양도 예쁘지 않아 결국 내던져버렸다.

어떻게 하면 식습관과 운동 습관을 관찰할지 이런저런 방법을 궁리하던 중 나는 《뉴욕 타임스》에서 조본 업 Jawbone UP이라는 팔찌 기사를 읽고 도전하기로 결심했다.[7] 조본 업 팔찌는 착용한 사람의 걸음 수와 수면 상태가 헤드폰 잭을 통해 휴대전화와 동기화되기 때문에 휴대전화로 관찰 결과를 확인하고 먹은 음식을 기록할 수 있다.

주문한 제품이 도착했을 때 처음에는 하루에 두 번씩 팔찌와 휴대전화를 동기화하는 일이 성가실 거라고 생각했지만 뜻밖에도 화면에 뜨는 활동량이 그렇게 흥미로울 수가 없었다. 내 기준으로 1.5킬로미터를 가려면 약 2,000보를 걸어야 해서 매일 1만 보씩 걷자는 목표를 세웠다. 매일 1만 보를 걸으면 비만과 심장질환에 걸릴 확률이 낮아진다는 연구 결과를 봤기 때문이다.

조본 업 팔찌는 기존에 식단 일기로 사용하던 작은 수첩보다 훨씬 더 효과적이었다. 불과 며칠 만에 팔찌의 식단 관리 메뉴에 먹은 음식을 기록하지 않으면 마음이 불안해졌다. '지금은 귀찮으니까 요구르트는 나중에 추가해야지'라고 생각하는 것은 잠시였고 곧 뭔가를 먹을 때마다 휴대전화를 찾았다.

실제로 일기를 써보니 식사의 특성상 관찰하기 어려운 점이 많았다. 무엇보다 1인분의 양을 측정하는 게 어려웠다. 사람은 자신의 식사량을 제대로 판단하지 못하고 여러 연구를 봐도 무의식중에 1인분보다 약 20퍼센트 많거나 적은 양을 먹는다고 한다.[8] 그리고 우리는 단위 편향 unit bias[9]이라는 성향 때문에 크기와 상관없이 한 덩어리를 선택하며 음식이 하나의 완전한 조각처럼 보이면 다 먹는다. 실제로 관련 실험에서 사람들에게 커다란 과자를 알아서 가져다 먹으라고 했을 때 대부분 과자 하나를 골랐다. 같은 과자를 반으로 잘라 내놓았을 때도 반으로 자른 과자 한 조각을 가져갔다. 이런 탓에 우리는 통에 든 음식을 꺼내지 않고 곧바로 먹는 경우에도 섭취량을 제대로 관찰하지 못한다. 사탕이든 샴푸든 고양이 사료든 통이 클수록 사용량은 늘어난다.[10]

우리는 요리하는 과정에서 맛을 보거나 무심결에 집어먹기도 하고 다른 사람과 음식을 나눠먹을 때도 있다. 한 입 크기로 한 접시에 여러 개가 담긴 딤섬이나 테이블마다 놓고 조금씩 덜어먹는 애피타이저도 섭취량을 정확히 관찰하기 어렵다. 관찰을 위해 뼈, 땅콩껍질, 사탕 포장지, 하루 동안 먹은 커피 잔, 음료수 캔, 맥주병 등의 증거를 남겨두는 것도 하나의 방법이다.

우리가 놓인 상황도 중요하다. 패키지 디자인을 연구한 결과, 사람들은 가장 작거나 가장 큰 음료 사이즈를 피하는 경향을 보였다.[11] 즉, 더 작거나 큰 음료 사이즈가 생기면 기존에 즐겨 먹던 사이즈도 바꾼다.

나는 몇 주 사이에 식단 일기를 쓰는 습관 말고도 새로운 관찰 습관을 추가했다. 그것은 절대 한 그릇 이상 먹지 않는 습관이었다. 음식을 접시에 미리 덜어놓고 한 접시만 먹는 사람은 접시에 조금씩 담아서 여

러 번 먹는 사람보다 14퍼센트 적게 먹는다고 한다.[12]

또한 나는 디지털 체중계를 사서 관찰 전략에 이용하기로 했다. 체중은 자연적으로 변하기에 괜히 낙담하지 말고 일주일에 한 번만 체중을 재라는 전문가도 있다. 그런데 최근 연구 결과에 따르면 매일 체중을 잴수록 살이 더 많이 빠지고 그 체중을 잘 유지한다고 한다.[13] 나는 지금까지 근력 운동을 할 때만 체중을 쟀으나 이제는 본격적으로 체중을 관찰하고 싶었다. 여담이지만 몸무게는 일요일에 가장 높고 금요일 아침에 가장 낮다.[14]

다른 방법으로 자신의 신체를 관찰하는 사람들도 있다. 어떤 친구는 평소에는 입지 않지만 전보다 몸에 더 끼는지, 헐렁한지 확인만 하는 청바지가 있다고 한다. 저마다 자기 나름대로의 관찰 도구를 사용하는 것이다.

처음 조본 업 팔찌를 착용했을 때는 감정 상태와 수면 상태를 관찰하는 기능에 별로 관심이 없었다. 나는 행복이라는 주제에 빠져 있는 사람답지 않게 내 감정 상태에 무관심하다. 그리고 잠을 워낙 좋아해서 수면 상태는 관찰할 필요도 없다고 생각했다. 내가 사람들에게 누누이 강조하는 사실이지만 잠은 정신 건강과 신체 건강에 매우 중요하다. 잠이 부족하면 마음이 불안해지고 기억력과 면역력이 떨어지며 고통에 민감해지는 등 부작용이 나타난다. 심지어 부부 싸움이 잦아지고 체중이 늘어나기도 한다.

특히 잠이 부족한 사람은 결심을 잘 지키지 못한다. 미루는 버릇을 전문적으로 연구하는 심리학자 피어스 스틸Piers Steel은 사람들이 일을 미룰 때 주로 대는 핑계가 '너무 피곤하다'는 것이라고 주장한다.[15] 한 연구진은 사람에게 잠이 한 시간 부족할 때마다 다음 날 불필요한 이메일 확인이나 인터넷 서핑으로 온라인에서 8.4분을 낭비하는 현상을 밝혀냈다.[16] "내 몸은 단련돼서 다섯 시간만 자도 충분해."라고 말하는 사람도 있지만 만성적인 수면 부족은 건강을 크게 해친다는 연구 결과도 있다. 그럼에도 불구하고 대다수 성인이 평균 일곱 시간도 자지 않는다.

다른 사람이야 어찌되었든 나는 적어도 일곱 시간은 자려고 애를 썼다. 즉, 중간에 깨는 일 없이 일곱 시간 동안 푹 자기 위해 필사적으로 노력했다. 그러나 조본 업 팔찌의 수면 상태 관찰 기능을 사용하면서 내 믿음은 깨지고 말았다. 조본 업 팔찌로 관찰한 결과, 나처럼 잠을 찬양하는 사람조차 늦은 시간까지 깨어 있는 날이 허다했다. 나는 관찰 실패라는 전형적인 함정에 빠져 있었다. 내 수면 습관이 바르다고 자만하며 9시 45분에 잔 날은 기억하고 11시 30분 이후에 잔 날은 망각한 것이다.

수면 상태를 관찰해보니 나는 잠자는 시간이 충분치 않았다. 일단 구체적인 취침 시간을 정한 나는 집에 있는 날이면 무조건 10시 30분에 자겠다는 목표를 세웠다. 단순히 졸린 느낌이 아니라 명확한 규칙에 따라 잠을 자는 방법은 효과가 있었다. 그전까지는 몸이 피곤하고 힘든데도 정신이 바짝 긴장하고 있어서 아직 잘 시간이 아니라고 착각하는 날이 많았다.

이처럼 건강을 위한 습관 외에 나는 '시간'에도 관찰 전략을 사용하고 싶었다. 먼저 독서 습관을 알아보기 위해 독서 시간을 관찰하기로 했다. 지난 몇 년 동안 책을 단 한 권도 제대로 읽지 않은 듯한 느낌이었고 또 독서 시간도 제대로 알지 못했기 때문이다.

내 친구이자 시간 관리 전문가인 로라 밴더캠Laura Vanderkam은 생활시간을 관찰하라고 강조한다.[17] 여기에 도전하기로 한 나는 우선 요일마다 한 칸이 30분인 단순한 일일 시간표를 짰다. 여기에 독서 시간을 기록할 계획이었지만 나는 겨우 며칠 만에 백기를 들고 말았다. 시간표 전략이 내게 맞지 않았는지 시간표를 어디에 뒀는지 자주 까먹었고 또 깜박 잊고 독서 시간을 기입하지 않는 때도 많았다. 그러나 비록 실패하긴했어도 일단 관찰을 시도하자 책을 읽고 싶다는 욕구를 더 의식했고 결국 나는 책을 더 많이 읽었다.

소비 습관을 관찰해보는 것은 어떨까? 실제로 자신의 지출 내역을 제대로 알고 있는 사람은 별로 없다. 한 실험에서 30명에게 신용카드 청구서 금액을 추측해보라고 하자 모두가 평균 30퍼센트나 적은 액수를 이야기했다.[18] 신용카드 때문에 정확한 소비 습관을 관찰하지 못하는 사람도 많다. 현금을 사용하면 소비 활동이 피부에 와 닿지만 신용카드를 쓰면 돈을 더 쉽게 쓰면서도 그걸 의식하지 못한다. 카지노에서 현금이 아니라 칩을 사용하는 이유는 이러한 위장 지출 현상 때문이다.

반대로 현금보다 신용카드를 쓸 때 지출 내역을 잘 관리하는 사람도 있다. 한 독자는 내게 이런 의견을 내놓았다.

"저는 현금을 쓰면 돈이 순식간에 사라지는 느낌이고 어디에 썼는지 잘 알지 못합니다. 그래서 모든 걸 신용카드로 사요. 온라인 계좌에 자주 접속해서 무엇을 사고 얼마나 썼는지 확인합니다."

나는 소비 습관 관찰을 포기했다. 남들이 등을 떠밀어야 물건을 살 만큼 저소비족인 데다 이미 돈 관리를 확실히 하고 있었기 때문이다.

사람들과 관찰 전략을 이야기하다 보면 거의 언제나 '적당히'라는 위험한 개념이 튀어나온다. 자신의 활동이나 소비 수준이 적당하다고 추측하면 판단을 그르치고 만다. 물론 '적당히'라는 말에는 분별력 있게 자제한다는 뜻도 있지만 정확히 관찰하려면 비교 대상이 있어야 한다. 무엇에 비해 적당하단 말인가? 200년 전 미국인의 설탕 섭취량은 현재의 5분의 1 수준이었다.[19] 따라서 200년 전에는 오늘날 적당하다고 생각하는 설탕 섭취량이 지나치게 많은 양이었을 것이다. 행동을 관찰하면 '적당히'라는 편하고 모호한 개념을 버리고 현실을 인정할 수밖에 없다.

실제로 나는 관찰 전략 덕분에 습관에 많은 진전이 있었다. 더 적극적인 습관 전략을 사용하지 않아도 조금씩 변화가 보였고 관찰 데이터가 나를 '어제보다 행복한 내일'로 데려다주었다.

나는 준수형 성향이라 그런지 진척 상황을 지켜보고 목표를 달성한 후 생색을 내는 것이 즐거웠다. 가끔은 지루하고 힘들었지만 상관없었다. 의문형도 정보를 얻어 습관에 적용하기를 좋아하므로 관찰 전략에 관심이 갈 것이다. 반면 강제형은 누군가가 검사한다면 모를까 스스로 관찰하지 못하는 성향이다. 일부 강제형에게는 조본 업 팔찌만으로는 외적 책임감이 충분치 않다. 물론 팔찌의 '친구' 기능을 활성화해 자신의 상태를 다른 사람에게 확인받으면 얘기가 달라진다. 저항형은 어떨까? 스스로 관찰하기를 원하는지에 달렸다.

내가 직접 관찰 전략을 실험하면서 가장 극복하기 힘들었던 것은 이미 잘하고 있는 습관만 관찰하고 싶은 욕구였다. 그러나 습관이 제자리걸음이라고 느낄 때는 관찰 전략의 도움을 받으며 그동안 얼마나 많이 성취했는지 확인할 수 있어서 좋았다.

완벽하지 않아도 발전을 보인다면 이 전략은 성공이다. 인정받기를 좋아하는 나는 팔찌의 기록을 확인해 1만 보라는 목표를 달성하면 기뻐한다. 하지만 5,000보밖에 걷지 못했어도 1,000보보다는 낫다는 사실 역시 알고 있다. 프랑스 계몽주의 사상가 볼테르는 "완벽히 하려다 잘한 일을 망치지 말자."라고 말했다. 관찰을 하면 무엇을 성취했는지 전부 기억할 수 있다.

가끔은 관찰을 하느라 실제 행동에 집중하지 못하기도 했고 관찰하지 않았다면 더 몰두했을 일도 있었다. 팔찌로 수면 상태를 관찰하느라 씨름할 때는 침대에 쭉 뻗고 눕는 기분이 얼마나 좋은지 느끼기 어렵다. 그렇지만 관찰 전략은 꼭 필요하다. 그래야 '잠자리에 든다'는 목표를 확실히 이룰 수 있기 때문이다. 자정까지 컴퓨터 앞에 붙어 있는 사람이 어떻게 양질의 잠을 잘 수 있겠는가?

스스로 개발하고 싶은 습관을 관찰해보자. 지금 어떻게 행동하고 있는지 정확히 파악하고 어떤 점을 바꾸고 싶은지도 생각해보자. 무엇이든 자신에게 중요한 습관을 잘 관찰해야 한다. 그러면 자신의 가치관에 맞는 하루하루를 보낼 수 있다.

기본부터
시작하라

나도 모르는 사이에 시간은 눈에 보이는 내 얼굴을 바꾸고
습관은 내 인생의 얼굴을 바꾼다.
버지니아 울프, 1929년 4월 13일자 일기 중

성향의 4유형 전략, 성향 구분 전략,
관찰 전략은 자신이 어떤 사람인지 지켜보며 파악할 때 진가를 발휘한
다. 하지만 나는 관찰보다 구체적인 행동을 좋아하기에 이제는 그만 생
각하고 여태껏 배운 내용을 실천하고 싶었다. 이를 뒷받침해준 것이 토
대 전략Strategy of Foundation이다. 토대가 강해야 보다 쉽게 나머지 좋은 습
관을 들일 수 있기 때문이다.

한 번에 하나의 습관에 전념해야 자제력을 소모하지 않는다고 조언
하는 전문가도 있지만,[1] 좋은 습관 하나에 공을 들이면 다른 습관도 더

불어 좋아진다는 의견도 많다.[2] 운동 계획을 잘 지키면 건강 습관과 업무 습관도 개선되는 것이 그 예다. 그래서인지 여러 종교마다 사순절이나 라마단, 속죄일처럼 금욕 기간을 두고 의식을 치른다. 자제력을 훈련하면서 변화를 체험하면 더 많은 변화가 따라오기 때문이다. 이는 거꾸로 뒤집어도 마찬가지다. 바람직하지 못한 습관이 모이면 서로 더 강력해진다.

습관을 개선하려면 기본, 즉 중요하고 명백한 문제부터 처리해야 한다. 안타깝게도 사람들은 습관을 개선하고 싶다면서 별로 노력할 가치가 없는 습관부터 시작한다. 내 주변에 늘 수면 부족에 시달리고 운동은 아예 하지 않는 남자가 있다. 그는 1년 365일 열쇠나 지갑을 제자리에 두지 않으며 허구한 날 직장에 지각한다. 테니스를 좋아하면서도 칠 시간을 내지 못하고 쉴 새 없이 껌을 씹는 그가 한 말이라고는 "뭔가 달라져야겠어. 이제부터 껌을 씹지 않을래."였다.

대놓고 말하지는 않았지만 그의 결심을 들으니 한물간 농담이 떠올랐다. 어느 늦은 밤 한 경찰이 가로등 아래에서 손을 흔드는 남자를 보고 물었다.

"선생님, 왜 그러십니까?"

"자동차 열쇠를 찾고 있습니다."

한눈에 봐도 취한 남자가 대답했다.

"여기서 잃어버리셨나요?"

"아니, 저쪽에서 잃어버렸어요."

남자는 뒤쪽의 어두운 인도를 가리켰다. 그리고 말했다.

"한데 이쪽이 더 밝아서요."

많은 사람이 습관을 개선하겠다고 하면서 열쇠를 찾을 장소가 아닌 찾기 쉬워 보이는 장소에서 시작한다. 그러나 그런 식으로는 영영 열쇠를 찾지 못한다.

그러면 어디에서부터 시작해야 할까? 즉각 자제력을 강하게 키워줄 습관을 선택하는 것이 가장 좋다. 이런 습관은 나머지 좋은 습관의 토대를 마련하는 역할을 한다. 토대 전략을 사용할 경우 몸과 마음이 지쳐서 자신을 다스리지 못하는 상황을 미연에 방지할 수 있다. 내가 관찰한 바에 따르면 자제력을 가장 높이 끌어올려 모든 습관의 토대를 탄탄히 다져주는 습관은 다음의 네 가지다. 따라서 이 네 가지 토대 습관을 개선할 방법부터 공략해야 한다.

1. 취침 습관
2. 운동 습관
3. 식사 습관
4. 정리정돈 습관

이들 토대 습관은 서로를 보강해준다. 즉, 운동을 하면 잠이 잘 오고 숙면을 취하면 모든 일을 전보다 잘할 수 있다. 어떤 습관이든 그것을 바꾸고 싶다면 토대 전략에서 출발하라. 토대 습관을 잘 세우면 더 큰 변화도 가능해진다. 전에 내 친구는 "냉장고를 청소했더니 왠지 직업을 바꿀 수 있겠다는 생각이 들어."라고 말했다. 논리적으로 설명할 순 없지만 나는 친구가 무슨 뜻으로 그런 말을 하는지 짐작할 수 있었다.

그러므로 토대 습관을 먼저 공략해야 한다. 앞서 관찰 전략을 실험하면서 네 가지 토대 습관 중 세 가지를 관찰한 것은 우연이 아니었다. 나는 '토대'라는 개념을 정확히 파악하기도 전에 그 중요성을 직감하고 있었다. 내 습관은 그리 나쁘지 않았지만 토대 습관을 개선하면 더 좋을 것 같았다.

첫 번째 토대: 취침 습관

내가 잠자리에 드는 시간은 보통 10시 30분이지만 나는 언제나 더 늦게까지 깨어 있고 싶었다. 그러던 어느 날 피곤해야 잠이 온다는 내 선입견과 달리 피곤해서 더 늦게 자는 날도 있다는 사실을 깨달았다. 옷을 갈아입고 세수할 힘조차 없을 정도로 피곤하면 잠자리에 드는 시간이 늦어지는 것이다.

나는 일찍부터 잠자리에 들 준비를 하고 가벼운 마음으로 제시간에 자러 갔다. 취침 시간을 지키자 뜻밖의 수확이 있었다. 자제력이 바닥나 좋은 습관을 지키기 어려운 시간은 대개 잠들기 30분 전이다. 나는 그 시간에 마지막 간식을 먹으러 주방으로 향한다. 만성적인 수면 부족에 시달리는 사람은 더 쉽게 허기지고 유혹에 굴복한다.[3] 어쩌면 그래서 하루 수면 시간이 여섯 시간 이하인 사람 중에 비만자가 많은 것인지도 모른다. 그뿐 아니라 신경이 잔뜩 곤두서서 남편이 전구를 갈아 끼우지 않았거나 메시지에 답장하지 않았다는 이유로 과민반응하며 부부 싸움을 걸기도 한다. 결국 제시간에 잠자리에 든다는 것은 자제력이 바닥난 상태인 채로 깨어 있는 시간이 줄어든다는 의미다.

그런데 취침 습관에 대해 다른 사람들과 얘기를 나누는 과정에서 이상한 점을 발견했다. 괴로울 정도로 몸이 늘 피곤하다고 말하는 사람이 많았는데 그들에게 일찍 자라고 말하면 다들 당황하거나 투덜댔다. 물론 그 마음을 이해하는 것이 그리 어렵지는 않다. 하루 종일 숨 돌릴 틈도 없이 바쁜 그들은 밤이 되어야 한가롭게 자기 시간을 누린다. 그들에게는 밤이 유일한 자유 시간이다.

로스쿨 동창 중 하나는 격하게 토로했다.

"아침부터 밤까지 회사 일에 시달려. 밤에 책을 읽으며 편히 쉬지 못한다면 나만의 시간은 전혀 없다는 소리야."

"잠을 더 자면 기분이 한결 좋아질 거야."

"일찍 자면 내 시간은 전부 회사가 차지하고 말아. 그럴 수는 없지."

사람들은 소중한 자유 시간을 잠에 뺏기고 싶어 하지 않는다. 밤이 되어서야 겨우 내 시간을 얻는다는 생각은 사회적 차원에서도 심각한 문제다. '마음 편히 쉬고 즐기기'는 7대 기본 욕구 중 4번에 해당하지만 많은 사람이 매일 피곤하다고 불평하면서도 마지막 자유 시간을 포기하지 못한다. 하지만 우리에게는 잠이 필요하다.

두 번째 토대: 운동 습관

신체 활동은 거의 모든 문제를 마법처럼 해결한다. 운동을 하면 불안감이 사라지고 기분이 좋아지며 힘이 생긴다. 또 기억력, 결정 능력, 계획 능력이 오르고 체중 관리까지 가능하다. 무엇보다 운동을 하면 자제력이 강해져 다른 습관을 잘 지킬 수 있고 일상생활이 편해진다.[4] 나는 딸들의 학부형 모임에 갔다가 사람들이 3층까지 계단을 이용하지 않고 승강장 앞에 길게 줄지어 선 광경을 보았다.

'운동' 하면 흔히 헬스클럽에 가서 샤워까지 하고 와야 한다고 생각하지만 어디서든 그냥 몸을 이리저리 움직이기만 해도 좋다. 실제로 앉아서만 생활하다가 앉아 있는 시간을 조금 줄인 사람의 건강 회복 속도가 가장 높다.[5] 그리고 '20분 운동'을 처음 접한 사람의 사망률이 가장 눈에 띄게 줄었다고 한다(조사 결과 미국인의 약 40퍼센트는 운동을 전혀 하지 않는다).

그런데 운동을 계획하고 시작한 사람들도 6개월이 지나면 그 수가 절반으로 줄어든다.[6] 사람들이 운동을 포기하는 이유는 운동 방식을 선택하는 데 문제가 있기 때문이다. 대개는 겉모습을 바꾸고 싶어서 운동을 하거나 유행하는 운동 혹은 주변 사람들이 추천하는 운동에 마음이 혹한다. 사실은 자신의 성향과 스케줄에 맞는 운동을 선택해야 오래 할 수 있다. 가령 저녁형 인간은 일찍 일어나 운동할 생각을 할 필요조차 없다. 자신에게 맞는 운동법을 찾을 때는 다음의 질문을 고려해야 한다.

- 나는 아침형 인간인가, 저녁형 인간인가?
- 야외 활동이 즐거운가, 날씨에 신경 쓰고 싶지 않은가?
- 경쟁자가 있으면 의욕이 솟는가?
- 강렬하고 빠른 음악을 들으며 운동하는 것이 좋은가, 조용한 배경음악이 좋은가?
- 외적 책임(트레이너, 달리기 모임)이 있을때 효과가 좋은가, 내적 책임만으로 충분한가?
- 도전 정신을 불태우게 하는 운동(새로운 운동법 배우기, 체력의 한계까지 몰아붙이기)이 좋은가, 늘 하던 운동이 좋은가?
- 스포츠와 게임을 즐기는가?

* 운동 후에 샤워를 하는 것이 불편한가?

나는 이들 질문에 답하면서 내가 하고 있는 운동 방식이 왜 효과적인 지 깨달았다. 우선 나는 극한까지 몰아붙이는 운동을 싫어하고 새로운 운동에도 관심이 없어서 그런 운동을 하지 않는다. 대신 일주일에 한 번 씩 실내 요가 수업을 듣고 한두 번 헬스클럽에서 40분 동안 근력 운동 과 자전거 운동을 한다. 일주일에 한 번은 강도를 높이기도 한다. 더 이 상 들어 올리지 못할 정도로 아령의 무게를 올리곤 하는 근력 운동 시 간은 무척 힘들지만 20분에 불과해 충분히 버틸 수 있다.

당연히 사람마다 선호하는 방식은 제각각이다. 어떤 사람은 이렇게 말했다.

"나는 경쟁자가 있어야 무언가 하겠다는 마음이 생기는 사람이야. 그걸 깨달은 뒤로는 매주 친구들과 함께 이벤트 식으로 운동을 하고 있 어. 오래전부터 이처럼 신나게 운동하는 것이 소원이었어."

작가라는 직업상 오래 앉아서 일하고 여가 시간도 대부분 앉아서 보 내는 나는 나를 자리에서 일으켜 세울 습관이 필요하다고 생각했다. 활 기차게 행동하면 기분도 더 좋아질 것 같았다. 그래서 나는 주말마다 한 번씩 꼭 산책하는 습관을 들이기로 했다. 매번 문 밖으로 나가려고 갖은 애를 다 써야 했으나 돌아올 때는 늘 기운이 넘쳤다.

운동은 토대 습관의 핵심으로 몸과 마음에 이로운 점이 많지만 희한 하게도 우리가 운동의 최대 이점이라고 착각하는 것은 운동으로 얻지 못한다. 즉, 운동을 한다고 해서 살이 빠지는 것은 아니다.[7] 운동은 체중 관리에 도움이 되는 듯 보이지만(물론 활동적인 사람은 비활동적인 사람보다 살이 찌거나 요요에 시달릴 가능성이 낮다) 체중 감량과는 무관하다. 운동을 해야 하는 이유는 많지만 여러 연구에 따르면 체중 감량은 그 이유에 들지 않는다. 살을 빼고 싶다면 식습관을 바꿔야 한다.

세 번째 토대: 식사 습관

나는 배가 고플 때만 먹고 배가 부른 순간 포크를 내려놓는 습관을 토대 습관으로 선택했다. 그러나 이것이 말처럼 쉽지는 않다. 우리는 배고파서가 아니라 업무상 식사를 해야 하거나 친구와 만나거나 음식의 모양 또는 풍미 같은 외부 신호의 자극을 받고 먹는 경우가 많다(안타깝게도 다이어트를 하면 이런 외부 신호에 더 민감해진다). 여기에다 평균적인 식사 시간은 약 12분이지만 신체가 포만감을 인식하기까지는 20분이 걸린다.[8] 나도 배고플 때만 먹는 습관과 한 그릇 이상 먹지 않는 습관을 가장 자주 어겼다. 삶이 복잡하고 음식이 우리를 유혹하는 상황에서 식사 습관을 지키는 것은 정말 어려운 일이다.

나는 배고프지 않을 때도 음식을 먹었고 배가 고플 때는 '항상' 먹었다. 배가 고프면 견디지 못하는 내게 한 친구가 경악스러운 말을 했다.

"난 한밤중에 배고픈 상태로 깼을 때가 제일 좋아."

반대로 나는 공복 상태에 놓이면 공격적으로 변해 일도, 생각도 할 수 없을 만큼 성미가 까칠해진다. 그래서 아침식사를 절대 거르지 않는다. 아침식사를 둘러싼 논란 중 아침을 먹는 사람이 더 날씬하다고 주장하는 사람들은 이를 증명하는 연구를 근거로 내세우지만[9] 이는 상관관계일 뿐 인과관계가 아니다. 기존의 연구를 조사하자 습관적으로 아침을 거른다고 해서 체중이 느는 것은 아니라는 결론이 나왔다.[10] 아무튼 나는 세 끼를 꼬박꼬박 챙겨먹는데 지나치게 배고프지 말자는 것이 내 토대 습관이다.

연구 결과에 따르면 식사를 거르는 것은 우리 몸에 해롭다고 한다. 배가 고프면 과식 충동을 억제하기가 힘들어지기 때문인지도 모른다. 다이어트 중인 여성들을 조사한 결과 식사를 꼬박꼬박 챙겨먹는 여성이 이따금 식사를 거르는 여성보다 4킬로그램 가까이 더 감량했다.[11] 특히 아침식사를 거르면 하루 종일 자신과 타협을 하거나 잘못된 선택을 하고 만다. 생일파티에 간 딸들을 기다리는 동안 내 친구는 컵케이크를 들고 이렇게 말했다.

"아침밥을 먹지 않았으니까 이 정도는 괜찮아."

먹는 습관에는 반드시 마시는 습관이 따른다. 대표적으로 술은 여러 모로 토대 습관을 방해하고 평소보다 거리낌 없이 행동하게 해서 과식 및 과음할 위험을 높인다. 또 깊이 잠들지 못하고 운동할 마음이 사라지며 자제력이 떨어진다.

마시는 습관에는 술만 속하지 않는다. 물을 충분히 마시지 않는다고 걱정하는 사람이 많은데, 나는 약국에서 한 여자가 친구에게 이런 말을 하는 것을 들었다.

"물을 더 마시려고 노력 중이야. 매일 커다란 물병을 가지고 다니면서 틈날 때마다 마셔."

흔히 물을 마시면 건강에 좋을 거라고 생각하지만 실제 효과는 그리 대단치 않다. 통념과 달리 사람은 목이 마를 때 배가 고프다는 착각을 하지 않는다. 탈수 상태가 되면 불편할 정도로 목이 마를 테니 그 전까지는 물을 마시려고 따로 노력할 필요가 없다. 특히 하루에 꼭 물 여덟 잔을 마시지 않아도 된다.[12] 목이 마르지 않고 연한 노란색의 소변을 적당량 보는 사람은 이미 물을 충분히 섭취하고 있는 것이다.

물론 물 마시는 것을 좋아하거나 물을 마실 때 기분이 좋아진다면 많이 마셔도 나쁠 것이 없다. 달콤한 차보다는 차라리 물을 마시는 편이 낫다. 그러나 물을 마시려고 진절머리가 날 정도로 노력하거나 '물 많이 마시기' 습관을 최우선 과제로 꼽지 않아도 괜찮다. 좋은 습관을 들이려면 에너지가 많이 필요하고 그 에너지는 턱없이 부족하므로 가장 훌륭한 습관에 활용해야 한다. 기본부터 시작하자.

네 번째 토대: 정리정돈 습관

주변 환경을 정돈하면 내면이 침착해지면서 토대 습관이 생각보다 훨씬 더 강화된다. 예를 들어 빽빽이 들어찬 옷장이나 어수선한 서류함 문제는 사소해 보이고 실제로도 사소하지만 환경이 깨끗하면 자제력이 커진다. 만약 이것이 착각이라면 바람직한 착각이다.

무질서한 환경은 '깨진 유리창'이 될 수 있다. 1980년대 사회과학계에서 제시한 깨진 유리창broken windows 이론은 사회가 유리창 깨기나 낙서, 무임승차, 공공장소에서의 음주 같은 무질서와 경범죄를 용인할 경우 중범죄가 일어날 가능성이 크다는 범죄 예방 이론이다. 법률 이론으로서는 논쟁의 여지가 있으나 개인적인 차원에서는 분명 맞는 말이다.

나도 그렇지만 많은 사람이 환경을 깨끗하게 정돈해야 자제력이 높아져 좋은 습관을 쉽게 유지한다. 물건을 제자리에 놓고 성가신 일을 해결할 경우 힘까지 솟는다. 방을 청소하고 망가졌거나 사용하지 않는 물건을 버릴 때도 마찬가지다. 이처럼 에너지를 충전하면 어려운 일도 거뜬히 해결하고 자제력을 발휘해 어려운 습관을 지킬 수 있다. 나아가 작은 일을 성취할 경우 '할 수 있다'는 자신감이 붙는다. 한번 정한 계획을 지키면서 자신감이 점점 커질수록 중요한 습관을 지킬 수 있다는 믿음도 커진다.

물론 무질서한 환경에서 성공하는 사람도 있다. 그들은 환경을 정돈할수록 생산성과 창의력이 떨어지고 마음의 평화가 깨진다고 생각한다. 심지어 숨이 막힌다고 표현하는데 내 경우에는 너저분한 환경이 '깨진 유리창'이 되어 생산성과 창의력을 떨어뜨린다.

사람마다 깨진 유리창은 다르다. 흐트러진 침대는 대표적인 깨진 유리창으로 내 행복 프로젝트에 참여한 많은 사람이 침대 정리를 목표로 세웠다. 찰스 두히그가 《습관의 힘》에서 지적했듯 침대를 정리하는 습관을 들이면 정말로 더 행복해지고 생산성이 높아진다.[13] 그 밖에 흔히 꼽는 깨진 유리창으로는 지저분한 차, 잔뜩 쌓여 있는 빨래, 쓰레기 더미가 있다. 여권이나 휴대전화 충전기 같은 중요한 물건을 찾지 못하는 습관, 지나간 신문 혹은 카탈로그를 버리지 못하는 습관, 하루 종일 잠옷이나 트레이닝복을 입는 습관, 면도나 샤워를 하지 않는 습관도 마찬가지다.

나는 일단 내 깨진 유리창 몇 가지를 고치기로 했다. 먼저 옷을 벗어 침실 여기저기에 며칠이나 쌓아두는 습관부터 시작하기로 했다. 습관을 바꾸기로 하고 옷을 깔끔하게 정리하자 해야 할 일이 대폭 줄어들었다.

그다음 목표는 전화기의 부재중 메시지를 확인하는 성가신 일이었다. 나는 메시지가 왔다고 삑삑거리며 알리는 소리를 몹시 싫어했지만 메시지를 확인하는 것도 싫어서 우리 집 전화기는 언제나 삑삑거렸다. 그래서 방치하지 말자는 새로운 습관을 선언했지만 오래지 않아 패배를 인정했다. 대신 그 일을 남편에게 떠넘기고 다른 습관으로 눈을 돌렸다.

일하는 습관도 점검해 시작할 때와 마찬가지로 끝낼 때도 서류나 이메일, 문서, 기타 물건을 정리하고 마음 편하게 일어섰다. 덕분에 다음 날 훨씬 가벼운 마음으로 서재에 들어올 수 있었다. 그제야 나는 그동안 내가 서류와 기타 물건을 정리한 뒤에야 책상 앞에 앉을 수 있었다는 사실을 깨달았다.

네 가지 토대 습관 덕분에 내 습관은 많이 달라졌다. 그렇다면 다른 사람에게도 효과가 있을까? 토대 습관이 중요하다는 이론을 실험하기 위해 나는 칼럼니스트로 일하는 친구 마셜의 집을 청소해주기로 했다. 강제형인 마셜의 집은 전형적인 방 하나짜리 아파트였는데 내가 갔을 때 무척 지저분했다. 그래서 주변을 정리하면(토대 습관을 강화하면) 글 쓰는 습관을 잘 지킬 수 있다는 이론을 그에게 시험하고 싶었다. 나는 마셜에게 설명했다.

"토대 습관을 세우면 다른 좋은 습관도 바꾸기 쉽다고 생각해. 그러니까 정리정돈을 할수록 글을 잘 쓸 수 있다는 거지. 주변 환경을 통제하면 인생도 통제할 수 있다고 생각하는 사람이 많아. 프린스턴대학교 연구팀이 어질러진 모습이 눈에 띄면 집중력과 정보 처리 능력이 떨어진다는 사실을 발견했대."

"그렇군."

나는 함께 청소를 하면서 혹시라도 마셜이 관심을 보이지 않을까 하는 마음에 내가 좋아하는 정리 습관 몇 가지를 들려주었다. '일을 1분 안에 처리할 수 있을 경우 무조건 처리하는 1분 규칙을 반드시 지켜라', '신문은 절대 하루 이상 보관하지 마라', '카운터는 물건을 쌓아두는 곳이 아니라 사용하는 곳이다' 등이었다. 또한 청소에 도움이 될 만한 얘기도 가볍게 툭 던졌다.

"《빌리버》Believer 잡지를 수집하는 남자가 있었어. 전권을 갖고 있다는 이유로 어쩐지 귀중한 물건이라는 생각이 들더래. 아무 의미도, 쓸모도 없는 물건을 수집하는 습관에 빠지기는 쉬워. 하지만 수집품을 정리하고 보관하는 것은 큰 문제지."

마셜은 대답 대신 낡아서 변색된 신문 더미를 건넸다.

"이걸 왜 보관하고 있어?"

"내 칼럼이 실린 신문이야."

"칼럼만 오리는 게 낫겠다. 스캔해도 괜찮고. 그러면 인터넷에 올릴 수도 있겠네. 너, 사이트 있어?"

"아니. 하나 만들까?"

혹시 그가 기대치를 높이고 있는 것은 아닐까? 사람은 보통 새로운 습관을 시작하겠다고 생각할 때 기대치를 높인다. 더러는 열의가 넘쳐서인지, 무의식적으로 일을 그르치고 싶어서인지 모르겠지만 엄두도 내지 못할 만큼 어려운 습관을 생각해내기도 한다. 가령 평소 운동을 전혀 하지 않던 사람이 운동을 시작할 때 갑자기 일주일에 네 번 유산소 운동, 근력 운동, 균형 운동을 한 시간 동안 번갈아가며 하는 운동 방식을 선택한다. 이것은 무슨 수를 써도 이루지 못할 목표다. 마셜도 기대치를 높이는 것 같았다.

그는 거대한 상자에 들어 있던 낡은 종이를 놀랍도록 짧은 시간에 분류해 상자를 다 비웠다.

"우와, 빠른데! 시작한 지 40분밖에 안 됐잖아." 그가 고개를 저었다.

"아니. 저 상자를 비우는 데 7년이 걸렸어. 2006년에 받은 편지도 있더라."

몇 시간 후 마셜은 내가 청소를 도와준 다른 사람들처럼 넋 나간 표정을 짓고 있었다. 하지만 나는 청소 시간이 길어질수록 기운이 났다. 이제 마셜의 아파트는 쓰레기봉투와 버릴 물건들로 가득 찼다.

그때 갑자기 몇 년 전 내 동생 엘리자베스와 나눴던 대화가 떠올랐다. 엘리자베스의 이사를 앞두고 나는 짐 싸는 일을 도우러 로스앤젤레스로 향했다. 이틀 동안 쉬지 않고 짐을 쌌는데 주방 정리를 끝냈다고 생각하는 순간, 엘리자베스가 오븐을 열자 기억에서조차 사라진 물건이 가득 들어 있었다. 결국 나는 비행기를 타러 공항으로 떠나는 순간까지 일했다. 엘리자베스는 축 늘어진 손 하나에 가위를, 다른 손에는 포장용 테이프를 들고 소파에 쓰러진 채로 말했다.

"택시 타고 가. 너무 지쳐서 차로 데려다줄 수가 없네."

"그래."

나는 동생을 똑바로 바라보았다.

"이제 말해봐. 내가 가서 기쁘지?"

엘리자베스는 부정하지 않았다!

"그래도 나중에는 언니가 와서 정말 다행이었다고 생각할 거야."

그때 동생의 말에서 진심이 느껴졌는데 마셜도 똑같이 생각하는 듯했다.

그는 쌓여 있던 잡동사니 중 일부를 없앤 뒤 만족스러워했고 집도 깨끗해졌지만 청소를 하면서 힘을 더 얻은 쪽은 마셜이 아니라 나였다. 마셜에게 정리정돈하는 토대 습관을 들이도록 도와주겠다고 제안한 이유는 그렇게 하면 그의 글 쓰는 습관이 달라지리라 생각했기 때문이다. 하지만 그는 어지러운 집을 나처럼 눈에 거슬려 하지 않았다. 결국 우리는 네 가지 토대 습관 중에서 자신의 가치관에 맞는 습관을 선택해야 한다.

습관에 대해 더 깊이 파고들수록 나는 자신의 성향과 가치관을 이해하는 과정이 얼마나 중요한지 실감했다. 흔히 내게 맞는 방법이 다른 사람에게도 통할 것이라고 착각하지만 실제로는 그렇지 않다. 개인의 차이는 내가 연구를 시작할 때 짐작했던 것보다 훨씬 더 중요했다. 기본부터 시작하라. 하지만 그에 앞서 무엇이 자신에게 기본인지 결정해야 한다.

계획이
곧 현실이다

나는 습관을 신봉해. 타고난 천재라면 습관이 없어도 괜찮겠지만 우리에겐
약간의 재능만 있을 뿐이고 이 재능은 몸과 마음을 다스릴 습관이 없으면
달아나버리지. 물론 습관은 자기 능력껏 들여야 해.

플래너리 오코너Flannery O'Connor, 1957년 9월 22일자 편지 중

내가 언제 어떤 활동을 반복할지 구
체적으로 시간을 정하는 '일정 전략'Strategy of Scheduling은 모든 습관 전략
중 가장 친숙하면서도 막강하다. 나는 개인적으로 이 전략을 가장 좋아
하는데 그 이유는 어떤 행동을 일정으로 관리하면 훨씬 쉽게 습관으로
만들 수 있기 때문이다(저항형은 제외). 나는 '아침과 밤마다 남편에게 키
스하기'처럼 좀 엉뚱한 습관까지도 일정으로 정해놓는다.

습관은 그 행동을 예측 가능한 방식으로 되풀이할 때 가장 빠른 속도
로 몸에 익는다. 그리고 사람들은 대부분 어지간하면 계획을 지키려고

노력한다. 나는 대학이나 로스쿨 시절에 '수업을 받으러 가야 할까?', '오늘밤에 이걸 읽어야 하나?' 같은 생각을 하지 않았다. 시간표에 수업이 있으면 강의실로 갔고 강의 계획표에 자료를 읽으라고 나와 있으면 읽었다.

내 친구는 하루 일과에 따라 새벽 4시 30분에 일어나 20분 동안 명상을 하고 손전등을 비추며 40분간 산책을 한다. 그런 다음 두 아들과 아침을 먹은 후 샤워를 하고 7시 30분에 통근 열차를 탄다(틀림없는 아침형 인간이다). 누군가에게는 고역일 법한 이런 생활이 그 친구에게는 편안한 일상이다. 그런 일정대로 살기로 결정했기 때문이다.

계획을 세우다 보면 하루 24시간의 한계와 마주하게 된다. 제대로 균형만 잡으면 원하는 시간 내에 모든 것을 할 수 있다고 믿고 싶겠지만 계획을 짜기 위해서는 선택을 해야 한다. 한 가지 활동을 일정에 넣을 경우 그 시간에 다른 일은 할 수 없기 때문이다. 이는 일정 전략의 단점이 아닌 장점이다. 특히 거절을 못하는 사람들에게 유용하다. 나는 매주 수요일마다 딸 엘리자와 함께 박물관에 가는 계획을 일정표에 올려놓았다. 이제는 그 시간에 다른 부탁을 받아도 "그때는 안 돼."라는 대답이 자동적으로 나온다. 일정을 계획하면 저절로 행동하게 되고 그것은 나중에 습관으로 굳는다.

일정 전략을 좋아하는 사람들 중에서도 특히 준수형은 일정을 짜면 행동을 예측할 수 있다는 점에 이끌린다. 그들은 목록에서 성취한 항목을 지워 나가며 뿌듯함을 느낀다. 의문형이 일정 전략에서 힘을 얻으려면 달력에 일정을 추가할 확실한 근거가 필요하다. 일부 강제형은 일정표의 계획을 보는 것만으로도 책임감을 느낀다. 반대로 행동을 스스로 선택하고 싶어 하는 저항형은 일정표에 있다는 이유로 할 마음이 뚝 떨어질지도 모른다.

　나는 일정 전략으로 새로운 습관, 즉 명상을 야심차게 시작했다. 명상은 현재의 호흡이나 자기 모습에 정신을 집중하고 무념무상으로 마음을 비우는 훈련이다. 이때 절대로 분석하지도, 판단하지도 않는다. 명상은 주로 불교와 가깝지만 다양한 전통 문화에서 갖가지 형태로 전해 내려왔다. 명상이 몸과 마음에 이롭다는 증거가 나오자 갈수록 많은 사람이 비종교적인 형태로 명상을 하고 있다. 2007년 조사 결과에 따르면 전년에 명상을 한 미국인은 10퍼센트에 이른다.[1]

　나는 몇 년 동안 전혀 관심이 가지 않아 명상을 거부했지만 불과 한 달 동안 명상을 극찬하는 사람을 세 명이나 만나자 흥미가 생기기 시작했다. 내 안의 틀에 갇혀 새로운 시도를 외면할 수는 없지 않은가. 행복 전문가 대니얼 길버트Daniel Gilbert는 어떤 일로 자신의 행복지수가 높아질지 예측하려면 그 일을 경험한 이들에게 소감을 묻는 방법이 좋다고 했다.[2] 길버트는 자신과 타인의 차이가 생각보다 크지 않으며 한 사람이 만족하는 활동은 대체로 다른 사람도 만족한다고 주장했다. 나는 길버트 교수의 견해에 반은 동의하고 반은 반대한다. 내가 지금까지 살면서 알게 된 것에 따르면 나는 생각보다 다른 사람과 비슷하고 또 생각보다 다른 사람과 다르다. 내가 명상에 도전하게 된 계기는 사실 누군가의 말 때문이었다.

　"명상을 하다가 도중에 그만두는 사람은 봤어도 명상을 시간 낭비라고 생각하는 사람은 한 명도 못 봤어."

나는 명상을 배우기 위해 언제나처럼 도서관으로 직행해 틱낫한의 《거기서 그것과 하나 되시게》The Miracle of Mindfulness,[3] 샤론 샐즈버그Sharon Salzberg의 《하루 20분 나를 멈추는 시간》Real Happiness[4] 같은 책을 읽고 계획을 세웠다. 샐즈버그는 일주일에 세 번 20분 동안 명상을 하라고 권했지만[5] 나는 20분이 너무 길다고 생각했다. 그래서 매일 '5분 명상'을 습관으로 정했다.

새로운 습관을 일정에 넣을 때는 '아침식사 후'처럼 기존 습관과 연결하거나 '알람이 울릴 때' 같이 외부 신호와 연결하는 방법이 좋다. 그러한 기폭제가 없으면 새로운 행동을 잊어버릴 위험이 있다. 구체적인 시간을 정하는 방법도 있지만 자칫 그 시간을 놓칠 수 있어 앞의 방법들보다 효과가 적다. 나는 '아침 6시 15분에 명상하기'로 일정을 넣지 않고 아침에 일어나 옷을 갈아입은 직후 명상하기로 정했다.

명상을 시작하기로 한 날 아침, 수면 상태 측정기에 6시간 52분 동안 잤다고 나와 있는데도 유난히 피곤했다. 내 안의 악마는 '더 기운이 날 때까지 기다렸다가 명상을 시작하는 게 어때? 오늘은 졸려서 힘들 거야'라고 유혹했다. 하! 내가 그 따위 생각을 믿을 바보는 아니었다. 내가 원하는 시간에 시작하고 싶다는 욕구는 미루는 버릇을 정당화할 뿐이다. 뭔가를 시작하기에 가장 좋은 때는 대부분 바로 '지금'이다.

옷을 갈아입은 나는 방석을 가져온 다음 몇 분 동안 균형을 잡으려고 몸을 꿈틀거리다가 허리를 곧추세우고 앉았다. 이어 어깨와 턱에 들어간 힘을 뺀 후 천천히 마음을 가라앉히고 깊은 호흡에 집중했다. 10초쯤 지났을까, 마음이 흐트러졌다. 나는 이런 변화를 판단하지 않고 받아들이려 노력하며 다시 호흡에 집중했다.

호흡을 생각하자 갑자기 우디 앨런 감독의 영화 《부부 일기》의 한 장면이 떠올랐다. 등장인물 샐리는 남자와 한 침대에 누워 키스를 하다가 그 남자가 '고슴도치'라는 사실을 생각하고는 친구들을 차례차례 고슴도치와 여우로 나눈다. 영화 장면에 이어 그리스 시인 아르킬로코스Archilochos의 "여우는 많은 것을 알고 있지만 고슴도치는 중요한 것 하나를 깊이 알고 있다."라는 말이 생각났다. 그러자 톨스토이를 분석한 이사야 벌린의 에세이 《고슴도치와 여우》[6]가 떠올랐고, 톨스토이의 복잡한 감정이 내 마음을 흔들었다. 그러다가 다시 호흡으로 돌아왔다. 나는 호흡을 몇 초간 생각하다 우디 앨런 영화의 한 장면 때문에 정신이 흐트러졌다는 글을 꼭 써야겠다고 생각했다.

나는 생각하는 나를 관찰했다. 그리고 내가 생각하고 있다는 사실을 생각하는 나를 관찰했다. 계속해서 내가 생각하고 있다는 사실을, 생각하고 있다는 사실을 생각하는 나를 관찰했다. 자꾸 생각 자체가 머릿속에 떠오르자 어질어질했다. 시간이 얼마나 지났을까?

'이런 걸 20분씩이나 하고 싶지는 않다. 10분도 싫어. 호흡하자니까.'

나는 정신을 흐트러뜨리는 이 생각을 원망하거나 판단하지 않고 관찰하려 했다. 생각들은 여기저기로 둥둥 떠다녔다. 드디어! 시간을 설정해놓은 알람 소리가 들렸다.

이후 며칠 동안 명상을 하면서 몇 가지 경험이 쌓였다.

먼저 호흡에 집중하기 시작하자마자 답답해지고 숨을 쉬는 것이 부자연스러워졌다. 이 나이쯤이면 호흡을 내 마음대로 다룰 줄 알았는데 말이다. 여기에다 나는 방석 위에서 계속 안정감 없이 흔들렸다. "새 옷을 사야 하는 모든 일을 조심하라."[7]는 헨리 데이비드 소로의 경고처럼 나도 새로운 물건이 필요한 명상법은 멀리하고 싶었다. 다른 한편으로는 어차피 매일 명상을 할 거라면 괜찮은 방석 정도는 가치 있는 투자 같았다. 온라인 검색을 하며 나는 명상용품의 어마어마한 종류에 입이 떡 벌어졌다. 좀 낯설긴 했지만 나는 그중 필요한 것 하나를 선택했다.

일정 전략에서는 습관으로 만들 행동을 언제, 얼마나 자주 할 것인지 결정하는 단계가 필수다. 일반적으로 습관에 관한 조언들은 '고정 습관', 즉 의식적인 생각 없이 언제나 같은 방식으로 하는 습관에 중점을 둔다. 나는 매일 아침 일어나 의식하지 않고 양치를 한다. 옷을 입은 후에는 자동적으로 명상을 하고 차에 타면 안전벨트를 맨다.

습관에는 고정 습관뿐 아니라 '비고정 습관'도 있다. 비고정 습관을 들이려면 더 많이 결정하고 조정해야 한다. 내게는 월요일마다 헬스클럽에 가는 습관과 매일 글을 쓰는 습관이 있다. 그렇지만 월요일에도 언제 헬스클럽에 갈지, 오늘 분량의 글을 언제 어디서 쓸지 결정해야 한다. 지속적으로 반복하는 행동은 몸이 저절로 따르기 때문에 결정을 내릴 필요가 없다. 그래서 좋은 습관을 최대한 고정시키려 노력하지만 복잡한 우리네 인생사에서 완전히 자동화할 수 있는 습관은 그리 많지 않다.

나는 어떤 행동을 특정 횟수만큼 반복하면 습관이 될 것이라는 생각을 버렸다. 많은 사람이 한 가지 행동을 3주쯤 반복하면 습관으로 바뀐다고 믿는다. 하지만 유니버시티 칼리지 런던University College London의 연구진이 날마다 물을 마시거나 윗몸 일으키기를 하는 습관이 얼마 만에 자리를 잡는지 조사한 결과 평균 66일이 걸리는 것으로 나타났다.[8] 사실 평균치는 큰 의미가 없다. 우리 모두 경험했듯 비교적 쉽게 습관을 들이는 사람도 있다(습관을 포용하는 준수형과 습관을 거부하는 저항형의 차이를 보라). 또한 다른 습관보다 더 빨리 몸에 배는 습관도 있다. 인생을 더 험난하게 만드는 나쁜 습관은 들이기 쉽지만 인생을 순탄하게 해주는 좋은 습관에는 상대적으로 더 큰 노력이 필요하다.

3주 만에 습관을 들이지는 못해도 어떤 습관을 매일의 일정으로 못을 박으면 여러모로 이롭다. 매일 하는 행동은 그 나름대로 의미가 있다. 세상의 독특한 천재들도 매일 반복하는 행동의 위력이 얼마나 대단한지 이야기한 바 있다. 앤디 워홀은 이렇게 말했다.

"평생 한 번만 하거나 매일 하거나 둘 중 하나다.[9] 어떤 일을 한 번 하면 짜릿하고 매일 해도 짜릿하다. 그러나 두세 번 하거나 더 자주 하면 그다지 재미를 느낄 수 없다."

거트루드 스타인Gertrude Stein도 그와 비슷한 말을 했다.

"무엇이든 날마다 하는 일은 중요하고 대단하다."[10]

여기서 꼭 기억해야 할 것 하나는 '매일 꾸준히 하는 일은 어쩌다 한 번 하는 일보다 중요하다'는 점이다. 나 역시 어떤 일을 며칠 동안 하는 것보다는 매일 하는 것이 더 쉬웠다. 내 경우 규칙적인 일을 자주 할수록 창의력과 생산성이 높아지고 즐거움도 크다. 그래서 주말에도, 휴일이나 휴가철에도 매일 글을 쓴다. 블로그에 글을 쓰는 횟수도 일주일에 네 번보다는 여섯 번이 더 쉽다. 일주일에 글을 네 번만 쓰면 오늘이 글을 쓸 날인지 속으로 고민하는 시간만 늘어난다. 한 주의 시작이 일요일인가, 월요일인가? 오늘 쉬어도 괜찮을까? 어제도 포함해야 하나? 그러나 일주일에 글을 여섯 번 쓰면 이런 고민을 할 필요가 없다.

명상과 함께 내가 매일 지키기로 한 습관이 두 가지 더 있었다. 하나는 동생 엘리자베스와 이메일을 더 자주 주고받는 것이고, 다른 하나는 아름답거나 재미있는 사진을 매일 찍는 것이다.

습관은 날마다 반복할수록 좋다. 그렇다면 그 행동을 하는 '시간'도 중요할까? 중요한 습관은 가능한 한 아침에 해야 한다. 아침에는 보통 하루의 일이 예정대로 흘러가지만 시간이 흐를수록 복잡한 문제가 생긴다(실제 문제든 상상 속의 문제든). 인간의 자제력도 아침에 가장 강하다. 어느 기업의 식당에서는 오전 9시 30분 전까지 점심식사를 주문받고 메뉴를 바꾸지 못하게 함으로써 건강한 식습관을 장려한다고 한다. 반대로 시간이 흐를수록 자제력이 약해지기 때문에 성적으로 문란한 행동, 과도한 도박, 과음, 충동적인 범죄는 주로 밤에 일어난다.[11]

많은 사람이 새로운 아침 습관을 들이기 위해 평소보다 일찍 일어나려 하지만 그게 쉽지는 않다. 한 가지 비결이 있는데 그것은 바로 서머타임 제도다. 늦가을에 시곗바늘을 한 시간 뒤로 돌리는 시기를 이용하면 아침에 한 시간이 늘어난다. 그렇게 얻은 한 시간에 사람들은 대개 잠을 잔다(충분히 쉰 덕분에 시간을 바꾼 직후 월요일에는 교통사고 발생 건수가 적다). 이렇게 시간이 바뀌는 순간은 보다 쉽게 습관을 들일 절호의 기회이기도 하다. 한 시간 일찍 일어나면 더 많은 일을 할 수 있다.

물론 저녁형 인간에게는 이른 아침에 움직이는 방법이 통하지 않는다. 그저 자녀와 직장 때문에 억지로 일찍 일어날 뿐이다. 이들 저녁형은 습관을 오후에 계획해야 한다. 그런데 아침형 인간도 이른 아침을 활용할 기회를 놓치는 경우가 많다. 나는 친구에게 이런 이메일을 보낸 적이 있다.

보낸 사람: 그레첸

전에 네가 했던 말을 생각하는 중이야. 너는 진정한 아침형 인간이라고 했지. 어렸을 때도 일찍 일어나는 게 좋아서 새벽 미사에 복사服事(미사 때 사제를 도와 시중을 드는 사람 — 옮긴이)로 자원했다며.

하지만 지금 너는 8시 30분에 일어나.

강요하는 건 아니지만 습관 전도사로서 나는 네가 좀 더 일찍 일어나 아침 시간을 활용했으면 싶어. 운동을 해도 좋고 글을 쓰거나 강아지와 공원을 산책해도 돼. 아침형 인간이니까 네게 딱 맞을 거야.

물론 내 오지랖이지만!

친구는 이런 답장을 보내왔다.

보낸 사람: 마이클

일찍 일어나기 시작한 지 9일쯤 됐어. 내가 좋아하는 일을 하니 별로 어렵지 않더라. 재미 삼아 책을 읽고 있어(아침 산책을 할 때도 있고 아침식사를 준비하거나 의료기기를 사용하기도 해). 지금껏 일찍 일어나려고 노력한 이유가 전부 기본적으로는 '서둘러 일을 시작하기' 위해서였다는 사실을 이제야 알았어.

어쨌든 동기가 중요한 것 같아. 전에는 일찍 일어나도 일하고 싶은 기분이 아니라서 다시 침대로 들어가 잤거든. 이제는 일이 없어도 그냥 일어나.

성실하게 명상을 이어가던 어느 날, 나는 출장지의 어둡고 고요한 호텔방에서 시차에 적응하지 못하고 새벽 4시 20분에 깼다. '여행 중이니까 명상은 건너뛰어야겠다'라고 생각하던 나는 곧바로 그 핑계가 얼마나 바보 같은지 깨달았다. 나는 혼자였고 필요한 시간은 고작 5분이었다. 그런데도 여행 중이니 습관을 건너뛰자는 핑계가 마음속에 엄습하고 있었다. 나는 다짐했다.

'무조건 일어나자마자 명상을 하는 게 계획이니까 핑계 대지 말자. 명상 수련을 어기면 안 돼.'

일관성 있게 반복하고 결정을 하느라 에너지를 소모하지 않는 것이 습관을 개발하는 진정한 방법이다. 사실 습관 그 자체보다는 습관을 들이는 습관이 더 중요하다. 어떤 아침이든 실제 명상하는 행동보다 명상하려는 시도가 더 중요한 것처럼 말이다.

개중에는 '적당히' 해도 괜찮은 습관도 있다. 날마다 사진을 찍는 습관은 재미있었고 동생과 더 자주 연락하는 것도 좋았지만, 얼마간 시험해보니 그건 하루도 빠짐없이 지킬 만한 습관이 아니었다. 그런 습관은 적당히 해도 목표를 달성하기에 충분하다.

일정은 내가 원하지 않는 일을 하도록 채찍질하기도 하지만 정말 원하는 일에 도움을 주기도 한다. 언뜻 이해하기 어려울 수도 있으나 나는 좋아하지 않는 일보다 좋아하는 일을 하는 것이 더 어렵다. 나만 그런 것은 아니다. 한 독자는 이런 글을 남겼다.

"제 취미는 피아노로 작곡을 하는 것입니다. 그런데 날이면 날마다 다른 일을 모두 마치고 나서야 피아노 앞에 앉아요."

한 친구는 "섹스를 일정표에 넣는다고 하면 이상하게 들릴지도 모르지만 우리 부부한테는 그 방법이 통해."라고 말했다. 이처럼 쾌락을 얻기 위해 자제력이 필요한 사람들도 있다.

어느 날 둘째딸 엘리너가 학사 일정표를 가져왔는데 딸아이가 직접 만든 2학년 일정표에는 나도 해보고 싶은 일이 많았다. 간식 시간, 체육 시간, 닥독('닥치고 독서') 시간도 좋았지만 자유 시간이 제일 마음에 들었다. 그때 나는 나 같은 사람은 휴식 자체를 일정에 넣어야 한다는 깨달음을 얻었다. 달리 할 일이 없을 때만 쉬려고 하면 나는 휴식을 취할 수 없었다. 언제나 해야 할 일이 있었기 때문이다.

습관을 들일 때는 즐거워야 더 많은 일에 도전할 마음이 생긴다. 미루는 습관의 전문가 닐 피오레Neil Fiore는 일을 완성하기 전까지 죄책감 때문에 자유 시간을 즐기지 못하는 사람보다는 노는 시간을 계획하는 사람이 지루한 일을 빨리 처리한다고 말했다. 이 문제는 일정 전략으로 해결할 수 있다. 줄리아 카메론Julia Cameron은 창조성을 깨우는 방법을 소개한 《아티스트 웨이》The Artist's Way에서 '아티스트 데이트'[12]를 계획하라고 권하고 있다. 매주 몇 시간을 투자해 미술관 혹은 중고품 가게를 방문하거나 잘 모르는 옆 동네를 산책하듯 둘러보면서 창조성을 기르라는 얘기다.

딸의 자유 시간에서 아이디어를 얻은 나는 매일 퇴근 시간을 만들어 여가 시간을 확보하겠다는 결심을 했다. 이제 퇴근 시간이 지나면 이메일을 확인하지 않고 소셜 미디어를 사용하지도 않는다. 물론 글을 쓰지도 않는다. 컴퓨터 앞을 뜨거나 전화를 끊으면 퇴근 시간이다. '빈둥거릴 시간이야'라고 생각하면 기분이 날아갈 것 같다. 물론 상황이 언제 달라질지 몰라 정확한 퇴근 시간을 정하지는 않았다. 이것은 그날그날 다른 비고정 습관이지만 '언제'를 결정할 뿐 '할까 말까'를 결정하지는 않는다.

나는 명상 습관은 매일 하고 싶었지만 다른 습관은 일주일에 한 번으로 충분했다. 우리 가족은 내 제안으로 주말 오후에 다 같이 게임을 하며 뜨거운 코코아를 마시는 게임 시간을 만들었다. 그런데 몇 주 동안 게임 시간을 함께하고 나서야 중요한 사실 하나가 떠올랐다. 나는 게임을 싫어했다!

"매주 게임 시간과 독서 시간을 번갈아가며 하는 것은 어떨까?"

"그래도 코코아는 계속 마시는 거예요?"

뜨거운 코코아를 좋아하는 엘리너가 물었다.

"물론이지!"

"그럼 좋아요."

다행히 남편과 큰딸 엘리자도 동의했다. 남이 즐거워한다고 해서 나도 그것을 즐기리라는 보장은 없다. 나는 이 사실을 다시금 마음에 새겼다. 습관도 내가 진정으로 즐길 때 훨씬 지키기 쉬운 법이다.

나는 주간 계획을 짜서 계속 미뤄두고 있는 여러 가지 사소한 일을 처리하고 싶었다. 급하지 않아 미루고 있었지만 완성하지 못했다는 생각이 마음을 무겁게 짓눌러 기운이 빠졌다. 그래서 일주일에 한 번, 한 시간 동안은 밀린 일을 하기로 했다.

우리는 보통 단기간(반나절, 일주일)에 성취할 수 있는 일의 양을 실제보다 많게 판단하고, 긴 시간 동안 지속적으로 해야 성취가 가능한 일은 얼마 되지 않는다고 생각한다. 한 친구는 일주일에 고작 네 시간 동안 글을 쓰는 습관을 몇 년 동안 지켜 극찬을 받은 소설을 썼다. 소설가 앤서니 트롤럽Anthony Trollope은 이렇게 말했다.

"사소한 하루 일과도 날마다 하면 헤라클레스가 가끔씩 하는 일을 이긴다."[13]

나는 이름을 짓거나 새로운 말을 만드는 것을 좋아한다. 어느 날 '해야 할 일 시간'을 어떤 말로 부르면 좋을지 궁리하던 중, 사람들은 '익숙함 휴리스틱'fluency heuristic(익숙한 말에 호감을 느끼는 생각 습관—옮긴이)으로 인해 떠올리기 쉽거나 발음하기 좋은 아이디어를 더 가치 있게 여긴다는 정보가 생각났다. 예를 들면 '헌신하다가는 버림받는다' 같은 평범한 표현보다 '헌신하다가는 헌신짝 된다'처럼 운을 맞춘 표현이 더 설득력이 강하다. 결국 나는 새로운 습관의 이름을 '파워 아워'Power Hour로 정했다. 이 시간에는 그간 미뤄뒀던 소소한 일들을 모두 처리하기로 했다.

우선 어떤 일을 끝내고 싶은지 쭉 나열했다. 파워 아워는 한 번에 끝낼 수 있지만 내가 계속 미루던 과제만을 위한 시간이므로 마감 기한이 있는 일이나 반복해서 하는 업무는 넣지 않았다. 아무 때나 할 수 있는 일은 의외로 아무 때도 하지 않는 경우가 많다. 나는 다음과 같은 일을 파워 아워 목록에 올렸다.

- 고장 난 사무실 의자 교체하기
- 휴가 때 찍은 사진을 앨범으로 만들기
- 마트 마일리지 사용하기
- 중고서점에 책 기증하기
- 건전지와 전자기기를 모아 재활용하기

첫 번째 파워 아워 때 나는 오래 방치해둔 우리 집 종이파쇄기 문제를 처리했다. 벼르고 별러서 산 종이파쇄기는 사자마자 망가지는 바람에 몇 달 동안 구석에서 먼지만 뒤집어쓰고 있었다. 설명서를 읽고 싶지도 않았고 손이 닿지 않는 벽면 콘센트에 플러그를 어떻게 끼워야 하는지 알아내는 것도 귀찮았다. 그러는 사이 찢을 우편물이 산더미처럼 쌓였다. 나는 종이파쇄기를 사용하지 못해 짜증이 났고 버릴 우편물이 쌓여 있어서 더 짜증이 났다. 종이를 찢어서 버려야 하는 사소한 문제가 내 머릿속을 지나치게 많이 점령하고 있었다. 첫 번째 파워 아워를 시작한 토요일 오후 나는 속으로 단호히 외쳤다.

'파워 아워 시작!'

그런데 내가 종이파쇄기를 앞에 놓고 설명서를 읽어가며 플러그를 연결하자 갑자기 기계가 작동했다!

일정 전략은 어떤 활동에 쏟는 시간을 제한하기도 한다. 달력에 계획을 빼곡히 채운 내 친구는 일정 전략이 시간을 제한한다는 점을 이용해 업무 시간을 관리한다.

"비서에게 전화나 회의, 점심 약속은 전부 화요일·수요일·목요일로 잡으라고 해. 월요일은 한 주를 시작하며 준비하는 날이고, 금요일은 목요일까지 한 업무를 정리하는 날이니까."

내 대학 동창 하나는 최근 짝사랑하는 남자를 밤에 딱 15분만 생각하기로 정했다. 어떤 사람은 일주일에 이틀만 패스트푸드를 먹는다. 이 말은 일주일에 닷새는 패스트푸드를 먹지 않는다는 뜻이다.

신문에 실린 가수 조니 캐시Johnny Cash의 해야 할 일 목록[14]을 보니 그가 일정 전략을 활용했음을 알 수 있었다. 그는 '오늘 할 일!'이라고 적흰 종이에 이렇게 썼다.

- 담배 피우지 않기
- 아내에게 키스하기
- 다른 사람에게 키스하지 않기
- 기침하기
- 소변보기
- 먹기
- 과식하지 않기
- 걱정하기
- 어머니 뵈러 가기
- 피아노 연습하기

조니 캐시는 '걱정하기'를 일정으로 계획했다. 하루 일과에 걱정하는 시간이 따로 있다니 다소 의아하겠지만 이 방법으로 불안감을 가라앉힐 수 있다는 증거가 있다. 끊임없이 걱정하는 대신 걱정을 참다가 정해진 시간에만 걱정하는 것이니 말이다. 나는 내 책《집에서도 행복할 것》이 나올 무렵 잡지 기사를 써야 했는데 기사를 쓰기 한참 전부터 걱정하고 있었다. 그때 '이달 말일까지는 그 일로 걱정하지 말자'고 결심하고 정말로 걱정하지 않았다.

일정 전략은 미루는 습관을 강력하게 퇴치한다. 우리는 '내일 논리' tomorrow logic에 빠져 내일은 능률이 오르고 맡은 일을 거뜬히 끝낼 수 있을 것이라고 생각한다('미루다'라는 뜻의 'procrastinate'의 어원은 '내일'을 뜻하는 라틴어 'cras'다). 한 연구에서 사람들은 쇼핑 목록에 한 주 동안 먹을 음식을 추가할 때는 건강한 음식을 더 많이 선택했지만, 현재 무엇을 살 생각이냐고 물었을 때는 주로 몸에 나쁜 간식을 선택했다.[15] 성 아우구스티누스의 유명한 기도를 보자.

"제게 순결과 절제할 수 있는 힘을 내려주소서. 하지만 지금은 아닙니다."[16]

흥미롭게도 오늘이 아니라 '내일'이다.

그 무렵 나는 엘리자베스의 남편 애덤을 만났다. 애덤도 동생과 마찬가지로 방송작가인데, 대다수 작가가 그렇듯 미루는 습관과 치열하게 싸워야 했다. 미루는 사람은 일을 도저히 할 수 없는 상황에서도(모순적이지만 일을 생각하면 너무 불안해서 관심을 다른 데로 돌려야 할 때도 있다) 일을 해야 한다는 생각에 시달리느라 자유 시간을 즐기지 못한다. 하지만 규칙적으로 업무 일정을 관리하면 일을 미루는 사람도 계획을 세우고 진척 상황을 확인할 수 있어 불안감이 줄어든다.

내가 애덤에게 제안했다.

"내가 몇 가지 습관을 추천해도 될까요?"

"물론이죠."

"일정을 짜면 부담감이 줄어들어요. 매일 글을 쓰는 사람에게 하루의 분량이 특별히 중요할까요? 일을 하면 하는 거고, 안 하면 안 하는 거예요. 일정을 정리해두지 않으면 하루 종일 일을 걱정하느라 일하지도 않으면서 마음만 불편하죠."

"무슨 느낌인지 알 것 같아요."

"일을 다른 일로 미루는 습관이 가장 위험하다는 것을 기억해요. 글 쓰는 시간에는 무조건 글만 써요. 다른 일은 절대 안 돼요."

우연찮게 이 원칙을 알아낸 나는 서재에서 블로그 댓글을 달고 트위터나 링크트인에 글을 쓰며 페이스북을 확인하고 이메일에 답장한다. 그러나 머리를 가장 많이 써야 하는 글쓰기 작업이 하고 싶으면 도서관이나 카페에 가서 인터넷에 접속하지 않는다. 이런 습관을 들이자 그곳에서는 이메일, 웹서핑, 집안일에 매이지 않고 글쓰기만 할 수 있었다. '도서관에 두 시간만 있자'라고 결심하면 벗어날 길이 없다. 결국 시간을 보내기 위해서라도 글을 쓴다. 교수인 내 친구는 이렇게 말했다.

"나를 채용한 교수 중 한 분이 내가 교수직을 수락하면 학문적 성과를 많이 내는 비결을 알려주겠다고 하더라고. 교수가 된 후에 그분의 비밀을 알게 됐지. 그분은 연구와 글쓰기를 계획한 날에는 오후 4시까지 전화를 받지 않고 이메일도 확인하지 않는 규칙을 엄격하게 지킨대. 정해진 시간 동안 계획한 일만 하는 거지. 동료들도 그분이 일단 일을 시작하면 4시 전에는 연락하지 않으니 습관이 더 강해질 수밖에 없겠더라고."

어느 정도 시간이 흐른 후 나는 애덤에게 메일을 보내 일정 전략으로 효과를 보고 있는지 물었다. 애덤에게서 이런 답장이 왔다.

보낸 사람: 애덤

일정 전략은 내게 꼭 맞는 방법입니다. 이번 주에는 회의가 많아서 원래 글을 쓰기로 계획한 시간을 놓쳤지만 늦게라도 따라잡는 중입니다. 그동안 온종일 일할 준비를 하는 데 시간을 뺏기고 정작 일은 제대로 하지 못하는 날이 많았어요. 이 방법을 쓰니 나 자신과 약속한 듯한 기분이 들어요. 웬만하면 그 시간에 목표를 달성하고 싶은 마음이 큽니다. 습관이 몸에 밴 것인지, 일정을 지키겠다는 책임감 때문인지 아니면 둘 다 섞였는지 이유는 확실히 모르겠지만요.

어느 날 작가 친구 두 명과 함께 점심을 먹다가 한 친구에게 책을 내기 위해 직장을 그만두었다는 말을 듣고 나는 습관 전략을 짧게 설명했다. 친구는 어떻게 일정을 관리할지 이야기했고 다른 친구도 한마디 보탰다.

"일정을 짤 때는 시간을 적게 쓰겠다는 결정도 해야 하지 않아? 예를 들면 데이트 시간을 전보다 줄인다거나 친구를 덜 만난다거나."

나는 친구의 말에 굳이 반박하지 않았지만 동의하지도 않았다.

"일정을 계획하는 당사자가 중요하게 생각하는 일이라면 시간을 따로 낼 수 있지."

당사자 친구가 입을 열었다.

"나는 외향적인 편이라 오랫동안 혼자서 글만 써도 괜찮을지 걱정스러워."

"그럼 사람들과 어울리는 시간을 일정에 넉넉히 넣으면 돼."

우리는 일이나 놀이, 운동, 친구, 심부름, 공부처럼 자신이 가치 있다고 생각하는 모든 것에 시간을 할애하는 습관을 들여야 한다. 그리고 습관은 영원히 지속 가능해야 한다. 다른 것을 포기하고 일만 하면 일 자체가 재미없고 삶의 질이 떨어지며 끊임없이 벼랑 끝에 있다는 느낌에 빠진다. 책을 내려고 친구들과 만나는 시간까지 포기했는데 막상 출간

한 책이 실패한다면? 그 대가는 지나치게 클 것이다. 책이 성공하더라도 대가가 크기는 마찬가지다.

　일정 전략은 습관을 들이는 사람에게 꼭 필요한 도구다. 일정 전략이 있으면 결정을 하느라 에너지를 소모하지 않고 한정된 자제력을 최대한 발휘할 수 있다. 미루는 버릇과 맞서 싸울 수도 있다. 무엇보다 자신에게 가장 중요한 일에 시간을 쓰는 것이 가능하다. 내가 계획하는 하루 일과가 모여 인생이 된다.

책임감 전략을
사용하라

그대가 누구와 교제하고 있는지 말해준다면 나는 그대가 어떤 사람인지 말해주겠다.
그대가 현재 무엇을 하고 있는지 알 수 있다면
나는 그대가 장차 어떤 사람이 될지 알 수 있다.

괴테, 《괴테 명언집》

일정 전략이 진가를 발휘하려면 책
임감 전략Strategy of Accountability이 빠져서는 안 된다. 습관을 일정표에 넣
는다고 해서 끝나는 게 아니다. 그 습관을 실제로 따르지 않으면 아무런
소용이 없다. 책임감이 어깨를 짓누를 경우 내 행동의 대가를 외면하기
어렵다. 그 대가가 다른 사람의 시선에 불과할지라도 책임을 피하지 못
한다.

습관의 필수 요소인 책임감은 일상 곳곳에 존재한다. 누군가가 지켜
보고 있다고 생각하면 일단 행동부터 달라진다. 마감 기한이 있으면 일

하는 습관을 잘 지키고 연체료를 부과하면 공과금을 제때 납부한다. 성적을 매기면 공부에 전념하고 선생님이 출결을 확인하면 아이들은 제시간에 등교한다. 이처럼 어떤 행동을 하면서 책임감을 느낄 때는 그 책임 대상이 자기 자신이어도 자제력이 강해진다.

이러한 현상은 쉽게 확인할 수 있다. 한 실험에서 사람들에게 알아서 돈을 내고 탕비실 음료를 꺼내오게 했는데, 가격표에 꽃 그림보다 눈알 두 개 그림이 있을 때 값을 제대로 치르는 사람이 많았다.[1] 보스턴의 기차역 자전거 보관소에서는 실물 크기의 경찰 사진을 놓은 후로 자전거 절도 횟수가 67퍼센트나 줄어들었다.[2] 자기 모습이 보이는 거울을 옆에 놓았더니 더 많은 사람이 괴롭힘에 저항하고 자기주장을 펼쳤다.[3] 또한 거울이 있을 때 더 열심히 일하고 유혹에 넘어가지 않는다는 결과도 나왔다.

반면 책임감을 느끼지 못할수록 나쁜 유혹에 빠지기 쉽다. 가령 우리는 낯선 여행지의 호텔에 묵으면 건강한 습관이나 도덕규범을 아무렇지 않게 어긴다. 가명을 사용할 때도 좋지 않은 행동을 할 가능성이 커진다고 한다. 가볍게 변장을 하거나 선글라스만 껴도 평소와 다른 행동에 양심의 가책을 덜 느낀다.

따라서 돈을 지불하고 책임감을 사는 방법도 나쁘지 않다. 헬스트레이너, 자산관리사, 인생상담사, 경영 컨설턴트, 정리수납 컨설턴트, 영양사 같은 전문가는 전문지식에 책임감까지 제공해준다는 장점이 있다. 누구보다 강제형에게는 이런 외적 책임감이 반드시 필요하다.

앞으로 어떻게 행동할지 외부에 공개하는 방법으로도 책임감을 느낄 수 있다. 소설가 어빙 월리스 Irving Wallace 는 전기《소설 쓰기》The Writing of One Novel에서 이렇게 설명했다.

"따로 고용주나 소속이 없고 정해진 작업 시간 혹은 마감이 없는 작가는 글을 쓰기 위해 게임을 해야 한다. 나는 차기작을 결정했고 당장 쓰기 시작할 것이라고 발표하는 게임을 한다. 일종의 자존심을 거는 것이다."[4]

내 블로그에 이런 글을 올린 독자도 있었다.

"저는 어떤 일을 할 거라고 떠들고 다닙니다. 그러면 왜 말대로 하지 않느냐는 잔소리를 듣기 싫어서라도 그 일이 하고 싶어져요. 혼자 속으로 결심하는 방법은 그만큼 동기부여가 되지 않습니다."

다른 독자도 여기에 동감했다.

"사람들에게 목표를 말하고 나면 무슨 일이 있어도 지키고 싶어요. 그래서 신중하게 생각한 후에 말을 합니다. 일단 입 밖으로 꺼내면 빠져나갈 구멍이 전혀 없는 것 같은 느낌이 들어요."

내 동생 엘리자베스도 정크푸드를 끊기 위해 외적 책임감의 힘을 빌렸다. 정크푸드는 몸에 좋지 않지만 당뇨병 환자인 엘리자베스에게는 더욱 치명적이다. 엘리자베스는 새 직장 동료들에게 자신은 몸에 좋은 음식만 먹는다고 말했다. 방송작가에게 건강한 식습관이란 하늘의 별 따기나 다름없다. 탕비실은 늘 머핀, 쿠키, 초콜릿, 시리얼, 포테이토칩으로 가득하고 동료 작가들도 쉴 새 없이 먹거리를 사오기 때문이다. 사실 직장에서는 음식의 유혹에 빠질 위험이 높다. 생일 케이크나 피자를 돌리는 회사도 많고 각종 사무실 파티에는 군것질거리가 빠지지 않는다.

목표를 공개한 엘리자베스에게 효과가 있었는지 묻자 그녀는 이렇게 대답했다.

"응, 나는 무조건 말로 해야 돼. '저는 컵케이크를 먹지 않아요'라고 말해야 결심을 지킬 수 있어."

"그래서 도움이 됐어?"

"응. 먹어보라고 권하는 사람도 없어."

"아무도 권하지 않아서 기분이 상한 적은 없고?"

"설마! 그게 내 의도였는데. 우리 회사 음식은 진짜 맛있어. 로스앤젤레스의 가장 맛있는 빵집에서 최고급 컵케이크를 주문하기도 해. 처음 컵케이크를 못 먹을 때는 울고 싶었지. 하지만 이젠 아무렇지 않아."

엘리자베스처럼 결심을 외부로 표현하는 외적 결심자와 반대로 남들에게 말하면 새로운 습관을 지키지 못하는 사람도 있다. 어느 내적 결심자는 내 블로그에 다음과 같이 썼다.

"저는 목표를 마음속에 간직해야 합니다. 하고 싶던 일도 입 밖으로 꺼내면 하기가 싫어져요."

다른 내적 결심자도 덧붙였다.

"남들에게 어떤 일을 할 생각이라고 말하면 그 일을 하지 않게 돼요! 저는 남몰래 노력할수록 목표를 이루는 편입니다."

이 문제도 해결책은 마찬가지다. 자신이 타고난 성향을 파악하고 심사숙고해서 외적 결심자인지 내적 결심자인지 알아야 한다. 나 같은 준수형은 습관을 공개적으로 말한다고 해서 크게 달라지지 않는다. 차라리 스스로 책임감을 부여하는 편이 더 효과적이다. 나는 행복 프로젝트를 진행하면서 결심을 지켰는지 어겼는지 기록하는 '결심 차트'를 만들었다(그때는 결심을 지키고 싶다는 욕구가 좋은 습관을 지키고 싶다는 욕구였음을 미처 알지 못했다). 내 행동을 지속적으로 관찰해 기록하는 조본 업 팔찌의 정보는 나만 볼 수 있지만 책임감은 유지된다.

책임감을 이용하는 또 다른 방법은 '책임 파트너'accountability partner를 두는 것이다. 이 방법은 특히 강제형에게 안성맞춤이다. 책임 파트너는 결석하면 벌금을 매기는 과외 선생님, 운동을 함께하지 않으면 화를 내는 친구, 개근을 고집하는 강사, 날마다 이메일로 안부를 묻는 코치 등 매우 다양하다. 이들이 있으면 좋은 습관을 지키기가 훨씬 수월해진다. 한 체중 감량 프로그램에서도 책임 파트너와 함께 참여한 사람이 단독 참가자보다 체중 관리를 더 잘했다고 한다.

내 친구이자 정신과 의사인 애덤 길버트Adam Gilbert는 책임 파트너와 정신과 의사의 흥미로운 차이점을 지적했다.

"나는 환자에게 책임을 지우지 않아. 환자 스스로 책임을 지도록 도와주는 게 내 일이지. 반면 코치는 책임을 지우는 역할을 해."

나는 강제형을 떠올리며 가볍게 대꾸했다.

"책임감이 필요한 사람에게는 정신과 의사보다 코치가 더 맞겠네."

길버트는 책임감을 부여하는 '마이 보디 튜터'My Body Tutor라는 운동 프로그램을 개발했는데, 프로그램 참가자는 강사와 매일 연락을 주고받으며 식습관과 운동 습관을 관찰 및 개선한다. 길버트는 이렇게 말했다.

"사람들은 대체로 혼자 운동하기를 원하지. 하지만 왜 그래야 해? 난 그런 사람들에게 '다른 일은 도움을 받으면서 왜 다이어트는 그렇게 하지 않죠?'라고 말해."

책임 파트너가 꼭 사람이어야 하는 것은 아니다. 고등학교 시절 나는 집에서 키우던 반려견에게 몇 년 동안 책임감을 느꼈다. 당시 달리기를 할 때마다 강아지를 데리고 나갔는데 운동화만 신으면 신이 나서 껑충 껑충 뛰는 녀석의 등쌀에 달리기를 하루도 거르지 않다 보니 운동 습관이 굳어졌다. 한 동물 건강관리 회사에서 실시한 연구를 보면 헬스클럽에 다니는 사람보다 반려견을 키우는 사람이 운동을 더 많이, 즐겁게 한다는 사실을 알 수 있다.[5] 노인들도 다른 사람보다는 강아지와 더 규칙적으로 산책을 한다.[6]

상상으로만 존재하는 책임감도 도움을 준다. 인폼 피트니스InForm Fitness 클럽의 '초저속' 근력 운동을 신봉한 나는 만나는 모든 사람에게 이 운동을 권했다. 오죽하면 우리 지점의 최우수 추천인이 되었을까. 어느 날 트레이너가 말했다.

"회원님께서 지켜본다고 생각하는 친구 분들이 많아요."

"왜죠? 저는 누가 뭘 하는지 모르는데요."

"모두들 운동을 하러 오는지 안다고 생각합니다."

나는 누워서 다리를 들어 올리는 레그 프레스 기기와 씨름하며 그 말을 곱씹었다.

"그래서 제 친구들이 운동을 규칙적으로 하는 걸까요?"

"저는 그렇다고 봐요."

알지도 못하는 사이에 내가 책임 파트너가 된 셈이다. 그러나 책임 파트너의 역할은 결코 만만치 않다. 운동을 거른 친구가 나를 보면 죄책감이 느껴져 나와의 연락을 끊지도 모른다. 또한 믿음직한 책임 파트너는 아주 많은 일을 해야 한다. 책임 파트너와 친하지 않거나 서로 책임감을 주고받는 경우라면 오히려 책임 파트너에게 돈을 지불하는 편이 더 효과적이다. 길버트는 이를 두고 '동료 대 전문가'의 문제라며 전문가 쪽에 한 표를 던졌다.

"사람들은 책임 상대가 친구나 동료면 진지하게 생각하지 않아. 전문가와 함께해야 성공해."

"돈을 내기 때문이야?"

"돈이 오가면 더 중요해질 수 있지. 하지만 돈이 전부는 아냐. 동료는 냉정하게 진실을 말해주지 않으니까 전문가가 필요해."

책임 파트너가 되어달라고 부탁했다가 거절을 당할 수도 있다. 강제형인 한 작가 친구는 편집자에게 책임 파트너 역할을 부탁했다.

"이번 전기를 계약할 때 편집자에게 말했어. '저는 글을 어딘가에 제출해야만 쓸 수 있거든요. 이 책만큼은 마지막까지 미뤘다가 쓰고 싶지 않아요. 그러니 제발 가짜 마감일이라도 정해주세요.' 어이없게도 편집자는 '걱정 마세요, 작가님. 책을 멋지게 완성할 수 있을 거예요. 어쩌고 저쩌고' 하면서 그냥 속 좋고 이해심 가득한 말만 하더라고."

"그래서 어떻게 됐어?"

"마감 3주 전부터 글을 쓰기 시작했어. 일주일만 빨리 시작했어도 더 좋은 책이 나왔을 텐데."

아마도 내 친구가 강제형이라는 사실을 알았다면 그 편집자는 다른 선택을 했으리라.

개인뿐 아니라 책임감을 부여해주는 모임도 책임 파트너의 일종이다. 익명의 금주 동맹, 체중 관찰자, 행복 프로젝트처럼 뜻이 맞는 사람들끼리 모이면 에너지와 아이디어, 책임감을 주고받을 수 있다. 몇 년 동안 논문 쓰기 모임을 지속한 내 친구들은 주기적으로 바에서 만나 각자 논문의 진행 상황을 보고하며 서로에게 책임감을 지웠다. 그 모임에 참여한 한 친구는 이런 소감을 밝혔다.

"모임에 나가야 한다는 책임감이 없었으면 논문을 완성하지 못했을 거야. 더구나 아주 재미있었어."

그런 의미에서 습관 모임 '어제보다 행복한 내일'Better Than Before(이 책의 원제는 'Better Than Before'인데 현재 미국에는 동명의 습관 모임이 있다.─편집자)은 습관을 들이려는 사람들이 습관의 종류를 불문하고 서로에게 책임감을 부여하는 이상적인 방법이다. 습관을 들이겠다는 공통의 목표만 있으면 누구나 가입할 수 있고 모두 같은 습관을 공략할 필요도 없다. 자신의 습관을 변화시키겠다는 결심만으로도 충분하다. 직접 얼굴을 보고 이야기할 상황이 아니라면 온라인으로 책임 모임에 참석하거나 파트너와 교류할 수 있다. 가상공간에서 오가는 책임감은 강력하지는 않아도 편리하다는 장점이 있다.

책임감 전략은 한번 내린 결정에 습관을 완전히 구속시키는 '책임 장치'로 이용할 수도 있다. 일단 결정을 내리면 마음을 바꾸지 못하며 바꿀 경우 무거운 벌을 받는다. 예를 들어 아이에게는 돼지 저금통이, 어른에게는 크리스마스 전에 통장에서 돈을 인출하면 위약금을 내는 크리스마스용 계좌가 책임 장치일 수 있다. 소설가 빅토르 위고는 하인에게 그날 입은 옷을 치우라고 명령하는 독특한 책임 장치를 이용했다. 알몸으로 종이와 펜만 남은 서재에 있었으니 글을 쓸 수밖에 없지 않은가.

이러한 책임 장치에 돈을 지불하는 사람도 많다. 유명 과자를 꾸준히 사 먹는 사람들 중 절반은 먹는 양을 조절할 수 있도록 포장해 출시한다면 현재 가격의 15퍼센트를 더 지불할 용의가 있다고 말한다.[7] 비슷한 예로 우리 동네 식료품 가게는 핼러윈 사탕을 덜 먹고자 하는 사람들의 욕구를 영리하게 활용했다. 길 건너 체인점에서 커다란 봉투에 든 미니 초콜릿을 2.99달러에 팔 때, 이 식료품점은 직접 만든 작은 봉투에 같은 상품을 넣어 4.99달러에 팔았다. 흥미롭게도 사람들은 더 많은 돈을 지불하고 적은 양을 샀다.

돈은 다른 식으로도 효과적인 책임 장치가 된다. 나와 같은 헬스클럽에 다니는 친구는 좀 더 책임감 있게 운동하는 습관을 들이려고 특별히 양해를 구해 최대 24회인 패키지를 50회로 끊었다. 친구는 자신이 그 돈을 절대로 낭비하지 않으리라는 사실을 알고 있었다.

'핵폭탄 조치'로 불리는 강력한 책임 장치도 있다. 개인의 생산성을 높이는 전략을 실험하기 좋아하는 한 친구는 이 방법으로 60일 동안 술을 끊기로 했다. 그는 자신이 혐오하는 단체에 보낼 기부금을 봉투에 넣은 다음 만약 그가 60일 안에 술을 마시면 그 돈을 보내라고 조수에게 지시했다. 내가 성공했느냐고 묻자 그는 빙그레 웃으며 말했다.

"초강수를 두면서 내게 중요한 가치와 술을 연결한 보람이 있었지. 내가 그 빌어먹을 인간들에게 돈을 보내는 게 말이 돼? 생각보다 효과가 좋아서 우리 어머니도 따라 하셨어. 어머니는 기한이 끝나기 전에 술을 마시면 손주들에게 비디오 게임을 살 돈을 주기로 하셨지. 비디오 게임을 끔찍한 돈 낭비라고 생각하는 분이거든."

"어머니는 결심을 지키셨어?"

"응, 조카들이 '제발, 할머니! 와인 한 잔만 드세요. 이 정도는 드셔도 돼요!'라고 졸라대는데 웃겨서 혼났어."

책임 장치는 영원히 지속할 습관보다 제한적인 목표를 노리는 습관에 더 유용하다. 60일 동안 술을 끊는 습관이나 대형 프로젝트를 완수하는 습관이 대표적인 예다. 물론 잘 활용하면 장기적인 습관을 시작할 때 추진력을 불어넣을 수 있다.

준수형, 의문형, 강제형, 저항형 모두 책임감을 느낄 때 습관을 더 쉽게 받아들인다(저항형까지도 특정 상황에서는 그렇다). 특히 강제형이 기대치를 충족시키려면 외적 책임감이 필수다. 그들은 감시받거나 마감 기한 및 벌금이 있을 때, 코치, 트레이너, 건강 가이드, 자산관리사, 정리수납 컨설턴트, 친구 같은 책임 파트너와 함께할 때 놀라울 만큼 사람이 달라진다. 자녀도 책임 파트너가 된다. 강제형은 대체로 자녀에게 좋은 롤모델이 되어야 한다는 의무감이 강하기 때문이다.

한편 자신의 성향을 기준으로 생각하면 다른 성향의 사람들이 세상을 다르게 보고 또 책임감 전략을 더 필요로 한다는 점을 간과하기도 한다. 언젠가 나는 컨퍼런스에서 강연을 하려고 기다리다가 한 컴퓨터 공학과 교수와 대화를 나눈 적이 있다. 그가 나와 같은 준수형임을 확신하기까지는 30초도 채 걸리지 않았다. 그가 말했다.

"어떻게 해야 대학원생들이 논문을 완성하게 할지 고민이에요. 매주 논문 회의를 해도 다들 진도를 나가지 못해 내놓을 게 없어요. 회의를 해봤자 시간 낭비죠. 아예 주간 회의를 없애고 보고할 거리가 생겼을 때만 만나는 편이 낫지 않을까 싶어요."

"아니, 절대 안 돼요! 그런다고 해서 달라지진 않을 거예요."

나는 성향 구분 전략을 간단히 설명한 뒤 그 교수에게 제안했다.

"회의가 없으면 우리 같은 준수형이야 좋죠. 준수형은 감시하지 않아도 일을 하고 마감 기한도 잘 지키거든요. 하지만 준수형은 극소수예요. 지금 힘들어하는 학생은 대부분 강제형일 거예요. 강제형에게는 책임감을 늘려야지 줄이면 안 돼요. 학생이 의문형이라면 '내가 왜 이걸 하고 있지? 다음 주에 하면 안 되나? 논문 마감까지는 한참이나 남았잖아'라고 생각하겠죠. 저항형은 신경 쓰지 마세요. 자기만의 시간에 자기만의 방식으로 해내는 사람들이니까요."

"그럼 제가 어떻게 하면 되죠?"

"답은 외적 책임감이에요. 매주 상당량의 논문을 써서 가져오라고 하세요. 확실한 중간 목표를 제시하고 지키게 해보세요. 책임감이 커지고 교수님이 꾸준히 진척 상황을 보고 있다고 믿을수록 더 잘할 거예요."

"마감 기한도 골칫거립니다."

교수가 문제 하나를 더 꺼냈다.

"제자 중 가장 똑똑한 녀석은 결과물이 훌륭한데 언제나 지각을 해서 성적이 떨어져요."

"그건 다른 문제예요. 마감 기한을 지키지 못한다면 아마 미루는 습관 때문일 겁니다. '납기일은 하나의 권장안일 뿐 마감일이 아니다'라고 생각하는 거죠. 아니면 일부러 일을 그르치는 사람도 있어요. 이런 부류는 최선을 다해 평가받지 않고 마지막 순간에 몰아서 해요. 결과가 좋으면 '나는 잘나서 대충 해도 잘한다'라고 생각하고, 결과가 나쁘면 '당연한 거 아냐? 이틀 만에 했잖아'라고 스스로를 위안하죠."

나는 강연을 위해 일어서면서 한마디를 덧붙였다.

"우리 같은 준수형은 스스로 책임을 지기 때문에 외적 책임감이 필요 없지만 세상을 우리와 다르게 보는 사람들도 있다는 사실을 기억하세요."

이 진리를 그에게 상기시키며 나도 다시 한 번 머리에 새겼다.

Part 3

변화를
결심했을 때
꼭 기억해야 할 것들

습관을 들이려는 사람에게 '시작하는 순간'을 능가하는 기회는
없다. 첫발을 내딛는 순간 '새로움'과 '습관'이라는 두 가지 강력
한 요소가 하나로 만나기 때문이다. 이때 기존의 습관은 씻은
듯 사라지고 그 자리를 새로운 습관이 차지할 가능성이 높다.
이 경우 조금만 노력해도 원하는 습관을 들일 수 있다. 파트 3
에서는 새로운 마음가짐과 색다른 상황, 신선한 아이디어를 활
용하는 첫걸음 전략, 백지 전략, 섬광 전략을 철저히 해부한다.

일단
시작하라

살기 위해서는 한 걸음 내디뎌야 했다. 그리고 또 한 걸음.
언제나 그 한 걸음을 내딛고 또 내디뎌야 했다.
앙투안 드 생텍쥐페리, 《인간의 대지》

관찰 전략이나 일정 전략처럼 익숙
하고 당연한 습관 전략이 있는 반면, 어지간해서는 쉽게 이해할 수 없는
전략도 있다. 습관을 시작하는 시기의 중요성은 내가 습관을 연구하고
나서도 한참 후에야 모습을 드러냈다.

습관을 시작하는 첫걸음은 습관에 결정적인 영향을 미친다. '시작이
반이다', '완벽하지 않아도 되니 그저 앞으로 나아가라', '천릿길도 한걸
음부터', '시작하지 않으면 영영 그 자리를 벗어나지 못한다' 같은 속담
은 모두 사실이다. 그리고 시작하기는 지속하기보다 몇 배 더 어려우며

그것은 우리의 짐작을 넘어선다.

첫걸음을 내딛는 것은 결코 쉽지 않으며 어떤 행동을 하든 시동을 거는 순간 대가가 따르게 마련이다. 때로는 헬스클럽에서 실제로 운동하는 것보다 운동복으로 갈아입고 준비하는 과정이 더 힘들다. 좋은 습관이 필요한 이유가 여기에 있다. 좋은 습관이 있으면 시작하는 과정이 저절로 이뤄지기 때문이다.

나는 이 글을 쓰면서 그때는 아직 이름도 없던 첫걸음 전략Strategy of First Steps 을 이용했다. 우선 몇 달 동안 책을 읽으며 무수히 메모를 하고 습관에 관해 방대한 자료를 뒤죽박죽 모았다. 글을 쓰기 전에 조사하는 단계는 언제나 즐겁지만 결국에는 자료를 분석하고 글을 쓰는 수고스러운 노동을 시작해야 한다.

습관을 시작하기에 가장 좋은 날은 언제일까? 바로 지금이다. 그런데 대개는 시작할 시기로 '지금'을 선택하지 않는다. 지금보다 나중이 더 쉽지 않을까 하고 생각하기 때문이다. 미래의 나는 계획하고 노력하지 않아도 자연스럽게 좋은 습관을 시작할 것 같지 않은가. 내일은 무슨 일이든 거뜬히 해낼 거라 생각하면 꽤 즐겁기도 하다. 그러나 미래의 '나'는 없다. 현재의 '나'만 있을 뿐이다.

이러한 '내일 논리'의 피해자인 한 친구가 자신의 이야기를 들려주었다.

"내게는 이상한 생각을 하며 일을 미루는 버릇이 있어. '10시 10분에는 일을 시작할 수 없으니까 정각부터 해야겠다' 또는 '벌써 4시네. 너무 늦어서 일을 못하겠어' 같은 희한한 규칙을 만드는 거야."

같은 이치로 사람들은 늘 이렇게 말한다.

"연휴가 끝나면, 새 직장에서 자리를 잡으면, 애들이 좀 더 크면 습관을 바꿀래."

한술 더 떠서 "살부터 뺀 후 새로운 습관을 시작할래."라며 전제조차 시작하지 않은 사람도 있다. 내일 논리에 사로잡히면 스스로 목표에 어긋나는 행동을 한다는 사실을 직시하지 못하고 시간만 낭비한다. 가령 《이상한 나라의 앨리스》에서 앨리스에게 오늘이 아니라 언제나 내일만 잼을 준다는 하얀 여왕의 말에 버금가는 논리를 내세우며 자녀에게 책을 내일 읽어주겠다고 장담한다. 그리고 내일이 오면 또 내일, 또 내일로 미룬다. 오늘은 절대 하지 않는다.

이런 성향은 일을 해야 하는 시기가 적당히 먼 미래일 경우 반드시 하겠다는 마음을 먹지만, 시간이 흘러 미래의 일이 오늘의 일로 바뀌면 어찌할 바를 모른다. 내 시아버지에게는 머릿속으로 내일 논리를 바로 잡는 습관이 있다. 아버님은 이렇게 말씀하셨다.

"나는 연설을 해달라거나 행사에 참석해달라는 부탁을 받으면 그 일을 당장 다음 주에 해야 한다고 상상한단다. 6개월 후의 일은 수락하기 쉽지만 정작 그때가 되면 왜 한다고 했는지 후회하기 십상이지."

새로운 습관을 향해 첫걸음을 내디딜 때는 성향 구분 전략에 나왔던 질문부터 해야 한다.

'나는 작은 변화와 큰 변화 중 어느 쪽을 선호하는가?'

최대한 감당할 수 있는 보폭으로 조금씩 앞으로 나아가야 성공할 확률이 높다. 그러면 습관이 몸에 배고 뭔가 정복했다는 느낌이 든다. 예를 들면 겨우 세 가지 자세로 새로운 요가법을 만들거나 글쓰기 시간에 한 문장씩 써서 대작을 완성하는 것이다. 운동을 좋아하는 나는 어머니가 매일 산책하는 습관을 들이고 있다는 말을 듣고 무척 기뻤다.

"공원을 두 바퀴 도는데 잘 지켜지는 못하고 있어."

"그걸 한 바퀴로 줄이는 건 어때요?"

내 제안에 따라 어머니는 더 작은 변화를 받아들였고 완벽하게 습관을 들였다. 작은 걸음은 특히 부담스러운 일을 시도할 때 잘 맞는다. 첫 걸음을 작게 떼면 계속 이어가는 것은 그리 어렵지 않다. 나도 작가들이 사용하는 소프트웨어 프로그램 스크리브너Scrivener 사용법을 터득하려 애쓸 때 이 원칙을 이용했다. 스크리브너를 쓰면 대량의 메모를 간단히 정리할 수 있지만 나는 겁이 나서 시작조차 하지 못하고 있었다. 소프트웨어를 설치해 노트북과 데스크톱 컴퓨터를 동기화하는 문제도 있었고 무엇보다 사용법을 알아내는 어려운 과제가 나를 괴롭혔다.

나는 날마다 핑계를 대면서 그 일을 내일로 미뤘다. 그러다 마침내 '지금 시작하자. 첫걸음만 떼는 거야'라고 마음먹고 최대한 작은 걸음을 내디뎠다. 일단 소프트웨어를 구매할 수 있는 웹사이트를 찾았고 그걸 무사히 해냈다. 물론 갖은 고생이 나를 기다리고 있었지만 일단 시작이라는 목표는 이룬 셈이었다. 다음 날은 어제보다 큰 자신감을 안고 침착하게 튜토리얼 영상을 보고 문서를 만들었다. 그런 다음 드디어 글을 쓰기 시작했다.

더 대담하게 추진해야 큰 성과를 내는 사람도 있다. 커다란 도전과제가 있어야 흥미를 느끼는 이들은 쉽게 그만두지 않는다. 내 친구는 프랑스어를 배우기 위해 아예 6개월 동안 프랑스로 떠났다. 같은 맥락에서 곧바로 시작하는 전략도 첫걸음을 떼는 데 유용하다. 이 전략을 사용할 때는 첫 걸음 전략과는 정반대로 일정 기간 동안 습관에 완전히 전념해야 한다. 상대적으로 부담이 큰 방법이긴 하지만 습관에 최대한 집중해 성과를 높일 수 있다.

나는 크리스 바티Chris Baty가 한 달 안에 소설 쓰는 법을 설명한 책《플롯이 없다고? 괜찮아!》No Plot? No Problem!를 읽은 뒤 창의력도 자극할 겸 30일 만에 소설을 썼다. 이런 식의 충격 요법을 영원히 유지할 수는 없지만 재미도 있고 습관에 추진력도 불어넣어준다. 3주 완성 디톡스, 해독주스 프로젝트, 훈련소 입소처럼 야심찬 목표를 빨리 달성해야 할 경우 특정 기간에 더 '작게'가 아니라 '크게' 도전하면 에너지와 집중력이 솟구친다(어디 그뿐이랴. 자랑할 거리도 생긴다). 은둔 전략을 특히 좋아하는 나는 며칠 동안 밥 먹고 운동하는 시간만 빼고 아침부터 밤까지 글을 쓴 경험이 세 번이나 있다. 이처럼 전력으로 집중하면 매일 글을 쓰는 습관을 빨리 들일 수 있다.

그러나 이 전략은 그리 오래가지 못하므로 이렇게 시작한 습관을 영원히 지속할 방법을 구체적으로 계획해야 한다. 올바른 길도, 잘못된 길도 없다. 무엇이든 자기에게 맞는 길을 찾아야 한다.

가만 보면 내겐 별난 구석이 있는 것 같다. 일을 시작하지 않아 불안해지면 시작할 마음이 더 없어지고 한층 불안해진다. 딸아이의 생일 파티 초대장을 보내지 않아 초조해하던 순간에도 나는 조금만 더 미루고 싶은 충동을 거부하지 못했다. 귀찮은 이메일에 답장하지 않고 묵혀둘 때도 하루만, 하루만 하며 계속 미뤘다.

미루는 습관의 함정에서 탈출하려면 첫걸음을 떼야 한다. 시작하기가 두렵다면 먼저 해야 할 일을 목록으로 적어보자. 어디서부터 시작해야 하는지 파악하고 두 번째, 세 번째 해야 할 행동 계획만 세워도 출발점에 한 발 더 가까워진다. 회피 중인 일을 실제로 하지 않아도 이렇게 첫걸음을 떼면 다음 걸음은 훨씬 가벼워진다. 이미 시작했기 때문이다.

나는 누군가에게 전화하는 것을 별로 좋아하지 않는다. 전화할 일이 생기면 미루고 미루다 가뜩이나 복잡한 일을 더 복잡하게 만들어버린다. 언젠가는 꼭 해야 할 통화를 뒤로 미뤄봐야 더 힘들어질 뿐이라 나는 당장 전화하는 습관을 들이기로 했다. 그리고 꼭 필요한 용건이 있으면 적어두고 가능한 한 즉시 전화를 걸기 시작했다.

집 안의 잡동사니를 치우고 쓰지 않는 물건으로 가득한 창고를 정리하는 것도 내 과제였다. 사실 나는 11년 전 이사를 왔을 때 이미 동네의 중고품 가게에 들러 어떤 물건을 받는지 물어볼 마음을 먹었다. 하지만 묻지 않고 정확히 어떻게 해야 하는지 모르는 채로 쓸모없는 물건이 집에 계속 쌓여갔다. 바보 같은 생각이었지만 어쩐지 가게에서 내 물건을 비웃으며 내가 원칙대로 하지 않았다고 말할 것 같았다(준수형다운 걱정이다).

단단히 마음을 먹은 나는 세 블록 거리의 중고품 가게 전화번호를 얻어 수화기를 들었다. 아주 친절한 남자 직원이 비디오테이프와 구두는 받지만 책은 아니라고 했다. 그런데 통화를 마치자마자 놀라운 효과가 나타났다. 중고품 가게에 물건을 전달하는 내 모습이 저절로 머릿속에 그려진 것이다. 설마 그들이 내 비디오테이프 상자를 거부하겠어? 다음 주 토요일 나는 중고품 가게에 도착해 가게 뒤편에 있는 '기증' 표시 아래에 상자를 내려놓았다. 그것으로 일은 끝이었다.

누구에게나 첫걸음 떼기는 힘들다. 더구나 한 가지 행동에서 다음 행동으로 전환하는 데는 시간이 필요하다. 부모는 자녀가 행동을 전환하도록 하지만(자기 전에 할 일을 지시하거나 "5분 남았다!"라며 경고한다) 정작 자신은 물 흐르듯 쉽게 행동을 전환하지 못한다. 날마다 블로그에 글을 쓰는 나는 매일 시작하기 전에 준비를 한다. 여러 가지 행동을 연이어 하면 조급해지거나 지나치게 예민해지지만 행동을 전환하는 습관을 들이면 침착하게 다음 행동으로 넘어갈 수 있다.

나는 가족과 아침식사를 하기 전에 나만의 시간을 즐긴다. 주말에도 이 혼자만의 시간을 놓치고 싶지 않아 일찍 일어난다. 사람마다 행동을 전환하는 방법은 제각각이다. 한 친구는 '아들을 학교에 데려다주고 커피를 마시며 9시 15분부터 10시까지 신문 기사를 읽은 후 일을 시작한다'고 했다. 다른 친구는 좀 더 구체적으로 얘기했다.

"날마다 글을 쓰는 습관을 지키려고 노력하지만 어떻게 글을 쓸지 생각하지는 않아. 쓰기 전에 할 일을 생각하지. 컴퓨터 앞에 앉아 헤드폰을 끼고 작업용 음악 목록을 켜. 두 번째나 세 번째 노래쯤에 더 이상 음악이 들리지 않는 순간이 오는데, 이건 글을 쓸 시간이 됐다는 신호야. 그 재생 목록을 지금까지 267번 들었어."

또 다른 친구는 말했다.

"나는 곧장 헬스클럽으로 가면 운동을 못하겠더라. 부근에 있는 카페에서 차를 마시며 한 시간쯤 쉬어야 운동할 수 있어."

남편 제이미는 퇴근하고 나서 가족 모두에게 인사한 후 20분 정도 어디론가 사라진다. 옷을 갈아입고 이메일을 보내고 잡지를 훑어보고 나서야 그는 가족과 함께할 준비를 끝낸다. 나는 남편에게 하고 싶은 말이나 부탁하고 싶은 것이 있어도 행동을 전환하는 그 시간이 얼마나 중요한지 생각하면서 그가 방에서 나올 때까지 말을 삼간다.

친구 남편의 행동 전환 습관은 더 특이하다. 그는 소파에 앉아 한쪽 팔을 소파 등받이에 걸치고 앞에 놓인 책장을 빤히 바라본다고 한다. 친구는 이렇게 말했다.

"그게 '책장 응시하기'래. 명상하는 것도 아니고 말을 걸면 대답을 하는데 집에 돌아오면 꼭 15분 동안 책장을 빤히 보고 있어."

규칙적인 취침 습관을 들이면 깬 상태에 있다가 잠에 빠져드는 복잡한 과정이 편해진다. 그리고 더 빠르게 더 깊이 잘 수 있다. 금융계에 종사하는 한 친구는 목욕을 즐기지는 않지만 하루 일과가 얼마나 늦게 끝나든 목욕을 해야 잠이 온다고 한다. 나는 불면증에 시달리는 남편에게 '자기 전에 TV를 보지 마', '자기 전에 이메일을 확인하면 짜증만 는대', '밝은 화면을 보면 빛 때문에 잠이 더 오지 않아', '몸을 차갑게 하면 잠이 잘 온다니까 창문을 열자' 등 여러 가지 제안을 했지만 그는 귓등으로도 듣지 않았다. 그때 나는 정신과 의사로 일하는 친구가 들려준 농담을 떠올렸다.

"전구를 바꾸는 데 정신과 의사 몇 명이 필요한 줄 알아? 한 명만 있으면 충분해. 하지만 전구가 바뀌고 싶지 않다면 다 소용없어."

내 취침 습관도 문제였다. 나는 9시쯤이면 간식이나 음료수가 당겨서 주방을 어슬렁거렸다. 배가 고프지는 않았지만 간식을 먹고 싶어 견딜 수가 없었다. 군것질이 빠진 저녁은 왠지 불완전한 느낌이었다. 그렇지만 저녁식사 후 음식을 일절 입에 대지 않기로 결심하고 8시 30분쯤에 양치를 했다. 놀랍게도 이 단순한 습관의 힘은 굉장했다. 이를 닦으면 간식을 먹고 싶은 욕구가 뚝 떨어졌던 것이다.

이를 닦으며 '오늘은 더 이상 먹지 않아. 끝났어'라고 생각하면 입 안에 개운한 느낌이 퍼지면서 더 이상 아무것도 입에 들어가지 않는다. 몇 년 동안 그렇게 양치를 했더니 치약 맛을 느끼는 순간 저절로 취침 습관으로 전환되었다. 이처럼 습관에서 습관으로 전환하는 순간을 관찰하면 작은 변화로도 엄청난 효과를 볼 수 있다.

나는 습관의 '시작'뿐 아니라 '끝'에도 관심이 많다. 특히 첫걸음을 떼는 과정이 중요하고 힘들다는 사실을 알기 때문에 일단 시작하면 멈추지 않으려고 노력한다. 그러나 악천후, 출장, 휴가, 질병, 출산, 이사 등으로 상황이 바뀌면 습관을 지속하기가 힘들 수도 있다. 새로운 상사가 오거나 자녀의 스케줄이 바뀌는 경우, 다른 사람이 습관을 포기하는 경우(동료가 더 이상 점심시간에 같이 운동할 수 없다고 말할 때)도 있다. 습관을 멈추면 처음부터 다시 시작해야 하는데 실은 그러지 않을 가능성이 다분하다.

일단 멈추면 추진력이 꺾이고 죄책감이 생긴다. 스스로 발전하지 못하고 뒷걸음치고 있다는 불쾌한 감정에 시달리기도 한다. 무엇보다 습관이 무너지면서 다시 결정해야 한다는 점이 최악이다. 대개는 다시 결정하는 과정에서 기운이 빠져 옳지 않은 결정을 한다. 특히 운동 습관을 그만두는 문제가 비일비재하게 발생하는데, 내 요가 선생은 수강생이 수업을 그만두지 않도록 요령 있게 얘기한다.

"여름휴가를 앞두고 다들 '여름 동안 그만뒀다가 9월에 돌아오면 연락드릴게요'라고 하죠. 그러면 저는 '아니, 그만두지 말아요. 이날 예약을 취소해도 스케줄을 비워둘 테니 9월 4일 같은 시간에 뵙지요. 그날 나올 수 없으면 스케줄을 다시 잡으면 돼요'라고 말해요."

"그러면 그만둘 생각이 없어진대요?"

"네. 그만두면 다시 시작하기 힘들지만 이러면 절대 '끝'내지 못하죠."

비슷한 예로 헬스클럽의 트레이너 로리가 사표를 냈을 때 나는 망설임 없이 다른 트레이너로 바꿨다. 하지만 로리와 운동을 하던 내 친구 몇 명은 로리가 떠나는 순간 습관을 멈추었다. "다른 트레이너와는 운동하기 싫어."라고 말하는 친구가 한둘이 아니었다. 마지못해 운동하던 친구들은 그런 감정을 더 크게 느꼈다. 한 친구는 내게 말했다.

"로리가 없으면 가고 싶지 않아. 어차피 다른 운동으로 바꿀 생각이었으니 이참에 다른 운동을 찾아볼래."

사실 그녀는 스키, 테니스, 하이킹, 수영 같은 스포츠는 몰라도 규칙적인 운동은 싫어했다. 그럼에도 불구하고 근력 운동을 습관으로 들인 것이라 나는 그녀의 계획에 회의적이었다.

"일주일에 딱 한 번 20분 동안 하는 운동보다 더 좋은 운동을 찾겠다고? 샤워할 필요도 없고 음악도, 거울도 없는데? 어떤 운동? 다른 걸 제대로 시작한 다음에 그만두는 편이 좋지 않을까?"

몇 주 후 나는 그녀를 다시 만나 물었다.

"근력 운동은 어떻게 했어?"

친구는 한숨을 내쉬며 말했다.

"네 말대로 그만두기 전에 다른 운동을 찾아야 했어. 그만두니까 다시 시작하기가 너무 힘들어."

웬만해서는 무너지지 않는 습관도 있지만 몇 년이 지나도 단단히 굳지 않는 습관도 있다. 우리는 어떤 방해물에도 흔들리지 않도록 소중한 습관을 보호해야 한다. 습관의 사슬에 고리를 추가할 때마다 습관은 강력해지지만 고리가 하나만 빠져도 자국이 남아 언젠가는 습관이 무너질 수 있다.

이 습관의 사슬고리가 빠지지 않도록 하는 전략은 대단히 효과적이다. 이 전략의 바탕에 깔린 욕구는 마치 초등학교 시절 개근상을 받고 싶었던 욕구와 흡사하다. 완벽한 기록을 쉬지 않고 이어가는 만족감은 짜릿하기 그지없다. 코미디언 제리 사인필드 Jerry Seinfeld 는 패기 넘치는 코미디언 브래드 아이작 Brad Isaac 에게 날마다 글을 써야 좋은 개그가 나오니 하루가 한 칸인 달력을 사라고 조언했다. 그리고 매일 글을 쓰고 나면 오늘 날짜가 있는 칸에 붉은색으로 커다랗게 ×표를 하라고 했다.[1]

"며칠만 지나면 사슬이 연결될 걸세. 그걸 보고 있으면 기분이 끝내주지. 처음 몇 주는 특히 그래. 그다음부터 할 일은 사슬의 연결을 끊지 않는 것뿐이야."

내 친구에게도 비슷한 일화가 있다.

"내게는 일주일에 세 번 하는 직원회의에 빠지는 나쁜 습관이 있었어. 대개는 나랑 별로 상관이 없는 얘기지만 중요한 내용을 몇 개 놓치기도 했지. 그러던 어느 날 유독 중요한 얘기를 듣지 못한 후부터는 직원회의에 절대 빠지지 말자는 규칙을 세웠어. 이제는 완벽한 기록을 이어가려고 해."

사슬 전략은 목록에서 완수한 항목을 지우며 만족해하는 준수형에게 가장 잘 맞는다. 의문형은 자신에게 도움이 될 듯하면 유용하다고 생각하지만 기대감이 없으면 시도할 생각조차 하지 않는다. 저항형은 사슬이라는 개념 자체를 거부한다. 뭔가를 구속하는 '사슬'이라는 이름만으로도 그 이유를 짐작할 수 있을 것이다. 저항형은 매번 선택하며 행동하기를 원하고 자신의 선택에 구속받지 않는다. 강제형은 사슬을 연결하는 일에 책임감을 느낄 경우 효과를 본다. 외적 책임이 있어야 사슬을 연결하기 시작할지도 모르지만 일단 시작하면 의무감 때문에라도 계속한다.

각자의 성향이 어떻든 습관에는 장기여행이나 여름휴가처럼 어쩔 수 없이 '정지점'이 생긴다. 이럴 때는 앞의 요가 선생처럼 습관을 다시 시작할 날짜를 구체적으로 정해야 한다. 아무 때나 할 수 있는 일은 아무 때도 하지 않는 법이다. 다시 시작하기에 적절한 시기를 막연히 기다려서는 안 된다(보통은 '내일 시작하자'는 계획에 끌린다). 숱한 내일이 지날수록 첫걸음을 다시 떼야 한다는 두려움도 커진다.

좋은 습관을 멈추지 않아야 하는 이유는 또 있다. 그것은 처음 시작할 때보다 다시 시작할 때가 훨씬 더 힘들기 때문이다. '전에 해봤으니까 두 번째는 식은 죽 먹기지'라고 생각할 수도 있으나 절대 그렇지 않다. 물론 첫걸음을 떼는 것도 쉽지 않았을 것이다. 그래도 처음에는 새로운 습관을 시작한다는 기대감이 있기에 특별한 힘이 솟고 앞날이 무지갯빛으로 보인다. 나도 하다가 그만둔 습관에 재도전하면서 처음 시작할 때의 에너지를 다시 끌어 모으려 해봤지만 마음처럼 되지 않았다. 더 이상 신선하지 않았고 오히려 그 습관 때문에 힘들었던 기억만 떠올랐다. 내가 발전하기는커녕 퇴보하고 있다는 생각으로 의욕도 꺾였다. 한 친구는 내게 말했다.

"한 달 동안 술을 끊었을 때 정말 즐거웠어. 한 달을 무사히 넘긴 후

계획대로 다시 술을 마셨지만 얼마 지나자 다시 한 달 동안 술을 끊고
싶더라고. 처음이 어렵지 않아서 이번에도 쉬울 줄 알았는데 이번에는
실패했어. 도무지 처음 같지 않더라고.”

우리는 ‘영원하다’ 혹은 ‘끝이 없다’라는 무시무시한 말 때문에 습관
을 바꾸지 못하고 주저한다. 대체로 좋은 습관에는 결승점이 없다. 그런
데 첫걸음까지는 어찌어찌 내디뎌도 그 습관을 평생 지속해야 한다고
생각하면 마음이 무거워진다. 나도 마찬가지다. 내가 ‘영원히’ 명상을
해야 할까?

커다란 유혹 하나를 거부하는 것은 그리 어렵지 않다. 잠깐 동안 과
감하게 노력할 수도 있고, 마라톤 훈련을 하거나 1년 동안 초콜릿을 끊
을 수도 있다. 그렇지만 좋은 습관을 영원히 달고 살아야 한다고 생각하
면 숨이 막힐지도 모른다. 이럴 때는 항복도 필요하다. 자신의 가치관을
따르고 싶다면 그에 맞는 삶의 방식을 받아들여야 한다.

습관을 지켰는데도 가시적인 결과가 없으면 지속할 마음이 사라진
다. 물론 자기에게 이롭고 또 자신이 세운 목표에 부합하는 행동을 하므
로 마음은 뿌듯하지만 이런 습관으로 단번에 눈부신 결과를 얻는 경우
는 극히 드물다. 그러나 결실 없는 기간을 참고 견뎌내면 습관의 힘이
강해져 삶을 어제보다 더 행복하게 만들어준다.

나는 명상 습관이 무의미한 것 같아 계속 해야 할지 고민했다. 그러던
어느 날 명상으로 내가 달라지고 있음을 처음 느꼈다. 어느 늦은 밤 하
루 동안 겪은 유쾌하지 않은 순간들을 되짚다 보니 잠이 오지 않았고 그

런 시간이 길어질수록 잘 시간이 줄어든다는 생각에 화가 치밀었다. 그때 나는 명상할 때 마음을 편히 가라앉혀주던 이미지를 떠올렸다. 그러자 서서히 화가 가라앉았고 나는 그날을 계기로 당분간 명상 습관을 지속하기로 했다. 아니, 이 습관을 지킬지 말지 결정하지 않기로 결정했다.

좋은 습관이란 결정이나 논쟁 없이 영원히 지키고 싶은 행동을 말한다. 영원히 할 수 있다는 자신감이 부족하다면 그 습관 행동을 하루에 한 번씩만 한다는 개념으로 접근해보자. 한 친구는 이렇게 말했다.

"나는 '지금 이걸 먹고 있지만 영원히 그럴 필요는 없어. 지금 이 순간만이야'라고 다짐해. 그러면 습관을 잘 지킬 수 있어. 앞으로 영원히 이렇게 먹을 계획이라도 하루에 한 번만 한다고 생각하는 거야."

결정하지 않기로 결정하는 방법은 여기서도 진가를 발휘한다. 행동을 습관적으로 다시 하지 않고 '오늘 할 일이야'라고 생각하면 그만이다. 자신의 습관을 믿자. 그리고 몇 번이고 첫걸음을 다시 떼면 된다.

순간의 선택이
평생을 좌우한다

아무리 내면이 강한 사람도 주위 환경의 영향을 받는다.

조지 엘리엇George Eliot, 《미들마치》Middlemarch

좋은 습관을 시작하는 순간에는 언제나 특별한 힘이 생기고 상황이 싹 바뀌면서 산뜻한 출발이 가능하다. 이처럼 백지 상태로 바뀌는 기회를 노려야 한다. 일부러 1월 1일이나 생일을 이용해 백지 상태를 만드는 사람이 많지만 그 밖에도 선택지는 다양하다. 결혼, 이혼, 출산, 이별, 죽음을 경험하거나 새로운 친구 혹은 강아지를 만나는 변화로도 백지 상태가 나타난다. 새 집, 낯선 도시로 이사하거나 가구를 재배치하며 환경을 바꿀 때도 가능하다. 이직, 전학, 담당 의사 교체처럼 일상의 한 부분이 바뀌는 시점도 마찬가지다.

한 변호사 친구가 말했다.

"혼자 아이를 키우는 처지라 돈을 벌 수 있을 때 바짝 벌어야 한다는 의무감이 있었어. 작년에 아들이 졸업하고 나니까 이런 생각이 들더라고. '마지막 학비까지 다 냈네. 애도 다 컸어. 이제는 무엇을 위해 일하지?' 마치 온갖 기회로 가득한 신세계가 열린 기분이었어."

이처럼 상황이 크게 바뀌는 때뿐 아니라 출근길을 바꾸거나 가구 배치를 바꾸는 사소한 변화로도 백지 상태가 찾아온다.

불행한 변화도 한편으로는 새 출발을 할 기회다. 어느 독자가 내 블로그에 이런 글을 남겼다.

"11월에 남편을 떠나보냈어요. 저는 사람을 좋아하면서도 내향적이라 여럿이 어울리는 상황을 피곤하게 여기며 살아왔습니다. 하지만 홀로 남은 후로는 외로워서 우울증에 걸릴까 봐 닥치는 대로 약속을 잡고 있습니다. 주위에 사람이 많아야 할 것 같아서요. 설령 약속을 취소해도 친구들은 제 사정을 이해해줄 거고요. 6개월이 지난 지금까지도 거의 매일 약속을 잡고 있습니다. 인생이 180도 바뀌었지만 제게 꼭 필요한 변화예요."

백지 전략Strategy of Clean Slate의 장점은 또 있다. 시작하는 순간에는 언제나 마법 같이 특별한 힘이 존재하는 것이다. 누구나 첫 단추를 잘 끼우고 싶어 하고 출발이 좋으면 조짐도 좋다. 나는 어떤 습관을 들이려고 노력할 때 월요일에는 그 습관을 꼭 지킨다. 한 주를 시작하는 날에는 자신감이 넘치고 무슨 일이든 해낼 것 같은 기분이 들어 좋은 습관을 유지할 가능성이 크기 때문이다.

백지 상태일 때만 느낄 수 있는 희망이 가득하고 신선한 느낌을 한층

돋우는 방법도 있다. 어떤 사람은 중요한 습관을 고급 호텔이나 해질녘 바닷가처럼 아름다운 장소에서 시작하고, 또 어떤 사람은 TV 화면을 망치로 깨거나 신용카드를 가위로 자르는 등 대담한 행동으로 시작한다. 산뜻한 색으로 벽을 칠하거나 집 혹은 사무실을 새 가구로 꾸미는 사람도 있다. 내가 만난 어느 여성은 냉장고에 있는 음식을 겨자와 피클까지 모두 버리면서 백지 상태로 새해를 시작한다고 말했다. 저소비족인 나는 조금 충격을 받았다. 이유를 물으니 그녀는 "새롭게 시작하고 싶어서요."라는 말뿐이었다.

그런데 백지 상태에 놓인 순간을 포착하는 것은 결코 쉽지 않다. 무언가를 새로 시작하면서 습관도 바뀌고 있음을 알아차리지 못하는 경우가 부지기수다. 인간은 습관의 동물이기에 백지에 처음 남긴 흔적은 사라지지 않는다. 따라서 기왕 시작하려면 장차 계속하고 싶은 방식대로 해야 한다.

새 집으로 이사하고 나서 며칠 후 나는 한 시간 동안 이메일과 소셜 미디어를 확인하며 일을 시작했다. 이럴 수가! 이 습관은 무쇠 같은 힘으로 내 일상에 깊이 들어와 있었다. 어떤 습관이든 일단 몸에 배면 끈질기게 노력하지 않는 한 바꿀 수 없다. 대학 시절 내 자리는 수업 첫날 앉은 자리가 학기 끝까지 이어졌다. 이제 나는 첫 결정이 습관의 뿌리가 된다는 사실을 알기에 무슨 일을 하든 처음 몇 번까지는 더욱더 신중을 기한다. 그 습관의 기준에서 벗어나면 무언가 빼앗겼다거나 완성하지 못했다는 느낌마저 든다.

백지 전략을 이용할 경우 비교적 적은 노력으로 새로운 습관을 시작할 수 있다. 나도 로스쿨 시절이었다면 아침 운동을 절대로 할 수 없다고 말했을 것이다. 그러나 보좌관으로 일하던 시기에는 백지 상태의 효과를 몰랐어도 하루 일과에 운동을 집어넣었다. 나는 출근 첫날부터 헬스클럽에 갔다가 출근했는데 비록 백지 상태이긴 했어도 그리 쉽지는 않았다. 그런데 만약 한 달 후, 아니 일주일 후에 시작했다면 습관을 들이기가 더 힘들었을 것이다.

일중독에 빠진 한 친구는 내게 새 직장에서는 적당히 일하고 싶다고 말했다.

"백지 전략을 이용해봐. 퇴근 시간을 정한 뒤 첫 주에는 그 시간이면 무조건 퇴근해. 그러면 저절로 습관이 몸에 밸 거야."

"물론 6시 30분이나 7시에 퇴근하면 좋겠지만 첫 주는 적응 기간이니 좀 늦게 퇴근해야 하지 않을까?"

"첫 주의 습관이 계속 이어지지 않을까? 원하는 습관을 결정했으면 처음부터 그 시간에 퇴근하는 훈련을 해야 해. 시간이 더 지나면 일찍 나오기가 힘들어져. 6개월 후에 일이 줄어드는 것도 아니잖아."

내 생각대로 습관의 힘은 강력했다. 그 친구의 머릿속에는 아직도 밤 9시에 퇴근하는 습관이 뿌리 깊이 박혀 있었다. 백지 상태를 이용해 처음부터 다시 시작하지 않으면 그 습관을 떨쳐낼 길을 영영 찾지 못한다. 때로는 한순간이라고 생각한 선택이 평생을 좌우하고, 평생 간다고 생각한 선택이 한순간 스쳐 지나가기도 한다.

자기 발로 나타난 백지 상태를 이용하지 않는 것은 아까운 기회를 놓치는 셈이다. 예를 들어 이사를 하면 평소 습관이 크게 흔들리므로 간단히 습관을 바꿀 수 있다. 이직, 전과, 다이어트, 새로운 친구 사귀기, 중독 끊기 등의 변화를 시도해 성공한 사람의 36퍼센트는 이사한 사람이었다.[1] TV를 볼 시간에 운동을 더 많이 하고 싶어 한 어떤 학생이 편입 후 습관을 보다 쉽게 바꿨다는 연구 결과도 있다. 내 블로그의 한 독자는 이런 댓글을 남겼다.

"우리 가족은 곧 새 집을 살 예정입니다. 지난번에 이사할 때는 집이 바뀌고 새 출발을 하는 것이므로 정리하지 못하는 습관이 저절로 바뀔 거라고 착각했어요. 집에 잡동사니가 쌓이는 이유를 정확히 몰라서 해결하지 못했다는 생각은 하지 않은 것이죠. 이번에는 말끔히 정리해놓고 새로운 습관을 계획하려 합니다. 같은 실수를 반복하지 않을 거예요."

일시적인 행동이나 여행도 백지 상태를 만든다. 내 아버지는 종종 말했다.

"태어나서 금연처럼 힘든 일은 처음이었다. 그런데 금연을 선언하자마자 미크로네시아에 10주 동안 출장을 갈 일이 생겨서 한결 쉽게 끊었단다."

출장지에서 아버지의 기존 습관은 전부 무너졌고 온통 낯설고 새로운 분위기에 둘러싸여 지내느라 담배 생각이 나지 않았다고 한다.

내가 일중독에 빠진 친구에게 말했던 것처럼 이직으로 생긴 백지 상태는 새로운 습관을 들일 좋은 기회다. 한 남성이 이메일 업무 습관을 바꾼 경험담을 들려주었다.

"저는 몇 년간 이메일의 홍수 속에서 허우적댔습니다. 하지만 직장을 바꾸고 새 이메일 주소를 받은 후로는 매일 밤 그날 받은 이메일에 답장을 하거나 삭제 혹은 보관을 해서 수신함을 비우고 있어요. 예전 직장에서 쓰던 이메일 주소였다면 감당하지 못했을 겁니다. 이 변화를 계기로 새롭게 시작할 수 있었습니다."

백지 상태는 불시에 나타나기도 한다. 못 말릴 정도로 단것을 좋아하던 내 어머니는 몇 년 전 지독한 위염으로 고생하더니 군것질을 하고 싶은 마음이 뚝 떨어졌다고 한다. 이제는 회복되었으므로 얼마든지 예전의 습관으로 되돌아갈 수도 있지만 어머니는 지금이 백지 상태라는 사실을 안 뒤로 단것이 입에 당겨도 꿋꿋이 참고 있다.

백지 상태는 새로운 습관을 들이기에 좋은 기회인 반면 습관에 유용한 신호를 없애거나 건설적인 하루 일과를 흐트러뜨리며 현재의 좋은 습관을 망가뜨릴 위험도 있다. 하루 일과는 여러 개의 습관으로 연결되어 있는데 그 연결고리 중 단 하나만 약해져도 습관의 사슬 전체가 끊어져버린다. 어떤 연구를 보니 결혼, 이혼, 이직, 출산처럼 삶이 크게 바뀔 때는 자신도 모르게 소비 습관이 달라진다고 한다. 이 시기에는 식습관도 달라진다. 특히 30세가 넘으면 결혼과 이혼을 겪으며 체중이 늘어나거나 줄어드는 사람이 많다.[2] 기혼자 중에서는 여성이, 이혼한 사람 중에서는 남성이 상대적으로 살이 더 쪘다. 한 블로그 독자는 다음과 같은 글을 남겼다.

"그동안 쭉 규칙적으로 운동을 했는데 아들이 버스로 등교하기 시작한 이후 습관이 무너졌습니다. 그 전까지는 아들을 학교에 데려다주고 헬스클럽으로 가는 게 제 일과였지요. 그 습관이 몸에 배어 있었던 거죠. 요즘 다시 아들을 차로 데려다주지만 예전처럼 동기유발이 되지 않네요."

이런 말을 하는 사람도 있었다.

"군인 가족이라 몇 년에 한 번씩 이사를 다닙니다. 그래서 주변 상황이 계속 변해도 좋은 습관을 유지하기 위해 무척 신경 쓰고 있어요. 정말 보통 일이 아닙니다."

변화할 때 습관의 바탕이 언제 백지 상태로 바뀌는지 알아차리는 것은 매우 어렵다. 그래서 관찰 전략이 필요하다. 관찰을 하면 좋은 습관이 무너지기 시작하는 순간을 포착할 수 있다.

백지 전략을 연구하던 나는 그 힘을 직접 경험해보고 싶다는 생각이 들었다. 어떻게 해야 할까? 가까운 시일 내에 내 인생이 변할 일은 없었고 설령 변할지라도 좋은 쪽이 아닌 나쁜 쪽일 것 같았다. 내 일, 우리 가족, 우리 집, 우리 동네에서 백지 상태를 찾을 가능성은 없었다. 나는 새롭게 시작할 방법을 찾아내고 싶었다.

8년 전 블로그를 시작하면서 내가 경험한 백지 상태는 무척 만족스러웠다. 매주 여섯 번 글을 쓰기로 결정한 후 블로그는 내 일상 습관을 완전히 바꿔놓았다. 나는 블로그의 기능과 사용법을 터득하고 매일 글을 올려야 했고 온라인으로 다른 사람에게 다가가는 습관도 들여야 했다. 매주 영상을 하나씩 올렸기 때문에 영상 찍는 습관도 들여야 했다. 블로그를 통해 새로운 사람을 만나고 또 새로운 기술을 배우면서 매일 쓰는 글의 양은 늘어갔다.

그때의 백지 상태는 효과 만점이었다. 그러면 지금은 무엇을 할 수 있을까? 강아지를 키울까? 반려견은 인간에게 커다란 행복을 선물하고 강아지가 있으면 좋은 습관을 들이는 데도 도움을 받는다. 그렇지만 나는 실내 화분조차 제대로 관리하지 못하는 사람이다. 더구나 정신없이 바쁜 상황에서 강아지까지 책임지며 시간을 빼앗기고 싶지는 않았다. 강아지를 키우는 아이디어는 즉각 버려졌다.

　새로운 모임에 들어가는 것은 어떨까? 모임에 가입하면 인간관계가 백지 상태에 놓인다. 새로운 사람을 만나면 많은 것을 배울 수 있고 즐겁기도 하다. 그러나 이 방법도 시간이 문제였다. 일과 가족을 위한 시간을 확보하기 위해서는 더 이상의 외부 활동은 불가능했다.

　이처럼 내게는 백지 전략을 활용할 기회에 한계가 있었다. 어쩌면 그런 기회가 없다고 섣불리 판단해버리고 상상의 나래를 충분히 펼치지 않았던 것인지도 모른다. 설마 새로 시작할 만한 일이 하나도 없었을까? 결국 백지 상태에 놓일 만한 일을 발견하지 못한 나는 간단한 방법으로 백지 상태를 만들기로 했다. 즉, 딸아이 방의 가구를 재배치하고 아이가 더 이상 갖고 놀지 않는 장난감들을 기부했다. 그러자 힘이 불끈 솟고 기분이 좋아졌다. 이처럼 눈을 크게 뜨고 관찰하면 백지 상태를 이용할 수 있는 기회는 분명 더 많이 보일 것이다. 주위를 둘러보고 무엇을 변화시킬 수 있을지 생각해 보자. 나의 작은 노력이 분명 어제와는 다른 오늘, 내일을 만든다.

사람은 순식간에
달라지기도 한다

인생은 생각을 비춰주는 거울이다.

미셸 드 몽테뉴, 《몽테뉴 수상록》

　　　　　　　　　　백지 전략은 좋은 쪽으로든 나쁜 쪽으로든 습관을 근본부터 바꿔놓는다. 나는 새로운 시작을 직접 경험하면서 우연히 습관을 갑자기 바꾸는 방법을 하나 더 찾아냈다. 그렇다고 내가 이사 혹은 이직을 하거나 반려견을 입양한 것은 아니다. 외부 환경은 조금도 변하지 않았고 그저 책 한 권을 읽었을 뿐이다. 이처럼 하나의 행동으로 어마어마한 에너지를 끌어내는 것이 바로 섬광 전략Strategy of Lightning Bolt이다.

　　습관을 바꾸려는 사람은 행동이 자동적으로 나올 때까지 반복하고 또 반복해야 한다는 조언을 많이 듣는다. 실제로 행동을 반복할수록 습관에 더 빨리 익숙해진다. 그런데 때론 섬광이 번쩍이듯 순식간에 습관이 바뀌기도 한다.[1] 새로운 아이디어를 접하는 순간 돌연히 새로운 습관이 기존의 습관을 밀어낸다. 여기에는 준비도 망설임도 없고 첫걸음을 작게 뗄 필요도 없다. 눈 깜짝할 사이에 어제의 습관이 오늘의 습관으로 바뀌는 섬광 전략은 지식과 신념, 아이디어에서 힘을 얻는다.

이러한 섬광 전략은 더없이 효과적이지만 의식적인 지시로 나타나는 게 아니라는 단점이 있다. 다른 전략과 달리 섬광 전략은 어떤 습관을 스스로 결정할 수 없고 그저 어떤 일이 닥칠 뿐이다. 우리는 난데없이 채식주의자가 되거나 술을 끊거나 비닐 쇼핑백을 사용하지 않는다.

특히 인생에서 결혼, 질병, 죽음, 생일, 실패, 사고, 중년의 위기, 혼자만의 장기 여행 같은 획기적인 일을 경험하면 섬광이 번쩍인다. 갑자기 새로운 아이디어가 뇌리를 때리며 변화를 이끄는 것이다. 마약, 술, 담배, 정크푸드, 평탄치 못한 인간관계로 괴로워하는 환자들을 치료하는 한 의사가 내게 말했다.

"사람들의 습관을 하루아침에 바꿔놓는 일이 한 가지 있습니다. 몇 년을 노력해도 소용없다가 이 일이 생기면 딱 원하는 대로 바꾸고 문제가 사라져요."

"그게 뭐죠?"

"임신입니다. 임신 사실을 알고 습관을 바꾼 여성 환자를 아주 많이 봤어요. 모든 사람이 달라지는 것은 아니지만 그렇게 바뀌는 사람이 많습니다. 아기의 건강이 엄마가 된 자신에게 달렸다고 생각하면 가능해지더군요."

이처럼 중대한 일은 아니지만 책 속의 한 문장, 영화의 한 장면, 낯선 사람의 지나가는 말처럼 사소한 계기로 섬광이 번쩍일 때도 있다.

'제자가 준비되면 스승이 나타난다'는 불교의 금언은 오싹하리만큼 사실이다. 거의 15킬로그램을 뺐다는 친구가 내게 말했다.

"내 인생 자체가 살과의 전쟁이었어. 트레이너는 혹독하게 채찍질을 해댔고 양쪽 무릎의 관절 연골까지 찢어지면서 고통이 이루 말할 수 없었지. 의사에게 어떻게 해야 하느냐고 물으니까 '글쎄요, 살을 좀 빼면 괜찮아질 겁니다' 하는 거야. 그 순간 내가 변하지 않는 한 고통은 사라지지 않을 거라는 생각이 들었어."

새로운 깨달음을 얻으면 새롭게 출발할 수 있다. 아들을 운동부 모임에 늘 늦게 데려다주던 친구는 아들의 말을 듣고 달라졌다고 했다.

"엄마가 데리러 올 때는 꼴찌로 오면 민망할까 봐 늦지 않는 거잖아요. 갈 때는 늦어도 엄마가 창피당하지 않으니까 늘 지각하면서."

그날 이후로 그 친구는 절대 늦지 않는다. 다른 친구는 25주년 동창회에서 터치 풋볼을 할 수 없었다는 이유로 살을 뺐다. 이처럼 우리는 사소한 계기로 단숨에 달라지기도 한다.

섬광 전략 사례 중에서도 도저히 알 수 없는 이유로 마른하늘에 날벼락이 치듯 변화하는 놀라운 유형도 있다. 몇 년 동안 매일 담배 두 갑을 피우던 친구가 갑자기 담배를 끊었는데, 어느 날 저녁 그는 담뱃갑에서 담배를 꺼내다가 느닷없이 이런 생각을 했다고 한다.

'내가 왜 이러고 있는 거지? 이젠 그만둘 때야.'

그 자리에서 담뱃갑을 쓰레기통에 버린 그는 두 번 다시 담배에 손을 대지 않았다. 금단 현상 때문에 3개월 정도 불편하긴 했지만 그 친구의 의지는 굳건했다. 왜 그랬을까? 그는 단지 "더 이상 흡연자로 살고 싶지 않았을 뿐이야."라고 말했다. 금연을 계획하지도, 의식적으로 생각하지도 않은 그는 섬광처럼 내리치는 벼락을 맞은 것이다. 한 독자는 그보다 소박한 변화를 들려주었다.

"치과에 가면 치실을 얼마나 자주 쓰는지 물을까 봐 예약을 미루고 있었어요. 어느 날 치실을 꼬박꼬박 사용하면 되지 않겠느냐는 생각이 들더군요. 그 후로는 의사가 그 질문을 하든 말든 전혀 신경 쓰이지 않았어요. 왜 갑자기 그 생각이 떠올랐는지는 아직도 의문입니다."

습관은 조금씩 쌓여야 오래간다며 섬광 전략을 간과하거나 무시하는 사람들도 있다. 그렇지만 한 번 내리치는 섬광의 힘은 아주 강력하므로 우리는 그것이 나타나는 순간을 기대하며 신경을 곤두세워야 한다. 마음속에서 꿈틀대는 빛을 느낄 때야말로 힘들이지 않고 즉각 습관을 바꿀 수 있는 기회다.

내 경우 음식에 대한 신념이 완전히 뒤집히면서 섬광 전략의 효과를 절감한 적이 있다. 그때 거의 즉흥적으로 바꾼 습관을 나는 지금까지 계속 유지하는 중이다. 당시 나는 바닷가로 가족 여행을 가기 위해 짐을 싸며 게리 토브스의 《우리는 왜 살이 찌는가》[2]라는 책을 가방에 넣었다. 살을 빼고 싶어서가 아니라 제목에 호기심이 일었고 대강 훑어보니 인슐린에 상당한 지면을 할애하고 있었기 때문이다. 인슐린은 엘리자베스가 당뇨병 진단을 받은 후부터 내 관심사 중 하나였다.

이틀 만에 책을 다 읽은 후 내 뇌리에 섬광이 번쩍였다. 토브스는 학술 연구를 철저히 검토하고 인간의 신체 작용에 관한 이론과 다양한 경험담을 근거로 우리가 살이 찌는 이유를 확실하게 제시했다. 물론 논쟁의 여지는 있지만 토브스는 인슐린 수치를 낮추고 지방을 덜 축적하려면 소화하기 쉬운 고탄수화물 식품을 먹지 말아야 한다고 주장했다.[3] 고탄수화물 식품이란 당분, 빵, 시리얼, 곡물, 파스타, 감자, 쌀, 옥수수, 주스, 맥주, 와인, 탄산수 등을 말한다. 토브스는 체중에 영향을 주는 요인은 칼로리나 운동량이 아니라 탄수화물의 양과 질이라며 목소리를 높였다.[4]

토브스가 주장한 결론은 가히 충격적이었기에 책을 내려놓는 순간부터 음식에 대한 내 생각은 완전히 달라졌다. 본래 식습관을 바꿀 계획이 없었지만 나는《우리는 왜 살이 찌는가》를 읽은 뒤 섬광이 번쩍이듯 생각이 바뀌었다. 일단 주식을 완전히 다른 시각으로 보기 시작했다.

'통곡물은 탄수화물이다. 육류는 괜찮다.[5] 식이지방은 포화지방이든 불포화지방이든 비만이나 심장병의 원인이 아니다. 사실상 모든 가공식품은 탄수화물 덩어리다.'

휴가철은 습관을 바꾸기에 완벽한 시기다. 이후 몇 주 동안 식습관을 완전히 바꾸면서 내게 놀라운 변화가 일어났다. 체중이 내 건강 체중 범위 내에서 최저치에 가까운 몸무게로 줄어든 것이다.

이렇게 섬광 전략을 경험한 이후 저탄수화물 식사를 신봉하게 된 나는 아버지에게 그러한 식습관을 권했다. 그런데 나와 달리 아버지에게는 갑작스러운 섬광이 번쩍이지 않았다. 아버지는 의문형으로 새로운 근거와 정보에 관심을 보였고 내가 추천한 토브스의 저서《우리는 왜 살이 찌는가》와《굿 칼로리 배드 칼로리》의 내용에 전적으로 공감했다. 그래도 아버지는 나처럼 하루아침에 극적으로 바뀌기보다 감자 대신 채소 반찬을, 파스타 대신 스테이크를 먹는 것처럼 몇 가지 음식을 대체했다. 그 방법으로 효과를 보자 새로운 식습관에 확신이 생긴 아버지는 점점 더 철저하게 저탄수화물 식사를 하기 시작했다.

이처럼 아버지는 책을 읽은 후 새로운 식사법을 기꺼이 받아들였지만 다른 사람들은 대부분 미심쩍다는 반응을 보였다. 특히 한 친구는 나를 정신 나간 사람으로 취급하며 한참이나 질문 세례를 퍼부었다.

"과일을 먹지 않는다고?"

"베리 종류는 가끔 먹어. 내 행동이 과하다고 생각할지도 모르지만 난 그런 느낌이 전혀 없어."

이 말은 사실이었다. 나는 책을 읽은 후 조금도 노력하지 않고 식사 습관을 느닷없이 완전히 바꿨다. 다른 음식은 더 이상 음식으로 보이지도 않았다. 이것이 바로 섬광 전략의 위력이다.

언제나 그렇듯 한 번 들인 습관은 저절로 강해졌다. 탄수화물을 끊고 난 뒤 나는 더 이상 탄수화물의 맛을 느낄 수 없었다. 탄수화물 중독이 정말 존재하는 증상인지는 몰라도 빵, 곡물, 단 음식은 먹으면 먹을수록 더 많이 먹고 싶어진다. 그러나 나는 이제 생각도 나지 않는다.

친구가 내게 물었다.

"언제부터 정상적으로 먹을 생각이야?"

"이게 정상적인 식사야."

친구는 고개를 절레절레 저었다.

식습관을 바꾸고 얼마 지나지 않아 나는 브루클린의 세련된 인디 서점에서 유쾌한 작가 친구 제이콥스A. J. Jacobs를 만났다. 그의 책《한 권으로 읽는 건강 브리태니커》Drop Dead Healthy의 낭독 모임 때문이었다. 낭독을 시작하기 전 나는 그에게 책에 나온 대로 저탄수화물 식사가 아니라 채식 위주의 식사를 선택한 이유를 물었다.

"네가 저탄수화물 식사를 믿지 않다니 어떻게 그럴 수 있어?"

그는 웃음을 터뜨렸다.

"학자들도 양쪽에서 싸워대잖아."

"아는데, 양쪽 얘기를 다 읽어봐도 이쪽이 더 설득력이 있어. 그리고 내가 직접 먹어보니까 배가 덜 고프고 살도 빠졌단 말이야."

"하지만 그레첸, 그건 네 기준이고 너만의 측정값에 불과해."

한 사람의 경험은 과학적으로 유효하지 않다는 뜻이었다.

"그럴지도 모르지만 나 자신이 내가 유일하게 관심이 가는 측정값이야. 가장 설득력 있는 측정값이라고."

정말로 저탄수화물 식사를 권하고 싶은 사람은 동생 엘리자베스였지만 어떻게 말을 꺼내야 할지 망설여졌다. 제1형 당뇨병 환자인 엘리자베스가 나처럼 식습관을 바꾸면 혈당 수치가 낮아져 지금처럼 인슐린을 많이 투여하지 않아도 될 것 같았다. 그러나 엘리자베스는 조건이 걸려 있으면 반발하는 성격이고 포기를 싫어했다. 더구나 그녀는 당뇨병 때문에 이미 많은 것을 포기했다.

어느 날 통화를 하다가 동생이 내가 기다리고 있던 대화의 포문을 먼저 열었다.

"새로운 식사법이라는 게 뭐야? 엄마 말로는 언니랑 아빠가 다이어트도 하지 않고 살을 뺐다던데."

마음이 놓인 나는 한마디를 툭 던졌다.

"영양학 책을 하나 읽었는데 너도 꼭 읽어봐."

물론 탄수화물을 섭취해 인슐린 수치가 높아지면 살이 찐다는 이론도 설명했다. 그리고 몇 주 후 나는 동생에게 이메일 한 통을 받았다.

보낸 사람: 엘리자베스
아침에 의사한테 오늘부터 공식적으로 저탄수화물 식사를 시작한다고 말했어. 아직 10쪽밖에 읽지 못했지만 확신이 들어. 이건 무조건 해야 돼.

그때부터 나는 주기적으로 동생에게 전화해 진행 과정을 확인했다. 몇 주 뒤 엘리자베스는 "익숙해지고 있어. 생각보다 할 만하네."라고 말했다. 아주 열렬한 반응은 아니었지만 계속 시도해볼 모양이었다.

그런 와중에 6개월 동안 저탄수화물 식사를 한 아버지가 혈액검사를 한다는 연락을 받았다. 나는 조금은 불안한 마음으로 결과를 기다렸다. 저탄수화물 식사법의 효과를 굳게 믿긴 했지만 그렇다고 내가 의사나 과학자는 아니지 않은가. 마침내 아버지에게 전화가 왔다.

"방금 혈액검사 결과를 받았다. 수치가 아주 좋아. 놀랍게도 전부 다 좋아졌어."

"정말요? 검사 수치는 어떻게 나왔어요?"

아버지는 수치를 하나하나 읽어주었다. 지난 몇 년 동안 조금씩 나빠지고 있던 체중과 LDL콜레스테롤, HDL콜레스테롤이 갑자기 회복세로 돌아섰다.

"완벽하게 지키지 않았는데도 결과가 좋구나. 추수감사절과 크리스마스가 있었고 친구들과 피닉스 여행까지 갔거든. 무엇보다 영원히 이렇게 먹어도 좋겠다 싶은 느낌이 제일 좋구나."

엘리자베스도 몇 개월간 저탄수화물 식사를 한 후 병원에서 당화혈색소A1C 검사를 받았다. 동생이 말했다.

"A1C 수치는 기대에 못 미치지만 확실히 전보다 나아지고 있어. 어쨌든 기분이 정말 좋아. 미친 사람처럼 널뛰던 감정 기복이 사라졌거든. 밥을 먹고 나서 정신을 잃지도 않아."

안타깝게도 엘리자베스는 얼마 후 한 프로그램의 파일럿 방송을 찍으러 부다페스트로 떠나야 했다. 그곳에서 동생은 저탄수화물 식사를 하기가 어려웠지만 그래도 이 방법을 시도하지 않았을 때보다 건강한 식사를 했다. 마침내 출장이 끝날 무렵 이런 메일이 왔다.

보낸 사람: 엘리자베스

마지막 촬영일이야. 지난주에는 완전히 무너졌어. 튀긴 음식까지는 아니어도 빵이랑 과자가 널려 있었지. 그냥 너무 피곤했어. 한밤중에 눈은 오지, 추운 데다 늘 마시는 커피도 없지. 이성을 잃고 말았어. LA로 돌아가면 저탄수화물 식사를 다시 시작할 거야!

막상 집에 돌아오자 엘리자베스는 저탄수화물 식습관으로 쉽게 돌아가지 못했다. 몇 주 후 내가 어떻게 되고 있느냐고 묻자 동생은 힘없이 말했다.

"녹록치 않네. 나아지고 있긴 하지만 예전 같지 않아. 85퍼센트쯤 돌아왔어."

"왜 전보다 더 어려울까?"

"모르겠어. 그냥 잘 되질 않아. 지난번에는 내가 치즈 크래커 같은 음식을 얼마나 좋아했는지 잊었던 것 같아. 그런데 먹기 시작하자 그 맛이 기억나서 포기하기가 힘들어."

"운동 수업을 빼먹으면 자유 시간을 한 시간 얻는 것과 같은 이치구나."

"바로 그거야."

내가 첫걸음 전략을 연구하며 발견한 습관의 '정지점'과 정확히 맞아떨어지는 상황이었다. 처음 습관을 바꾸려고 노력할 때는 힘이 들지만 기대감에 부풀어 있다. 그러나 가장 설레는 순간이 지나고 두 번째로 도전할 때는 습관의 단점이 더 뚜렷하게 보이면서 결심이 흔들리고 만다. 여기에다 내가 뒤처지고 있다는 느낌까지 들면 의욕이 완전히 꺾여버린다.

사실 나는 저탄수화물 식사가 어렵지 않았다. 내 입맛은 보수적이라 새로운 맛을 즐기지도 않았고 다른 사람처럼 온갖 음식이 먹고 싶었던 적도 없었다. 또한 내가 저탄수화물 식습관을 쉽게 받아들인 이유 중 하나는 다음으로 알아볼 전략, 즉 포기 전략 덕분이었다.

Better
than
Before

Part 4

현명하게
노력하는 방법

우리는 좋은 습관을 원하는 한편 더 편하고 즐거운 인생도 놓치고 싶어 하지 않는다. 파트 4에서는 그처럼 삶의 목표가 상충할 경우를 대비한 전략을 알아본다. 포기 전략, 편의 전략, 불편 전략에서는 어떻게 하면 노력의 강도를 조절하며 습관을 들일 수 있는지 소개한다. 안전장치 전략, 맹점 포착 전략, 관심 전환 전략에서는 습관을 지키지 못하고 유혹에 빠지는 문제를 해결한다. 이어 보상 전략, 선물 전략, 짝짓기 전략은 쾌락을 활용해 습관을 굳히는 방법에 초점을 맞춘다. 핑계나 자기합리화의 싹을 제거하고 습관을 들이는 과정을 최대한 즐겁게 만들면 습관은 어느덧 우리 몸에 밸 것이다.

욕구에서
자유로워져라

고통이 따르는 쾌락은 포기하라.
푸블릴리우스 시루스

안 된다는 사실을 알면서도 와인 한 잔, TV 한 시간, 충동구매의 유혹은 뿌리치기 힘들다. 내가 다니던 고등 학교에서는 졸업반 학생들이 금요일 아침마다 도넛을 팔아 졸업 파티 기금을 모으는 전통이 있었다. 나도 친구들과 번갈아가며 매주 아침 도 넛을 날랐다. 낡은 주유소를 개조한 라마스 도넛LaMar's Donuts 은 외관은 허름했지만 도넛 맛은 캔자스 시 전체에 소문이 자자했다. 나는 도넛 을 운반할 차례가 올 때마다 고뇌에 빠졌다. 묵직한 도넛 상자 몇 개를 가져가는 동안 처음에는 도넛을 한 입만 베어 물었다. 다음에는 4분의

1을 먹고, 다음에는 절반, 그다음에는 그냥 다 먹어버렸다. 그것도 모자라 하나를 더 집어 먹었다. 언제나 그랬듯 유혹에 굴복한 후에는 늘 적당히 조절하겠다고 마음먹었지만 결국 나를 완전히 놓아버렸다.

"절제하라. 유혹에 빠지지 말되 완전히 거부하지도 마라. 그러면 더욱 절제를 잃고 유혹에 빠져들 것이다."

이것은 우리가 조언으로 자주 듣는 유혹에 대처하는 법이다. 이 말처럼 나는 오랫동안 적당히 유혹에 빠지는 전략을 시도했다가 백이면 백 모두 실패했다. 라마스 도넛 말고도 한두 가지가 아니었다. 어찌된 일인지 나는 유혹에 절대 굴복하지 않아야 맞서기가 쉬웠다. 전문가들은 하나같이 그렇게 하면 역효과가 난다고 했지만 내게는 오히려 그 방법이 통했다. 왜 그런 걸까?

그 답은 내가 좋아하는 18세기 에세이 작가 새뮤얼 존슨이 무심코 했던 말에 숨어 있다. 존슨 박사는 "와인을 조금만 마셔보게."라며 끈질기게 권유하는 친구에게 이렇게 말했다.

"나는 조금만 마실 수는 없다네. 그래서 일절 손을 대지 않지. 나는 절제하기가 어려운 사람이라 차라리 포기하는 편이 낫다네."[1]

나도 그랬다. 존슨 박사처럼 나도 '적당히' 유혹에 빠지느니 '완전히' 포기하는 편이 더 쉽다. 그런데 이러한 개인의 성향은 습관에 막대한 영향을 미친다.

습관을 연구하다 보니 몇 가지 상충 관계가 계속 눈에 띄었다. 있는 그대로의 나를 받아들일 것인가, 나 자신에게 더 많은 기대를 걸 것인가? 현재를 받아들일 것인가, 미래를 생각할 것인가? 나를 생각할 것인가, 내 존재를 잊을 것인가?

습관을 들이려면 욕구를 포기해야 하는 경우가 많다. 이럴 때 우리를 끊임없이 괴롭히는 문제는 '어떻게 하면 박탈감을 느끼지 않고 욕구를 거부할 수 있을까?' 하는 점이다. 박탈감은 습관에 치명적이다. 사람은 박탈감을 느끼면 그에 마땅한 보상을 받고자 하고 그 과정에서 좋은 습관은 흔들리기 일쑤다.

박탈감을 느끼지 않고 욕구를 거부하는 한 가지 방법은 완전히 포기하는 것이다. 희한하게도 나는 완전히 포기할 때 박탈감을 전혀 느끼지 않는다. 나와 같은 포기형은 욕구를 포기하면서 에너지와 자제력을 아낀다. 결정을 내리고 자제력을 발휘할 일이 아예 사라지기 때문이다. 이런 '포기형'은 모 아니면 도인 습관을 잘 지킨다. 반대로 '절제형'은 적당히 욕구를 충족시킬 때 성과가 좋은 사람들이다.

포기 전략Strategy of Abstaining 은 상식에 어긋나 보이고 보편적이지도 않다. 또한 모든 사람에게 통하는 방법도 아니지만 나 같은 사람에게는 더없이 유용하다. 포기형인 내가 욕구를 절제하려면 속으로 소모적인 논쟁을 벌여야 한다. 어디까지 해도 될까? 지금 하는 일도 포함해야 하나? 어제 했는데 오늘 또 해도 될까? 오스카 와일드의 소설《도리언 그레이의 초상》에는 "유혹을 없애는 유일한 방법은 그것에 굴복하는 거죠."[2]라는 말이 나온다. 일단 굴복하면 유혹에 빠져도 되는지 아닌지, 왜 빠져도 되는지, 언제 해야 하는지 등 머릿속에 떠도는 온갖 생각이 멈추기 때문에 마음이 편해진다. 유혹을 포기할 때도 머릿속의 소음은 사라진다. 나는 '접근 금지'라고 결정한 것에는 마음이 혹하지 않는다. 자제력이 부족하긴 해도 경험한 적이 없는 일은 습관적으로 거부한다.

한번은 포기 전략으로 식습관을 바꿨다는 청년과 대화를 나눈 적이 있다. 호리호리한 그는 얼마 전까지만 해도 과체중이었다고 말했다.

"우선 유제품을 포기했어요. 그리 어렵지 않았지요. 커피에 우유를 넣지 않고 아이스크림도 먹지 않습니다. 다음에는 쌀, 그다음에는 빵을 포기했어요. 그럴 때마다 이걸 영원히 포기하겠다고 결심했습니다. 어떤 음식을 끊어도 죽을 만큼 힘들지 않았고 더 이상 먹고 싶다는 생각도 들지 않아요."

한 블로그 독자도 그의 말에 동의했다.

"어떤 문제를 두고 계속 우왕좌왕하는 것보다는 포기하고 다시는 생각하지 않는 쪽이 더 쉬워요. 포기하면 생각하느라 진을 뺄 일이 없죠."

물론 포기형은 소수에 불과하다. 절제형은 가끔 유혹에 빠져야 더 만족하고 결심을 굳게 지킬 수 있다고 생각한다. 무언가를 '영원히' 갖지 못하거나 하지 못한다고 생각하면 어쩔 줄 모르고 반항심이 든다. 이러한 절제형이 습관을 지키려면 엄격한 규칙을 피해야 한다. 한 절제형은 이렇게 썼다.

"가끔은 돈을 펑펑 써도 된다고 하면 기회를 놓쳤다는 기분이 들지 않습니다. 하지만 '안 돼'라는 말을 들으면 더 하고 싶어져요."

절제형은 아예 포기하려는 시도를 하지 말아야 한다. 그들은 욕구를 부정할수록 더 손에 넣고 싶다는 생각에 사로잡힌다. 한 절제형 친구가 말했다.

"나는 금식을 해야 할 때 첫날 아침 9시에 음식을 잔뜩 먹어둬. 평소에는 아침을 거르고도 몇 시간이나 견딜 수 있지만 금식하는 날에는 무조건 아침을 먹어야 해."

포기형과 절제형은 서로의 방식에 대해 손가락질을 한다. 언젠가 절제형 영양사에게 그동안 귀에 못이 박이도록 들은 조언을 또 들었다.

"욕구를 거부하다니 실수하는 거예요. 80 대 20 규칙대로 하루의 80퍼센트는 건강한 생활을 하고 20퍼센트는 정당한 근거 안에서 욕구를 충족시키세요."

100퍼센트 규칙을 더 쉽게 따르는 포기형 성향이 있다고 설명해도 그녀는 믿지 않았다. 흥미롭게도 내가 만난 영양사는 거의 다 절제형이었다. 절제형은 '그렇게 피곤하게 살면 몸에 좋지 않아', '스스로 절제하는 법을 배우는 것이 더 좋지 않을까'라며 내 방법을 인정하지 않는다. 모순일지 모르지만 나는 포기 전략으로 습관을 지켜야 덜 피곤하고 마음이 편안하다. 오히려 나는 절제형에게 '계속 눈속임을 하면서 발전을 기대하면 안 되지', '지금 당장 끊지 그래?'라고 말하고 싶다. 이렇듯 모든 사람에게 통하는 단 하나의 정답은 없다. 각자에게 맞는 방법을 찾으면 그만이다.

포기형과 절제형은 행동도 굉장히 다르다. 한 절제형이 내게 말했다.

"저는 한 달에 한두 번쯤 진짜 맛있는 초콜릿을 사서 매일 오후에 한 조각씩 먹어요."

"더 먹고 싶지는 않아요?"

"아뇨, 딱 한 조각이면 충분합니다."

내게 하루 초콜릿 한 조각은 있을 수 없는 일이다. 달랑 한 조각만 입에 넣는다면 남은 하루 동안 초콜릿 생각에서 벗어나지 못할 것이다. 사실 '초콜릿을 매일 한 조각씩만 먹을 수 있는가?'라는 질문은 포기형과 절제형을 확실히 구분하는 방법이다. 이 질문을 해보면 절제형은 모두 초콜릿을 보관해두고 한 조각씩만 먹는 듯하다.

나는 절제형 친구와 대화하다가 구분 방법을 하나 더 발견했다. 친구는 이렇게 말했다.

"좋아하는 아이스크림 가게에서 선데이 아이스크림을 사 먹었어. 맛이 있긴 했는데 어느 정도 먹고 나니 맛이 느껴지지 않더군. 나머지는 그냥 버렸어."

나는 믿기 어렵다는 듯한 표정을 지으며 말했다.

"난 평생 아이스크림을 남긴 적이 없는데."

절제형은 첫입에 가장 강한 맛을 느끼고 갈수록 쾌감이 줄어들어 다 먹기도 전에 남기는 경우가 있다. 반면 포기형은 두 번째, 세 번째 욕구도 처음의 한 입과 마찬가지로 강하다. 심지어 더 강해져 하나를 더 먹고 싶어 한다. 다시 말해 포기형은 무언가를 얻으면 더 갖고 싶어 하지만 절제형은 일단 손에 넣으면 갖고 싶은 마음이 줄어든다. 포기형인 나는 '한 입 더 먹는다고 뭐가 달라져?', '맛을 보고 싶었을 뿐이야' 같은 '한 입' 논쟁에 지지 않아야 한다는 사실을 배웠다. 프랑스 작가 라로슈푸코가 한 말이 있다.

"첫 번째 욕구를 가라앉히는 것이 이후에 따르는 모든 욕구를 충족시키는 것보다 더 어렵다."[3]

포기 전략은 그 밖의 습관에도 효과적이다. 특히 도저히 절제할 수 없다고 느낄 때 이보다 더 좋은 방법은 없다. 예를 들어 많은 사람이 전자기기 사용을 자제하는 데 포기 전략을 이용한다. 한 친구는 러즐 Ruzzle 이라는 단어 게임에 빠져 매일 자기 전에 습관처럼 휴대전화로 게임을 했다. 그 친구가 내게 말했다.

"이 게임을 끊어야 했어. 일이랑 애들 때문에 바빠서 책 읽을 시간이 잠자기 전밖에 없는데 그 시간에 게임을 하고 있었어. 중독 수준이었지. 휴가 동안 읽을 책을 네 권 사놓고 생각했어. 러즐을 그만두지 않는 한 이 책들을 절대 읽지 못할 거라고."

"나중에 다시 할 거니?"

"아니. 갖고 있는 모든 기계에서 앱을 삭제했어."

"한 번에 20분이나 일주일에 몇 번으로 줄일 수는 없었어?"

"무리야."

한 남자는 내게 이런 말을 했다.

"대학원에 다닐 때 비디오 게임을 끊을 걸 그랬어요. 게임만 하지 않았어도 박사 논문을 1년 이상 쓰지는 않았을 겁니다. 언제나 '조금만 더, 조금만 더' 했어요."

어느 블로그 독자도 이렇게 썼다.

"로마에서 남편과 어렵게 지낼 때 돈을 한 푼, 두 푼 세면서 살았어요. 스페인 계단 근처에 고급 패션 거리가 있었는데 눈요기가 제 낙이었죠. 어차피 아무것도 사지 못하니 그냥 즐겁게 돌아다니며 예쁜 옷을 보고 감탄했답니다. 질문할 것도, 결정할 것도, 생각할 것도 없었어요. 강제로 포기형이 된 거죠."

포기형 중에서도 나 같은 부류는 거부하고 싶은 욕구를 완전히 포기한다. 반면 그처럼 철저하지 않은 포기형도 있다. 대표적으로 내 아버지는 '대체로' 포기하는 성향이다. 몇 달 동안 저탄수화물 식사를 그럭저럭 지키는 아버지를 보고 내가 물었다.

"가끔 디저트도 드시고 와인이랑 위스키도 마시잖아요. 그러다 건강한 식습관을 잃을까 봐 걱정되지 않으세요?"

만일 내가 그렇게 했다가는 실패할 게 뻔했다. 하지만 아버지는 전에도 몇 번이나 했던 얘기를 또 들려주셨다.

"아니, 영원히 이렇게 먹을 자신이 있어. 나는 몇 가지 예외를 허용하는데 탄수화물이 많이 든 음식을 먹으면 다음 식사 때 저탄수화물 식사를 한단다. 어렵지 않아."

자신의 성향을 제대로 파악하면 자기에게 잘 맞는 전략을 이용할 수 있다. 이 말은 곧 다른 방법이 옳다고 고집하는 사람들을 무시해야 한다는 뜻이기도 하다. 어떤 사람은 상황에 따라 포기형과 절제형을 오간다. 한 친구가 고백했다.

"내 약점은 맥앤치즈야. 일단 한 입 먹으면 다 해치워야 하지. 그렇지만 포테이토칩 같은 건 몇 개 집어 먹는 것으로 충분해."

또 다른 친구는 이렇게 말했다.

"와인을 아예 마시지 않거나 세 잔은 마실 수 있지만, 한두 잔은 절대 안 돼. 그리고 나는 케이크를 반 조각 먹는 게 가능하지만 내 아내는 절대 그렇게는 못한대."

한편 포기형이든 절제형이든 박탈감을 느끼지 않으려고 과소비를 할 때가 있다. 한 친구는 가능한 선에서 가장 비싼 와인만 산다.

"싸구려는 한 입에 털어 넣지만 비싼 와인은 천천히 한 모금씩 맛을 즐겨. 한 병을 다 마시자마자 다음 병을 따는 일도 없지."

다른 친구도 말했다.

"책을 미친 듯이 사들여서 집에 공간이 부족하지만 그만 사고 싶지는 않아. 물론 이제는 초판만 사지. 책을 사는 즐거움을 포기하지 않고 사는 양만 줄인 거야."

포기형과 절제형에게는 일정 시간 동안 욕구를 참고 포기하며 '금욕적 쾌락'을 느낀다는 공통점이 있다. 영국 작가 뮤리엘 스파크Muriel Spark는 "희생하는 기쁨도 그 자체로 기쁨이다."[4]라고 했다. 때때로 우리는 금식, 클렌즈cleanse, 전자기기 끊기, 피정避靜, 종교 의식을 통해 욕구를 잠깐 포기하며 만족을 느낀다. 안식일 지키기, 유대교의 코셰르kosher(율법에서 부정하지 않다고 규정한 음식—옮긴이) 따르기, 지역 상권 후원하기 등 보다 뜻 깊고 초월적인 가치를 위해 욕구를 포기할 때는 더욱 즐거워한다. 설령 즐겁지 않아도 어쨌든 불편함을 감수한다.

스스로 기대치를 세우고 충족시키는 금욕적 쾌락을 경험하면 자제력을 단련할 수 있다. 가령 짧은 기간 동안 어떤 욕구를 포기해보자. 자신이 그것을 얼마나 좋아했는지 새삼 깨닫게 될 것이다. 패션계에서 일하는 한 친구는 '컬러 클렌즈'를 하며 일주일 동안 무채색 옷만 입었다. 이처럼 색이나 커피, 신용카드를 잠시 포기하면 그것의 소중함을 알게된다. 어떤 때는 잠깐 포기해본 뒤 그 습관이 없어야 더 행복하다는 사실을 깨닫기도 한다.

엘리자베스가 한동안 저탄수화물 식습관을 시도했을 때 출장차 로스앤젤레스에 간 나는 동생네 집에 며칠 머물렀다. 첫째 날 아침, 나는 커피 잔을 채우며 동생에게 요즘 어떻게 먹고 있느냐고 물었다. 엘리자베스는 한숨을 쉬었다.

"그냥 그래. 언니는 탄수화물을 포기해도 괜찮은지 모르겠지만 나는 더 다양한 음식을 원한단 말이야. 가끔은 파스타나 피자가 먹고 싶어. 사실 난 포기형인가 봐. 내 약점인 포테이토칩을 완전히 끊었어."

"네가 포기형이라고?"

나는 입을 다물지 못했다. 내 생각에 엘리자베스는 절제형의 표본이었다.

"응, 알고 보니 완전히 포기하는 편이 더 간단하더라고. 내가 절제하지 못하는 몇 가지가 있어. 그런 애들은 차라리 포기하고 말아."

"항상 욕구를 거부해야 하는데 괜찮아?"

나는 자신에게 '안 돼', '그만둬', '절대 하지 마' 같은 말을 해도 상관없는 성격이지만 구속을 싫어하는 엘리자베스는 긍정적으로 결심해야 성과가 좋았다.

"내 욕구를 거부하지는 못하지. 나는 긍정적으로 '이제 나는 포테이토칩에서 벗어났다'라고 생각해."

"바로 그거구나! 결정과 죄책감에서 벗어나기! 빵 바구니와 사탕 단지에서 벗어나는 거야."

그날 이후 나는 자각하지 못할 뿐 사실은 포기형이 많다는 결론을 내렸다. 사람들은 포기한다는 말이 답답하고 부담스러워 제대로 절제하지 못하면서도 자신을 절제형이라고 짐작한다. 그런데 일반적인 생각과 달리 그보다는 포기 전략을 더 쉽게 받아들이는 사람이 많다.

연구 결과를 참고하고 주변의 경험에 비춰 생각해보니 사람은 무언가를 탐하지 않을수록 갖고 싶은 마음이 줄어들었다.[5] 영영 이루지 못한다고 믿으면 간절한 욕구도 줄어든다. 갈망은 부정할 때보다 가능성을 느낄 때 더 커지기 때문이다. 미국의 심리학자 윌리엄 제임스는 "영

원히 충족되지 않을 욕망이 얼마나 빨리 말라붙어 사라지는지 놀라울 따름이다."라고 말했다.[6]

한 연구진은 흡연하는 승무원을 대상으로 단거리 비행(3~5시간 30분)과 장거리 비행(8~13시간)의 흡연 욕구를 비교했다.[7] 비행 거리와 상관없이 승무원들의 욕구는 비행기가 착륙하기 직전에 증가했다. 즉, 얼마나 오래 포기하든 시간은 흡연 욕구와 상관이 없었다. 중요한 것은 비행이 끝나가고 있고 곧 담배를 피울 수 있다는 사실이었다.

나는 포기 전략으로 훨씬 수월하게 몇 가지 어려운 습관을 들일 수 있었다. 포기하는 것은 생각보다 어렵지 않다. 물론 이 방법이 누구에게나 통하는 것은 아니지만 모든 사람에게 유용한 습관 전략은 어디에도 없으니 자신에게 맞을 것 같은 해결책을 시험해보고 적용하면 된다.

습관을 들이려고 노력할수록 내게 어떤 확신이 생겼다. 그것은 하나의 습관에 여러 전략이 함께 작용해야 성공 확률이 높다는 점이다. 나는 섬광 전략으로 탄수화물을 포기할 마음이 생겼고, 포기 전략으로 저탄수화물 식습관을 쉽게 들였다. 그리고 관찰 전략으로 내가 어떤 음식을 먹고 있는지 확인했다. 습관을 바꾸는 과정은 단순하긴 해도 결코 간단하진 않다. 그러나 그 방법들이 이전보다 나를 더 건강하고 행복하게 해준다면 한 번 해볼만 하지 않을까?

Lesson 11

편리해야
실행 가능하다

사람의 내면만 바꾸면 된다는 믿음이 널리 퍼져 있다.
문제가 있으면 전적으로 당사자의 책임이고 그 사람만 마음을 바꾸면
문제가 해결된다는 것이다. 그러나 인간은 주위 환경의 영향을 받으며 성장하는
존재이므로 환경과 발을 나란히 해야 몸과 마음이 조화를 이룬다.

크리스토퍼 알렉산더, 《영원의 건축》

나는 종종 "습관의 어떤 점이 가장 놀라운가요?"라는 질문을 받는다. 내가 가장 놀랍게 생각하는 한 가지는 사람이 단지 편리하다는 이유로 습관을 바꾼다는 점이다. 습관의 성패는 어떤 행동을 습관화하는 데 얼마만큼의 노력과 시간이 필요하고 또 얼마나 많은 결정을 내려야 하는가에 따라 달라진다. 우리는 정말 놀라울 정도로 편한 습관을 잘 지키고 불편한 습관을 쉽게 어긴다.

그러므로 습관화하고 싶은 행동이 있으면 그 행동이 내게 편해지도록 만들어야 한다. 나는 쓰레기통을 현관문 바로 옆에 둔 뒤 우편물 정

178

리가 편해지면서 더 이상 미루지 않았다. 페이스북, 스카이프, 페이스타임, 그룹 채팅처럼 편리한 연락 수단이 생긴 이후 멀리 떨어져 사는 가족과 더 가까워졌다는 사람도 많다.

엘리자베스는 편의 전략Strategy of Convenience 을 이용해 식습관을 바꿔보기로 했다. 부다페스트 촬영을 마치고 돌아온 후 동생은 혈당 수치가 치솟고 저탄수화물 식습관이 뜻대로 되지 않는 현실에 직면했다. 주치의가 빨리 조치를 취해야 한다고 말하자 엘리자베스는 건강한 식습관을 지키지 못하는 사람들을 위한 완제품 도시락에 도전했다.

보낸 사람: 엘리자베스

요즘 다이어트 도시락을 먹고 있어. 애덤도 같이 하겠대. 저탄수화물 식사를 (잠깐이지만) 그만둬야 해서 속상해. 헝가리에서 악화된 당뇨병부터 바로잡아야겠어. 이 방법으로 먹다가 저탄수화물 식사로 돌아가려고 해. 어휴.

비록 이것은 저탄수화물 식단이 아니었지만 식사량이 정해진 도시락이라 탄수화물을 적게 섭취하는 방법이기도 했다. 새로운 일이 생기면서 더 바빠진 엘리자베스는 혈당 수치를 관리하며 스트레스도 감당해야 했으므로 누구보다 편리한 전략을 선택한 것이다.

엘리자베스가 새 일을 시작한 첫날 나는 전화로 동생에게 경과를 물었다.

"언니, 계획대로 잘 지키고 있어."

"그 방법이 효과가 있구나. 왜 그렇다고 생각해?"

"편리하기 때문이지."

엘리자베스는 편의 전략으로 습관을 크게 바꿨다. 아주 조금만 편리해져도 식습관은 많이 달라진다. 음식을 국자가 아니라 집게로 덜어 먹으면 더 적은 양을 먹는다. 한 카페테리아에서는 아이스크림 냉장고 뚜껑을 열어놓았을 때는 손님의 30퍼센트가 아이스크림을 샀지만, 뚜껑을 직접 열어야 했을 때는 14퍼센트만 샀다고 한다.[1]

편의 전략은 모든 행동을 좌우한다. 돈을 쓰기에 편리한 환경에 놓이면 우리는 망설임 없이 지갑을 꺼낸다. 그래서 상인들은 늘 소비자가 더 편리하게 돈을 내도록 할 방법을 고안한다. 계산대 옆에 충동구매 욕구를 불러일으키는 상품을 진열하고 신용카드 사용을 장려하는 것도 같은 이유에서다. 인터넷 쇼핑몰에서는 정보를 한곳에 모아 보여주면서 클릭 한 번으로 구매 버튼을 쉽게 누를 수 있게 한다. 호텔은 이용하기 편한 객실 미니바에 고가 상품을 넣어둔다. 요즘에는 테이블 위처럼 바로 눈에 띄는 곳에 상품을 놓는 호텔도 있다. 그러니 4달러짜리 땅콩초콜릿을 아무 생각 없이 집어 드는 것이다.

반면 편의 전략으로 돈을 아낄 수도 있다. '작은 변화'를 좋아하는 한 독자의 말이다.

"저는 열다섯 살 때부터 동전을 저금통에 넣었어요. 저금통이 꽉 차면 동전을 털어 입금했죠. 지금까지도 이 습관을 유지하고 있습니다. 저금통도 50년 전에 썼던 것 그대로예요. 이렇게 하면 매년 300~400달러의 휴가 비용이 모입니다."

편의 전략의 힘을 빌려 인간관계의 폭을 넓히고 우정을 돈독히 할 수도 있다. 친구를 많이 사귀고 싶다면 많은 사람을 편하게 자주 만나야 한다. 우리의 친구는 대부분 직장이나 학교, 이웃에서 자주 만나는 사람이다. 이처럼 반복적으로 자주 만날수록 친밀감이 높아지는 '단순 노출 효과'mere exposure effect가 나타난다. 예를 들어 주기적인 모임에 참석하면 여러 사람을 편하게 자주 만날 수 있다.

모임은 여러 사람을 한자리에서 만나는 기회이며 한 번 빠져도 다음에 다시 볼 수 있다. 또 이 사람 따로, 저 사람 따로 골치 아프게 약속을 잡을 필요도 없다. 아직 잘 모르는 사람과 시간을 보내면서 자연스럽게 발을 넓히는 것도 가능하다. 사실 학교를 졸업하면 친구를 새로 사귀기가 쉽지 않으므로 모임을 활용하는 것이 좋다.

운동의 경우, 다음과 같이 불편한 상황이 생기면 규칙적으로 운동하기가 힘들다.

- 집을 나설 때 운동용품을 챙기기가 귀찮다.
- 헬스클럽까지 운전한 다음, 주차하기가 귀찮다.
- 운동하는 데 시간이 너무 많이 걸린다.
- 인기 있는 클래스에 자리가 나기를 기다리거나 기구를 사용할 차례까지 기다리기가 싫다.
- 기구를 사용하는 법이나 운동하는 법을 모른다.
- 필요한 물건을 늘 두고 온다.
- 샤워하기가 귀찮다.

'불편해서 운동을 못하겠어'라고 생각하면 편하게 운동할 방법을 찾기 어렵지만, 왜 운동이 불편한지 알아내면 해결책이 보인다. 즉, 문제의 본질을 파악하는 게 중요하다.

편리한 운동 방법을 찾아 운동하는 습관을 들이려면 각자의 문제부터 해결해야 한다. 헬스클럽이 문제가 아니라 거기까지 가는 것을 귀찮아하는 사람도 있고, 운동이 싫은 것이 아니라 헬스클럽에서 운동하는 상황을 부끄러워하는 사람도 있다. 한 독자도 자기 나름대로 문제를 안고 있었다.

"제가 다니는 헬스클럽은 지점이 많아서 불편합니다. 집에서 가는 지점, 직장이나 여자 친구 집에서 가는 지점이 제각각이라 늘 준비물을 빠뜨립니다. 그래서 아예 운동화, 싸구려 양말을 여러 개 사서 지점마다 보관하지요."

편하게 운동하려고 가정용 운동기구를 사는 사람들처럼 나도 그래 볼까 생각한 적이 있다. 하지만 운동기구를 산다고 그것을 꼭 이용한다는 보장은 없다. 《컨슈머 리포트》에 따르면 가정용 운동기구 구매자의 30퍼센트 이상이 기대만큼 사용하지 않는다고 한다.[2] 한 독자가 내게 솔직한 글을 남겼다.

"따지고 보면 집 밖으로 나가기만 해도 운동은 할 수 있지요. 그런데 자꾸만 멋진 운동화를 사고 운동법을 제대로 익혀야 운동할 수 있다는 생각이 듭니다."

헬스클럽 이용자에게는 비용도 편한 운동과 불편한 운동을 구분 짓는 요소다. 공짜로 운동하는 기분이 들면(실제로는 공짜가 아니어도) 운동하기가 편하다고 생각한다. 사실 회원 등록을 한 사람의 70퍼센트는 운동을 지속하지 않으므로[3] 한 달 치를 미리 내기보다 방문할 때마다 이용료를 지불해야 돈을 아낄 수 있다. 그런데 매번 돈을 내면 운동할 때마다 돈이 드는 느낌이지만 한 달 치를 미리 내면 한 달 동안 공짜로 운동하는 기분이 든다.

나는 편의 전략으로 습관 환경을 개선하는 방법을 더 찾아내고 싶었다. 그래서 이메일 습관에 편의 전략을 써보기로 했다. 사무직 종사자는 하루 근무 시간의 28퍼센트를 이메일 업무에 쏟는다고 하는데[4] 나는 그보다 더 오래 걸린다. 고심 끝에 나는 이메일을 쓸 때 인사말과 맺음말을 빼기로 했다. 그동안 이메일을 옛날 편지처럼 고리타분하게 써왔기 때문이다.

안녕, 피터.
보내준 링크 잘 받았어. 지금 당장 기사를 읽어볼게.
오늘도 좋은 하루를 보내길 바라며,
그레첸.

이 이메일은 아래의 메일보다 손이 더 많이 간다.

고마워! 지금 당장 기사를 읽어볼게.

첫 번째 이메일은 격식이 있고 정중하지만 두 번째 이메일은 같은 어조에 같은 정보를 전달하면서도 훨씬 빠르게 쓸 수 있다.

이메일 습관을 바꾸기까지는 상당한 연습이 필요했다. 나는 '안녕'을 썼다가 의식적으로 지웠고 줄임말 없이 보내기 버튼을 눌렀다. 그런데 이메일 습관을 바꾸고 얼마 지나지 않아 한 독자가 가시 박힌 답장을 보내왔다.

"첫머리에 '안녕하세요, 리사'라고 쓰거나 마지막에 인사를 하지 않았다는 점이 눈에 띄네요. '궁금한 점이 있다면 언제든 연락주세요' 같은 말도 없고요. 무례했다면 죄송하지만 정말로 궁금해서 그래요. 바빠서인가요(그건 이해가 갑니다), 아니면 원래 스타일이 그런 건가요? 책만 읽었을 때는 훨씬 더 친절하고 낙천적인 분인 줄 알았어요."

이럴 수가! 애써 좋게 포장했지만 분명 '당신은 불친절한 사람이군요'라는 말이었다. 당혹스러웠지만 나는 정성스럽게 인사하던 습관으로 돌아갈 생각이 없었다. 아무튼 나는 독자들의 메일에 신속하게 답장을 보내고 싶었고, 그것은 메일 쓰기를 최대한 편하게 만들지 않고는 불가능했다. 습관은 자신의 가치관을 반영해야 한다. 나는 그 독자에게 아주 친절한 말투로 해명을 했으나 이번에도 인사나 맺음말은 쓰지 않았다.

나는 편의 전략을 적용할 습관을 더 찾아 나섰다. 때로는 적당히 돈을 써야 습관이 편해진다. 가령 나는 돈은 좀 더 들어도 아몬드를 30그램씩 나눠 48개로 구성한 제품을 구매했다. 늘어난 포장지가 자원 낭비 같고 대용량을 사서 직접 나누지 그랬느냐는 시어머니의 핀잔도 있었지만 먹는 양을 편리하게 조절한다는 점에서 훌륭한 선택이었다. 또 휴대전화 충전 습관이 더 편해지도록 충전용 코드를 하나 더 샀다. 충전할 공간이 하나 더 생긴 이 작은 변화로도 내 삶은 몰라보게 행복해졌다. 한 독자는 이렇게 썼다.

"저는 해가 진 뒤에야 간신히 운동할 시간이 나지만 그때는 산책하기가 힘들었습니다. 그런데 가로등이 환한 아버지 댁에서 몇 주 머무는 동안 아버지와 산책하며 저녁 산책의 즐거움을 맛봤습니다. 그제야 저는 우리 동네에는 가로등이 없어서 밤에 위험하다는 '문제의 본질'을 파악했고, 형광 조끼와 LED 띠를 산 뒤로 습관이 확 바뀌었습니다."

그렇지만 나 같은 저소비족은 편해지기 위해 돈을 더 쓰는 것이 그리 쉽지 않다. 나는 편한 습관을 위해서라면 돈을 투자할 가치가 있다고 나 자신을 일깨워야 했다. 몇 년 동안 나는 헬스클럽이 겨우 여섯 블록 거리라는 이유로 라커를 빌리지 않았다. 그러나 운동용품을 몽땅 짊어지고 다니려니 헬스클럽에 가는 길이 불편해지면서 발길이 뜸해졌다. 그러다 마침내 '운동은 꼭 필요해. 라커는 비싸지도 않고 자주 쓸 거잖아. 당연히 지금보다 훨씬 편할 거야. 여기에는 돈을 써도 아깝지 않아'라고 생각을 바꿨다. 자신이 요리를 싫어한다고 생각한 어느 독자는 알고 보니 싫어한 것은 요리가 아니라 장보기였다고 말했다. 돈을 좀 더 쓰더라도 온라인으로 편하게 장을 보자 요리할 마음이 생겼다고 한다.

편의 전략으로 습관을 바꾸는 방법을 찾아다닐수록 한 현상이 눈에 들어왔다. 즉, 습관이 즐거워야 지키기 쉽다는 특징을 이용하는 사람과 제도가 의외로 많았던 것이다. 착각인지도 모르지만 습관은 더 화려하고 재미있고 만족스러울 때 쉽고 편해진다.

계단이 승강기나 에스컬레이터보다 건강에 더 좋다는 사실을 모르는 사람은 없지만 대개는 계단을 오르내리지 않는다. 그런데 스웨덴의 한 지하철역에서 이용객이 밟으면 음을 연주하는 피아노 건반 계단을 만들자 계단 이용률이 66퍼센트나 늘었다.[5] 네덜란드의 스히폴 공항에서는 소변기 배수구 위에 파리 그림을 그려 넣었는데 이후 남성들이 파리를 조준하기 시작했다. 파리 그림 덕분에 소변이 옆으로 튈 확률은 80퍼센트나 낮아졌다.[6] 전자기기나 앱 디자인은 '게임화'Gamification 전략(게임의 재미, 보상 같은 요소를 다른 분야에 적용하는 기법—옮긴이)을 이용해 사람들의 습관 개선을 돕는다. 재미로 몇 번 한다고 습관이 저절로 굳어지지는 않겠지만 시작하는 계기로는 충분하다.

같은 맥락에서 환경이 마음에 들면 고된 일도 쉬워지고 도구가 편리하면 재미없던 일도 즐거워진다. 그 결과 습관은 강력해진다. 저소비족이자 잔일을 싫어하는 나는 인색할 정도로 돈을 쓰지 않는 편이지만 훌륭한 도구와 상쾌한 작업 환경에는 시간과 노력, 돈을 투자할 필요가 있다고 본다.

내게는 티켓, 초대장, 행사 정보, 학교 안내문 등을 '예정'이라고 적은 낡은 파일에 무작정 보관하는 습관이 있었다. 이 습관을 편하게 개선하기 위해 나는 월별로 열두 개의 파일을 만들기로 했다. 처음에는 내 성향대로 쓰다 남은 폴더 열두 개를 찾기 위해 집을 뒤지고 싶었지만 문득 '예쁜 폴더를 사면 파일을 정리하는 습관이 더 즐거워질 거야'라는 생각이 들었다. 나는 쇼핑은 싫어해도 사무용품을 구매하는 일은 좋아한다. 즐거운 마음으로 파일을 산 나는 딸에게 폴더마다 1월부터 12월까지 이름을 써달라고 부탁했다. 새 파일에서 일곱 살짜리가 조심스럽게 쓴 글씨를 볼 때마다 나는 행복을 느꼈고 규칙적으로 파일을 정리하는 습관을 더 잘 지켰다.

습관을 더 재미있고 편하게 만들기에 앞서 그 습관을 정말 지켜야 하는지 고려할 필요가 있다. 쓸모없는 일에 시간을 낭비하는 일이 얼마나 많은가. 내게도 불필요한 습관이 몇 개 있었다. 흔히 간과하지만 할 이유가 전혀 없는 일을 잘하는 것만큼 시간 낭비도 없다. 한 여성은 아무리 잔소리를 해도 가족이 툭하면 옷을 뒤집어서 세탁기에 넣는 버릇을 고치지 못한다고 불평했다. 그러다 가족이 아닌 자신의 습관을 바꿀 수 있음을 깨달은 뒤로는 아예 옷을 뒤집은 채로 빨아서 옷장에 넣는다.

나는 공과금 납부 방법을 자동이체로 바꿔 우편물 처리에 곤란을 겪지 않고 편리하게 공과금을 내고 있다. 때로 편해지려면 노력이 필요한 법이다. 이처럼 내가 행동할 필요도 없는 습관은 많은 시간이나 노력을 투자하지 않아도 보이지 않는 곳에서 유유히 앞으로 나아가고 있다.

한 친구가 눈에 보이지 않는 습관을 들인 경험담을 들려주었다.

"아이의 대학 등록금을 생각만큼 잘 모으지 못하고 있었어. 몇 년 동안 걱정만 하다가 자동 예금 계좌를 개설했어. 월급이 들어오면 자동으로 돈이 빠져나가는 거야. 전혀 의식하지 않아도 돈을 모으는 습관이 생긴 셈이지."

원하는 행동은 쉽게 만들고 원치 않는 행동은 어렵게 만들 필요가 있다. 이것은 습관의 성공을 가능케 하는 비밀 중 하나다.

내가 아닌
환경을 바꿔라

습관이란 실로 난폭하고 위험한 여선생이다. 습관은 우리 내부에서
은밀하게 권위를 조금씩 넓혀간다. 처음에는 차분하고 얌전하지만 시간이 흘러
권력을 장악하면 사나운 폭군 같은 모습을 드러낸다.
그 지경에 이르면 우리는 그 앞에서 눈조차 마주치지 못한다.
미셸 드 몽테뉴, 《몽테뉴 수상록》

좋은 습관이 편해지면 힘을 얻듯 나
쁜 습관을 불편하게 만들면 힘을 잃는다. 내가 불편 전략Strategy of Incon-
venience을 세우는 데는 그리 많은 시간이 필요하지 않았다. 편의 전략의
반대가 곧 불편 전략이기 때문이다.

습관을 불편하게 만들고자 할 때는 노력의 강도를 높이는 방법이 좋
다. 나는 알람 버튼을 끄는 습관을 없애려고 알람시계를 방 저편에 둔
다. 어떤 친구는 휴가 계획을 세우면서 리조트의 비즈니스 센터에서만
인터넷 사용이 가능한 리조트를 선택했다고 한다. 또 다른 친구는 컴퓨

터를 두 대 사용한다.

"하나는 작업용이고 다른 하나는 여가용이야. 일하다 놀고 싶으면 의자에서 일어나 여가용 컴퓨터 앞으로 가야 하지. 그랬더니 예전보다 허비하는 시간이 줄어들었어."

인스턴트 간편식을 먹지 않으려면 모순적이게도 덜 편리하게 만들어야 한다. 작가 마이클 폴란Michael Pollan은 이렇게 조언했다.

"정크푸드를 먹고 싶은 대로 먹어라. 단, 직접 요리해야 한다."[1]

수많은 나쁜 습관 뒤에는 충동이 숨어 있다.[2] 충동적인 사람은 당장의 욕구를 참지 못해 장기적인 목표를 세우는 데 애를 먹는다. 또 미리 계획하지 않고 설령 일을 시작해도 끝까지 해내지 못한다. 그뿐 아니라 자신감이 없으면 문제를 회피하고 일을 미루며 기분을 달래려 한다. 상대적으로 충동을 잘 견디는 사람도 있지만 모든 사람이 가끔은 즉각적인 만족에 굴복해 좋은 습관을 어긴다.

행동하기 어려운 일은 충동적으로 해내기가 어렵다. 따라서 불편 전략을 이용하면 좋은 습관을 지킬 수 있다. 다음은 어떤 일을 불편하게 만드는 여섯 가지 방법이다.

- 신체적·정신적으로 필요한 에너지의 양을 늘린다(휴대전화를 다른 방에 둔다. 건물 내부나 근처에서 흡연을 금한다).
- 그 일을 연상시키는 신호를 전부 감춘다(비디오 게임 컨트롤러를 높은 선반에 올려놓는다).
- 뒤로 미룬다(이메일을 오전 11시 이후에만 읽는다).
- 전혀 다른 활동에 몰두한다(군것질을 하는 대신 퍼즐을 맞춘다).

- 비용을 높인다(연구 결과에 따르면 흡연 위험이 있는 사람은 담뱃세 인상 정책에 찬성했다.[3] 런던 도심에 진입하는 차량에 혼잡통행료를 부과한 이후 사람들의 운전 습관이 변했고 도로의 자동차가 줄었으며 대중교통을 이용하는 인구는 늘었다).
- 행동의 여지를 완벽하게 차단한다(TV를 내다버린다).

예를 들어 돈을 쓰기가 불편하면 충동구매가 줄어든다. 신용카드를 들고 다니지 않는 방법으로 충동구매 욕구를 다스리는 한 친구는 지갑 속 현금보다 값이 나가는 물건은 절대 사지 못한다. 어느 독자도 이런 경험담을 들려주었다.

"저는 몇 년 전부터 월급을 저축용 통장으로 받고 그중 일부만 지출용 계좌로 옮겨서 쓰고 있어요. 이체를 늦게 하는 편이라 무엇을 살지 미리 계획할 수 있지요. 돈을 옮기고 나면 살 때도 있고 아예 사지 않을 때도 있습니다. 이 방법을 쓰지 않았다면 돈을 모으지 못했을 거예요."

쇼핑 습관을 절제하고 싶을 때는 쇼핑을 최대한 불편하게 만드는 방법이 가장 효과적이다.[4] 일단 카트나 바구니를 들지 않아야 한다. 또한 쇼핑 시간이 줄어들수록 돈을 적게 쓰므로 빠르게 치고 빠진다. 여성이라면 남성과 쇼핑을 하는 것도 한 방법이다(여성은 혼자 쇼핑하거나 다른 여성 혹은 아이와 쇼핑할 때보다 남성과 쇼핑할 때 돈을 적게 쓴다). 맛과 촉감은 사고 싶은 욕구를 자극하므로 무엇이든 만지거나 맛보지 않아야 한다. 온라인 쇼핑몰에서 클릭 한 번으로 결제하는 기능을 비활성화하거나 즐겨찾기도 전부 지우자. 사이트를 나올 때마다 로그아웃하거나 매번 정보를 입력하는 비회원으로 사이트를 이용하는 방법도 좋다. 이것은 사소한 장애물에 불과하지만 효과가 엄청나다. 충동구매 욕구를 억누르기보다는 즐겨찾기를 지우는 행동이 더 쉽다. 즉, 내가 아니라 환경을 바꾸는 것이다.

하지만 사람마다 해결책이 다르다는 진리는 변하지 않는다. 많은 사람이 온라인 쇼핑 문제로 고민하는데, 다음과 같은 의견을 밝힌 독자도 있다.

"저는 물건을 온라인에서만 사요. 그렇게 해야 충동구매를 하지 않습니다. 생각하고 조사할 시간이 더 늘어나기 때문이에요."

지금도 지나치게 편리한 온라인 접속 방법은 갈수록 편리해지고 있다. 온라인 쇼핑을 끊거나 인터넷 서핑을 줄이고자 애쓰고 있다면 설정한 기간 동안 이메일에 접속하거나 웹사이트에 방문하기 어렵게(심지어 불가능하게) 만드는 앱을 사용해보자. 한 독자가 이 방법의 효과에 대해 들려주었다.

"저는 딱 한 사이트만 차단하고 싶었어요. 《데일리 메일》의 연예 기사 페이지였죠. 유혹을 느끼지 않도록 저는 사이트 차단 기능을 재설정해요. 그다음에는 클릭 한 번으로 차단 기능을 해제하지 않도록 자제력을 발휘하기만 하면 됩니다."

결정하는 것 자체가 불편하면 결정을 행동으로 옮길 가능성은 아주 낮아진다. 고용주는 불편 전략으로 직원의 재정 관리 습관을 개선할 수 있다.[5] 예를 들어 퇴직연금의 디폴트 옵션을 직원에게 유리하게 설정하면 직원들의 연금 가입률이 높아진다. 디폴트 옵션은 언제든 바꿀 수 있지만 그 과정이 귀찮기 때문에 대부분 바꾸지 않는다. 덕분에 직원들은 의식적으로 결정하거나 노력하지 않고도 퇴직금을 모으는 숨은 습관을 들인다.

사람들은 불편 전략으로 식습관을 개선하는 기발한 방법을 수없이 생각해낸다. 예를 들면 '저는 왼손으로 먹어요', '집에서는 젓가락으로만 먹습니다', '냉동실 온도를 아주 낮게 설정했어요. 아이스크림이 돌덩이처럼 딱딱해서 숟가락으로 열심히 깎아도 겨우 몇 숟가락밖에 못 먹죠', '음식이 담긴 냄비를 식탁이 아니라 주방에 두기 때문에 더 먹고 싶으면 식탁에서 일어나야 합니다', '아내가 과자를 좋아해서 어지간한 힘으로는 못 열도록 과자 봉투를 단단히 묶었어요', '단숨에 털어넣는 와인이 아니라 홀짝거려야 하는 위스키를 마셔요' 등이 있다.

구내식당에서 쟁반을 없앤 대학도 많다. 쟁반이 없으면 음식을 산더미처럼 쌓을 수 없고 여러 번 움직여 가져와야 하므로 덜 먹는다. 쟁반을 없앴을 때 음식물 쓰레기가 25~30퍼센트나 줄어들었다는 연구 결과도 있다.[6] 쓰레기뿐 아니라 사람들이 먹는 양도 분명 줄어들었을 것이다.

극단적인 사례지만 유명한 사교계 인사 앤 배스Anne Bass의 집에 무장 강도 세 명이 침입했을 때였다.[7] 강도들은 금고를 열라고 배스를 협박했다. 마침내 열린 금고에는 몇 백 달러, 보석 몇 개 그리고 초콜릿이 들어 있었다. 영문을 몰라 얼떨떨해하는 강도들에게 배스는 초콜릿을 빨리 먹지 못하도록 금고에 보관한다고 설명했다. 불편 전략을 사용한 것이다.

사실은 변하고 싶지 않아서 불편 전략을 거부하는 경우도 있다. 한 친구가 말했다.

"운전 중에 휴대전화를 확인하는 습관이 문제야. 조수석에서 삑삑거리는 소리가 들려오면 참을 수가 없어. 어떻게 하면 자제력을 높일 수 있을까? 휴대전화보다는 안전이 더 중요하다고 동기를 부여할 만한 방법이 없을까?"

"자제력이니, 동기부여니 다 필요 없어. 휴대전화를 무음으로 해놓고 뒷좌석 바닥에 놓지 그래? 소리가 울려도 알 길이 없고 설령 안다고 해도 손이 닿지 않을 테니까."

"그렇구나."

친구는 실망한 기색이었다. 사실은 휴대전화를 확인하는 습관을 버리고 싶지 않았던 것이다.

안전장치를
마련하라

확신이 있고 유혹에 시달리지 않을 때 이성적인 인간이 자기 이익을
버릴 거라고 상상하긴 어렵다. 아직은 짐작에 불과하지만 해야 할 일이 명백하고
확실하면 의심이 비집고 들어갈 틈이 없다. 온 정신이 진실 앞에서
무릎을 꿇고 행동할 때가 오면 하지 않았을 일도 결국 하겠다고 흔쾌히 결심한다.
새뮤얼 존슨, 《아이들러》The Idler, 제27호

습관은 생각보다 강하고 또 생각보
다 약하다. 이 말은 모순처럼 들리겠지만 엄연한 사실이다. 그래서 나
같이 습관을 쉽게 들이는 사람도 안전장치 전략으로 좋은 습관을 보호
해야 한다. 나는 유혹을 거부하는 대신 주위 환경과 내면에서 나타날 가
능성이 있는 유혹을 예상해 최소화한다. 나아가 그 유혹에 넘어갈 경우
를 대비해 미리 계획을 세운다.

몇 년 동안 운동하는 습관을 지킨 덕분에 이제는 운동을 며칠만 건너
뛰어도 몸이 뻐근하지만 이 습관이 무너질 위험은 늘 따른다. 우리는 나

뿐 습관에 이끌리는 경향이 있으므로 좋은 습관을 지키기 위해 언제나 구체적인 방법을 강구해야 한다. 자신이 즐거워하는 습관도 예외는 아니다. 이때 안전장치 전략Strategy of Safeguards을 사용하면 한 번의 실수로 완전히 실패하는 일은 없어진다.

영리한 그리스의 영웅 오디세우스 이야기는 안전장치 전략을 보여주는 대표적인 사례다.[1] 여신 키르케는 오디세우스에게 세이렌 섬 근처를 항해할 때 선원들을 죽음으로 이끄는 아름다운 노래를 주의하라고 경고했다. 그 말을 들은 오디세우스는 선원들의 귀를 밀랍으로 막고 유혹에 굴복하지 않도록 자신을 돛대에 묶으라고 지시했다. 마찬가지로 우리도 유혹과 난관에 봉착했을 때 자신을 보호해줄 안전장치를 마련해야 한다.

사방이 유혹 천지다. 사람은 깨어 있는 시간의 약 4분의 1 동안 식욕, 수면욕, 쾌락욕, 성욕을 비롯한 수많은 욕구에 저항한다는 연구도 있다.[2] 유혹을 꺾으려면 먼저 내 앞에 놓인 유혹의 정체부터 파악해야 한다. 가톨릭교에서 말하는 '죄악의 근원'이라는 개념을 생각하면 이해하기 쉬울 것이다. 죄악의 근원이란 우리를 잘못된 길로 인도할 사람, 물건, 그 밖의 외부 환경을 가리킨다. 죄악의 근원이 무엇인지 알지 못하면 미리 피할 수 없다. 따라서 안전장치 전략의 첫 단계로 우리는 우리를 유혹으로 이끄는 신호를 제거해야 한다. 습관을 무너뜨리라고 유혹하는 세이렌의 노랫소리가 무엇인지 알면 피하는 방법도 찾을 수 있다.

제일 간단한 방법은 아이패드, 와인 병, 옷 카탈로그 등 유혹의 싹을 감추는 것이다. 눈에서 멀어지면 마음에서도 멀어진다는 말은 변함없는 진리다.

유혹의 신호를 완전히 피하는 방법도 있다. 엘리자는 하굣길에 사탕가게에 들르는 습관이 생겼다며 도움을 청했다. 딸아이는 나와 충분히 대화한 후 확실한 안전장치를 생각해냈다.

"집에 올 때 렉스 쪽으로 가지 않을래요. 아예 사탕가게가 없는 곳으로 다녀야겠어요."

렉스 쪽에는 한 블록에 사탕가게가 여러 군데 있었다. 유혹의 신호는 곳곳에 도사리고 있고 때론 숨길 수도, 피할 수도 없다. 특정 공간, 감정, 시간, 타인도 유혹을 자극한다. 유혹은 행동이 바뀌거나 일정한 행동을 연이어 할 때도 모습을 드러낸다. 찰나의 모습, 소리, 냄새도 기폭제 역할을 할 수 있다. 한 실험에서는 샌드위치를 불투명 랩으로 포장할 경우 투명한 랩으로 포장했을 때보다 적은 양을 먹는다는 결과가 나왔다.[3] TV는 온갖 광고를 쏟아내며 정크푸드에 흔들리는 사람들을 괴롭힌다. 반대로 담배 광고를 없애자 사람들의 금연 성공률이 높아졌다. 호텔리어 제이콥 톰스키Jacob Tomsky는 호텔에 체크인할 때 미니바를 비워달라고 요청하는 알코올의존증 환자가 있다고 전했다.[4]

유혹의 신호를 미리 차단하면 유혹에 지배당할 일이 없다. 몽테뉴는 이렇게 말했다.

"초기에는 모든 것이 나약하고 미미하다. 두 눈을 부릅뜨고 유혹의 싹이 트는 순간을 주시해야 한다. 그때는 위험의 크기가 너무 작아 보이지 않지만 더 커지고 나면 해결책을 찾을 수 없다."[5]

유혹의 신호를 전부 차단할 수는 없으므로 안전장치가 필요하다. 지금부터 알아볼 효과적인 방법은 좋은 습관을 지키는 행동을 하나하나 계획하는 것이다. 심리학자 피터 골비처Peter Gollwitzer는 이것을 실행 의도implementation intentions 기법[6]이라고 부르지만 행동 촉발 장치action trigger, 즉 조건부 계획if-then planning이라고도 한다. '만약 ~하면 ~할 것이다'라고 조건을 달아 계획하는 방법이다.

습관을 들이는 과정에서 나타날 수 있는 모든 문제를 조건부 계획으로 사전에 대비할 경우 순간의 감정에 이끌려 결정하지 않는다. 어떻게 행동할지 이미 결정했기 때문이다. 모호한 문제에 대해 감정에 치우치지 않고 미리 결정하는 순간부터 안전장치가 작동한다. 이 경우 실제 상황이 닥쳐도 속으로 갈등하지 않고 빠르게 행동할 수 있다. 조건부 계획을 세운 사람이 그렇지 않은 사람보다 좋은 습관을 지킬 확률이 훨씬 높다.[7] 물론 모든 문제를 예측할 수는 없지만 정신적 대비를 하는 것과 하지 않는 것에는 엄청나게 큰 차이가 있다. 미국의 제34대 대통령 드와이트 아이젠하워는 이런 말을 했다.

"계획 그 자체는 의미가 없지만 계획하지 않으면 아무것도 이룰 수 없다."[8]

내게는 나만의 조건부 계획이 몇 가지 있다.

- 글을 더 많이 쓰고 싶으면 인터넷이 연결되지 않는 도서관에 간다.
- 누군가가 와인을 권하면 거절한다(대개는 거절한다).
- 글을 쓰고 있으면 이메일에 접속하지 않는다.
- 저녁 초대를 받으면 허기지지 않도록 미리 간식을 먹고 간다.
- 글을 쓰다가 확인할 정보가 있으면 검색을 하다 시간을 허비하지 않도록 '조사 요망'이라고 표시해두고 나중에 처리한다.

조건부 계획은 안전장치 전략에서 가장 중요한 도구다. 신중한 계획으로 무장하면 아무리 위험한 상황에 놓여도 빠져나올 구멍이 생긴다. 계획이 가능한 경우는 휴가, 여행, 출산, 이직, 크리스마스 파티 등 끝이 없다. 조건부 계획에 공을 들일 경우, 훨씬 적은 노력으로도 계획을 실행할 수 있다.

그런데 조건부 계획을 세우다 보면 정신적 에너지가 소모되는 한편 약간의 비관주의가 생긴다. 이런 이유로 이것은 규칙을 만들고 지키기 좋아하는 준수형에게 가장 잘 맞는다. 의문형도 이 방법이 효과적이라고 믿으면 무난히 받아들인다. 강제형은 '결석할 때는 선생님에게 이메일로 사유서를 보낸다' 같은 계획은 잘 지키지 못하지만 외적 책임감이 있으면 얘기가 달라진다. 저항형은 자기 결정에 구속되기를 거부하므로 조건부 계획을 세우지 않는다.

안전장치 전략을 사용하면 좋은 습관을 잃는 실수를 피할 수 있다. 어쩌다 한 번 실수를 해도 충분히 대처가 가능하다. '한 번 비틀거린 사람은 넘어지지 않는다', '비틀거릴지언정 넘어지지 않는 사람은 한 걸음을 얻는다' 같은 속담도 있지 않은가. 나는 설령 실수를 해도 완전히 실패한 것은 아니라며 마음을 다잡는다. 실수는 약이 될 수도 있다. 무엇을 위해 더 노력을 기울여야 다음에 잘할지 알려주기 때문이다. 미리 실수를 계획하면 마치 실수해도 좋다고 허락하는 것처럼 보이지만 그렇지 않다. 그것은 습관을 지키는 한 방법이다.

혹여 실수를 했더라도 가혹한 비판은 삼가야 한다. 죄책감이나 수치심이 좋은 습관을 지키는 안전장치라고 말하는 사람도 있지만 오히려 그 반대다. 실수를 해도 죄책감을 느끼기보다 자신을 따뜻하게 감싸 안는 사람은 금세 자제력을 되찾지만 자책하고 자기 탓을 하는 사람은 더 힘들어진다.[9]

실수는 내가 약하고 미숙하고 게으르다는 증거가 아니다. 우리는 그것을 습관을 들이는 과정에서 한 번은 꼭 거쳐야 할 관문으로 여겨야 한다. 예를 들어 약을 정확히 복용하지 않은 사람이 있다고 해보자. 실수가 부끄러워 병원에 가기를 꺼려할 수도 있지만 '그럴 때도 있지', '다들 그러잖아', '다음에는 잘하자', '열 번 중 한 번보다 열 번 중 아홉 번이 더 중요해'라며 자신의 어깨를 두드려주는 말은 죄책감에 비할 수 없는 안전장치다.

사람들은 좋은 습관을 어기면 죄책감과 수치심을 느끼며 속이 상한다는 이유로 기분 전환 방법을 찾는다. 그렇게 하면 애초에 속을 끓인 나쁜 습관에 다시 빠지고 만다. 이는 나쁜 습관의 강력한 인과응보다. 단테의 《신곡》에서 〈지옥편〉Inferno 을 보면 죄에는 응당한 벌을 내려야 한다는 내용이 나온다. 단테는 아홉 번째 지옥에서 악마가 싸움과 분열을 선동한 자들의 몸을 찢고 또 찢으며 벌을 준다고 묘사하고 있다.

나쁜 습관의 대가는 잔혹하고 가차 없다. 나쁜 습관에 빠진 사람에게 내려지는 형벌은 바로 나쁜 습관 그 자체다. 한 친구는 이런 말을 했다.

"나쁜 습관을 고치려니 너무 불안하지만 사실 내가 불안해하는 것은 나쁜 습관이야."

조사 결과에 따르면 돈이 잘 모이지 않는다고 걱정하는 여성 중 일부가 쇼핑으로 기분 전환을 한다고 한다.[10] 그들은 돈이 없어서 불안해하는데 그 불안한 마음을 달래려고 돈을 쓴다. 또한 돈 문제로 걱정하는 도박꾼은 돈 생각을 하지 않으려고 도박을 한다. 꾸물대는 사람은 일이 밀려서 초조해진 마음을 가라앉히려고 일을 하지 않는다.

내 블로그에 다음과 같은 댓글을 올린 사람이 있었다.

"저는 아무 일도 하지 않으면 불안해서 마사지로 기분 전환을 합니다. 그러다가 결국 마사지를 하느라 일은 하나도 하지 못해요."

무기력하고 인생이 무미건조한 사람은 기분 전환 삼아 TV를 본 뒤 자신이 몇 시간이나 TV를 봤다는 사실에 더 무기력하고 우울해진다. 영화 《오스틴 파워》의 뚱보 주인공 팻 바스타드도 비슷한 말을 했다.

"나는 불행해서 먹고, 먹어서 불행해."

입에 달콤한 약은 몸에서 독약으로 변하고 쾌락은 잠시에 불과하다. 그러면 자책하고 후회하다가 자제력을 잃어 나쁜 습관에 더 깊이 빠져든다. 기분을 풀려고 한 일 때문에 더 불행해지지 않도록 주의하자.

새로운 습관은 성실히 지킬수록 오래간다. 한 연구진은 습관을 들이려 노력하는 초기에 불완전하게나마 여러 차례 반복하면 습관이 굳어진다는 사실을 증명했다.[11] 시간이 흐르면 그만한 효과를 얻지 못한다. 따라서 초창기일수록 습관을 반드시 지키고 안전장치로 보호하는 것이 핵심이다.

실수는 습관이 자리 잡기 전에 자주 나타나므로 내가 어떤 상황에서 실수가 잦은지 각별히 주목할 필요가 있다. 대개 다른 사람과 함께 있는데 분위기가 어색할 때, 여러 사람 틈에서 기가 죽었을 때, 외로울 때, 지루할 때, 불안할 때 실수를 많이 한다. 놀랍게도 기쁨이나 흥분처럼 긍정적인 감정을 느끼는 상황에서도 실수를 한다.

통념과 반대로 커다란 유혹보다는 사소한 유혹이 더 거부하기 힘들다. 학생들은 대개 '오후에는 친구들과 바닷가에서 놀아야지'보다는 '공부하기 전에 15분 동안 스포츠 하이라이트 영상을 봐야지'라고 생각한다. 15분 더, 15분 더 하다가 눈 깜짝할 새에 세 시간이 훌쩍 지나간다. 아무리 무장을 해도 작은 유혹은 슬그머니 틈을 비집고 들어온다.

이 문제를 해결하려면 실수하는 순간 넘어지지 않도록 주의해야 한다. 사람은 실수를 하면 피해의 규모와 상관없이 '알 게 뭐야' 하며 체념한다. 예를 들면 '아침에 일을 하나도 못했네. 알 게 뭐야, 주말까지 푹 쉬고 월요일부터 해야지', '봄방학 동안 요가 수업을 다 빼먹었네. 알 게 뭐야, 가을에 다시 시작할래' 하는 식이다. 내 친구의 아내는 '알 게 뭐야' 함정에 빠지지 않으려고 남편에게 금연 계획을 알리며 말했다.

"혹시라도 내가 담배를 피우면 아직도 금연 중이라고 꼭 일러줘."

다이어트를 하는 사람은 '금욕 일탈 효과'abstinence violation effect 때문에 가벼운 실수를 한 후 폭식할 위험이 크다. 가령 '미니 컵케이크 하나를 먹어서 다이어트 계획을 망쳤으니 한 상자를 다 먹을래'라고 생각하는 것이다. 다이어트 계획을 지키지 못하면 식단 일기도 잘 쓰지 못한다.[12]

그런데 계획을 어겼을 때는 무엇보다 관찰 전략이 필요하다. 먹은 음식을 꾸준히 관찰하면 자신의 현실을 자각하므로 자제력이 강해진다. 흔히 생각하는 것과 달리 관찰을 할 경우 마음이 편해진다. 만일 '이런, 방금 미트볼을 한 대접 먹었어'라고 생각하면 내가 나를 통제하지 못한다는 느낌이 든다. 그러나 식단 일기에 '미트볼 여섯 개'라고만 써도 통제권은 내 손 안에 들어온다. 미트볼 여섯 개는 많은 양이지만 고작 미트볼 여섯 개일 뿐이다.

내 친구는 내게 실수를 털어놓았다.

"그날은 걸신들린 것처럼 금지된 음식을 다 먹었어. '내일부터 제대로 먹자'라고 생각하니 그렇게 되더라고."

"사람은 하루를 기준으로 알아서 조절하는 습성이 있지."[13]

"나 같은 사람은 하루가 아니라 다음 주나 다음 달까지도 미룰 거야."

"이러면 어떨까. 오늘 틀렸다고 '내일부터 정상으로 돌아가야지'라고 생각하지 말고 하루를 아침, 점심, 저녁, 밤 이렇게 4등분을 해봐. 아침에 계획을 지키지 못하면 점심부터 계획을 따르는 거야. 그렇게 하면 실패 규모가 작아지지."

어떤 친구는 안전장치 전략을 사용한 동료의 이야기를 들려주었다.

"선배 매니저가 그러는데 이 회사에는 불륜을 저질러서 이혼한 사람이 많대. 자기에게는 결혼 생활을 지키는 다섯 가지 습관이 있다면서 내게도 지키라고 하더군. 농담으로라도 절대 이성과 시시덕거리지 않는다, 일로 만난 사람과는 술을 한 잔 이상 마시지 않는다, 회사 사람에게 사생활을 자세히 이야기하지 않고 그들의 사생활도 듣지 않는다, 직장에서는 절대 특별한 친구를 만들지 않는다, 일 때문이 아니면 동료나 클라이언트와 단둘이 만나지 않는다, 이렇게 다섯 가지야. 예를 들어 클라이언트가 US오픈 테니스 경기 티켓을 내밀며 같이 보자고 하면 절대 둘만 가지 않는대."

나는 그 선배의 습관에 동감하지는 않았지만 안전장치로는 제법 그럴듯하다고 생각했다. 사람들은 대개 불륜을 성품과 가치관의 문제로 여기며 자기는 절대로 바람을 피우지 않을 거라고 믿는다. 그러나 불륜의 유혹은 장기간 숨어 있다가 전혀 뜻밖의 형태로 나타난다. 즉, 두 사람의 관계는 아주 서서히 바뀐다. 스트레스에 시달리거나 감정이 격앙된 순간에 마침 상황이 맞아떨어져 불륜을 저지르는 경우도 있다. 이럴 때는 조건부 계획과 습관이 안전장치 역할을 한다.

안전장치를 만들다 보면 좋은 습관을 완전히 버리지 않되 가끔 어기는 방법을 찾는 일이 가장 까다롭다는 사실을 깨닫는다. 우리는 기념일 같은 드문 기회를 이용해 습관을 어기는 경향이 있다. 이 경우 안전장치 전략으로 예외 상황을 미리 계획해 충동적인 결정을 막아야 한다. 성인답게 스스로 규칙을 만들고 예외 상황을 준비해두면 언제 습관을 어겨도 좋을지 신중하게 선택할 수 있다. 나는 대체로 하루 종일 일하는 편이지만 책의 초고를 넘긴 날에는 하루 내내 침대에 누워 책을 읽는다.

예를 들어 스페인어를 가능한 한 빨리 익히고 싶어서 매일 아침 한 시간 동안 공부하는 습관을 들인 사람이 있다고 해보자. 그는 휴가를 맞으면 첫날 아침 호텔에서 '휴가 중이니까 습관을 어겨도 돼'라고 생각할 수 있다. 이처럼 충동적으로 습관을 어기는 이유는 자제력이 부족하기 때문이다. 물론 우리는 자제력이 약한 자기 모습을 싫어하므로 이렇게 결심하기도 한다.

'휴가 동안은 스페인어 공부를 쉬고 집에 돌아가자마자 다시 시작하자.'

사전에 의식적으로 예외 상황을 계획하면 통제권을 손에 쥘 수 있다. 예외 상황은 기억에 남을 만한 일을 이유로 계획했을 때 가장 효과가 좋다. 방금 예로 든 사람은 1년 뒤에 '그때 멋진 휴양지에서 정말 즐거웠지'라고 생각할 것이다. 기분 전환 삼아 쇼핑하는 전략이 효과적인 것도 같은 이유에서다. 가장 가치 있다고 생각하는 유혹에 빠지는 예외 상황을 만드는 것이니 말이다. 예외 상황을 잘 선택했는지 확인하고 싶다면 '훗날 그날을 어떻게 기억할까?'라는 질문을 던져보자. 평소 습관을 버리고 그 기회를 놓치지 않아 다행이라고 생각할까, 아니면 그때 다른 선택을 했으면 좋았을 거라는 생각이 들까?

예외 상황은 드문 기회나 한정된 기간에 최고의 효과를 낸다. 이를테면 주간 직원회의가 아니라 1년에 한 번 가는 종교행사를 위해 운동을 하루 쉬거나 크리스마스 시즌이 아닌 크리스마스 당일을 예외 날짜로 결정하면 효과적이다. 나는 엘리자베스의 말을 듣고 이 방법의 효과를 실감했다.

"이번 추수감사절은 시댁에서 보내려고 해. 올해는 칠면조를 먹기로 했어. 그걸 먹어야 진정 명절을 쇤 것이라고 할 수 있지."

"잘 생각했어. 첫째, 예외 상황을 미리 결정했으니 자제력을 잃지 않은 거야. 둘째, 칠면조는 추수감사절의 상징이니 그 본질을 경험해야지. 박탈감을 느끼지 않는 게 중요해. 셋째, 칠면조를 먹는 예외 상황은 습관으로 굳어지지 않아. 그걸 1년에 얼마나 먹겠니."

훌륭한 해결책이었다. 안전장치 전략을 사용하는 사람은 자신을 현실적, 나아가 운명론적으로 바라봐야 한다. 유혹에 빠지고 실패할지도 모른다고 인정하는 것은 한편으로 우울하지만 내가 어느 지점에서 발을 삐끗할지 알고 있으면 그곳을 피해 뛰어넘을 수 있다.

Lesson 14

핑계를 차단하는
노하우

이성적인 동물로 사는 것은 참 편리하다.
무엇을 결심하든 핑계를 찾거나 만들 수 있기 때문이다.
벤저민 프랭클린, 《벤저민 프랭클린 자서전》

인간은 본능적으로 빠져나갈 구멍을 찾는다. 아무리 좋은 습관을 굳게 지켜도, 그 습관이 싫지 않아도 틈만 나면 '이번 한 번만' 하면서 습관을 깨뜨릴 핑계나 맹점을 찾는다. 조금만 머리를 굴리면 맹점은 어디서든 발견할 수 있다. 그래서 맹점 포착 전략Strategy of Loophole-Spotting이 중요하다.

맹점이란 좋은 습관을 지키지 않아도 될 이유를 말한다. 이것은 미리 예외 상황을 신중하게 계획하거나 인정하는 안전장치 전략과 달리 습관에서 빠져나갈 구멍을 찾는 전략이다. 그리고 보통은 한순간의 감정에 휩쓸려 결정한다. 맹점은 거의 무의식중에 머리를 스치고 지나간다. 만약 의식이 있다면 그 맹점이 정당한지 판단해 더 이상 변명하지 않을 것이다. 그런데 우리가 스스로를 속일 때 나쁜 습관의 힘은 한없이 강해진다.

성향의 4유형에서 맹점의 유혹으로 가장 힘들어하는 성향은 강제형이다. 저항형은 자기가 원하는 바를 변명하지 않는다. 준수형과 의문형은 내적 기대를 따라야 한다는 압박감 때문에 맹점을 찾지 않는다. 반면 강제형은 외적 책임감이 있어야 행동하므로 책임감을 벗어던질 맹점을 찾는다. 물론 성향과 상관없이 누구든 맹점의 유혹에 흔들릴 수 있다. 그러면 맹점을 쉽게 찾아 뿌리를 뽑게 해주는 열 가지 주요 맹점을 살펴보자.

1. 자기 허용 맹점

그동안 착하게 살았으니 그 보상으로 나쁜 일(포테이토칩 먹기, 예산 초과하기)을 해도 좋다고 스스로 허락한다. 내가 노력했으니 그럴 자격이 있다고 이유를 대는 것이다.

- 다이어트로 꾸준히 살을 뺐으니 몇 가지 원칙은 무시해도 상관없다.
- 명상을 열심히 했으니 하루쯤은 건너뛰어도 괜찮다.
- 크리스마스 심부름을 많이 했으니 작게나마 나를 위한 선물을 사도 좋다.
- 이제는 이 습관이 필요 없다.
- 오늘 …를 사지 않아 돈을 아꼈으니 …를 사자.
- 오늘 일을 많이 했으니 비싼 와인 한 잔을 마실 자격이 충분하다.

자기 허용 맹점 사례 중에는 '오늘 달리기를 했으니 맥주 몇 잔을 먹어도 되지'라며 운동을 핑계로 과식이나 과음을 정당화하는 것이 가장 많다. 하지만 이런 맹점은 역효과를 불러올 뿐이다.

때로는 나쁜 일을 굳이 정당화하려 하지도 않는다. 미래에 착한 일을 할 계획이니 지금은 나쁜 일을 해도 된다고 우기는 심리다. 자기 허용 맹점을 살짝 변형한 이 맹점은 바로 '내일 논리' 맹점이다.

2. 내일 논리 맹점

나는 첫걸음 전략을 연구하면서 '내일 논리'라는 개념을 발견했다. 내일 좋은 습관을 지킬 예정이므로 오늘은 중요하지 않다는 논리다. 그러나 《애니》Little Orphan Annie에서 부모를 찾아 모험을 떠나는 고아 소녀 애니의 명언처럼 내일은 언제나 내일의 태양이 뜨는 법이다.

- 1월부터는 검소하게 생활할 예정이니 12월 예산은 지키지 않아도 좋다.
- 내일부터 본격적으로 논문을 써서 제때 완성할 계획이니 오늘은 친구들과 종일 놀아도 괜찮다.
- 내일부터 다이어트를 할 계획이니 오늘은 아무거나 먹어도 된다(연구 결과에 따르면 사람들은 다이어트를 하루 앞두고 과식하는 경향이 있다[1]).
- 주말에 봄맞이 대청소를 할 계획이니 지금은 정리할 필요가 없다.
- 아이들은 여름방학 때 자주 보면 되므로 1년 내내 출장을 다녀도 괜찮다.
- 상사는 늘 지각한다고 잔소리하지만 월요일부터 정시 출근할 계획이니 상관없다.

한 독자가 이런 글을 남겼다.

"저는 '내일 논리' 맹점으로 제 가치관에 어긋나는 소비 습관을 들였습니다. 인생을 바꿔놓을 정도로 나쁜 습관이죠. 저는 하루, 1주, 1년을 기준으로 새로 시작하기를 좋아합니다. 내일부터 새로운 마음가짐으로 똑바로 생활할 것이니 오늘은 다 쏟아버리고 싶다면서 제멋대로 돈을 쓰고 다니지요."

또 다른 독자도 말했다.

"저는 직장에서 내일이면 모든 일이 마법처럼 착착 진행될 테니 내일부터 일하자고 결심해요."

오늘 최대치로 유혹에 빠지면 내일 자제력이 높아진다고 자기 합리화를 하는 사람들도 있다. 한 독자도 그랬다고 한다.

"내일 나쁜 음식, 나쁜 행동의 유혹에 넘어가지 않도록 오늘 탈이 날 정도로 폭식을 합니다. 그래서 내일은 올바른 행동을 하게 만들어요. 글로 쓰니 앞뒤가 맞지 않는군요."

그러나 우리가 꼭 기억해야 할 사실은 하루 종일 TV를 본다고 해서 내일 TV를 보고 싶은 마음이 줄어들거나 일하려는 의욕이 커지지는 않는다는 점이다.

3. 허위 선택 맹점

이것은 내가 자주 이용하는 맹점 포착 전략이다. 나는 두 가지 행동 중 하나를 선택해야 하는 것처럼 비교하지만 알고 보면 그것이 양자택일 문제가 아닐 때가 많다. 다음은 대표적인 허위 선택의 예다.

- 글을 쓰느라 운동할 시간이 없다.
- 답장할 이메일이 너무 많아 초고를 다듬을 시간이 없다.
- 일찍 잠들면 혼자만의 시간이 사라진다.
- 지금은 바쁘니 짬이 나면 약속을 잡겠다.
- 제 시간에 도착해야 하니 침대를 정리하거나 옷을 바구니에 넣을 여유가 없다.

한 독자가 내 블로그에 다음과 같은 글을 남겼다.

"사실 다이어트는 제가 중요하게 생각하는 가치관과 맞지 않습니다. 저는 짧은 인생을 최대한 즐겨야 한다고 굳게 믿는 사람입니다. 그러려면 놀러 다니고 친구들을 만나야 합니다. 낯선 나라 혹은 장소에 가거나 새로운 요리를 먹기도 하고요. 그러니 저는 오랫동안 꾸준히 살을 빼야 하는 다이어트와 맞지 않죠. 남자 친구가 술을 마시자고 하면(굉장히 자주 그래요) 저는 '안 돼, 오늘은 양상추를 먹는 날이야'라고 말하지 않습니다. 내일 버스에 치여 쓰러질지도 모르는 게 인생인데 그때 혼미한 정신으로 양상추를 기억하기는 싫어요. 남자 친구와 즐겁게 웃고 떠들던 시간을 기억하고 싶습니다."

그녀는 인생을 즐기는 삶과 집에서 양상추를 먹는 삶을 나란히 놓고 비교했다. 그런데 과연 선택지가 그것뿐일까?

또 다른 독자도 댓글을 달았다.

"저는 회사에서 언제나 허위 선택 맹점을 이용합니다. 해야 할 일 목록을 쉽고 재미있는 일과 지나치게 거창한 일로 채우지요. 쉽고 재미있는 일은 '목록에 있으니 꼭 해야지'라며 완성하는데 그러다 보면 어려운 일을 할 시간이 없습니다. 일을 열심히 하는 척하지만 재미없어도 꼭 해야 하는 일은 뒤로 미루는 셈이죠."

4. 통제력 부족 맹점

우리는 '많이 걱정하면 비행기가 추락하지 않을 거야', '행운의 수를 선택하면 언젠가는 복권에 당첨되겠지'처럼 통제 불가능한 것을 통제할 수 있다는 이상한 착각을 한다. 그러면서 정작 통제할 수 있는 일은 통제하지 못한다고 부정한다(휴대전화 벨이 울리면 바로 확인하는 일 등). 많은 사람이 상황 탓에 습관을 버릴 수밖에 없었다고 주장하지만 우리의 자제력은 생각보다 강하다. 그렇다고 모든 상황이 통제 가능하다는 얘기는 아니지만 우리는 생각보다 많은 것을 통제할 수 있다.

다음은 대표적인 통제력 부족 맹점 사례다.

· 나는 늘 출장을 다닌다.

· 너무 덥다. 너무 춥다. 비가 너무 많이 온다.

· 부상을 입었다.

· 맥주 몇 잔밖에 마시지 않았다.

· 이 과자는 특별한 기술로 만들어서 그런지 계속 손이 간다.

· 아이들 때문에 내 시간이 없다.

· 이건 절대 거부할 수 없다.

· 이런 일인 줄 모르고 시작했다.

· 지금 상황에서는 도저히 좋은 습관을 지킬 수 없다(영화《에어플레인》 Airplane에는 항공교통관제사가 등장하는 장면에서 재미있는 상황이 연이어

나온다. 그는 담뱃불을 붙이며 "이번 주에 금연하기는 글렀군."이라고 말한다. 또 술을 마시며 "이번 주에 술을 끊기는 글렀군." 하고 말한다. 그러다 나중에는 "이번 주에 암페타민을 끊기는 글렀군."에 이어 "이번 주에 본드를 끊기는 글렀군."이라고 한다).

습관을 어기기 위해 사람들이 많이 찾는 맹점 중 통제력 부족 맹점과 밀접한 관계가 있는 맹점이 바로 계획된 실패 맹점이다.

5. 계획된 실패 맹점

희한하게도 우리는 유혹을 떨쳐내는 것이 아니라 오히려 유혹에 굴복하는 계획을 세운다. 리 비치Lee Beach 교수와 앨런 말라트Alan Marlatt 교수가 발견한 '겉보기에 무관한 결정' 현상[2] 때문에 우리는 언뜻 보기에 해롭지 않은 결정을 내림으로써 유혹을 거부하지 못할 상황을 은밀히 계획한다.

제임스 매튜 배리James Matthew Barrie의 《표류 소년들》The Boy Castaways of Black Lake Island에서 세 명의 소년은 조난당하는 모험을 하고 싶어 배를 타고 떠난다.[3] 나는 어렸을 때부터 이상하면서도 흥미진진한 이 줄거리에 마음이 사로잡혔다. 특히 첫 번째 문장 "우리는 조난당하기 위해 출발했다."를 잊을 수 없었다. 말 그대로 소년들은 실패하기 위해 모험을 떠났다.

• 회의에 가기 전 이메일만 잠깐 확인해야지. 전화 한 통만 더. 이런, 너무 늦어서 지금 가봤자 소용없겠네.

- 브로콜리를 사러 시내 식료품점까지 차를 몰고 갔다가 그 집 치즈케이크를 샀다. 누가 거부할 수 있겠어?
- 누군가가 집에 들를지 모르니 위스키를 사둬야겠다.
- 우리 부부는 모든 것을 갖춘 패키지 크루즈 여행을 좋아하고 뷔페 음식을 거부하지 못한다.
- 일하기 전에 15분만 비디오 게임을 해야지. 좋아, 15분만 더 하자.
- 편안하게 아이디어 구상을 하도록 소파에 누워 있어야지.

한 친구가 말했다.

"내가 아는 어떤 사람은 도박중독자야. 마지막으로 봤을 때 라스베이거스에서 돈을 엄청나게 잃었다고 했지. 다시는 가지 않겠다고 말하지 않았느냐고 하니까 '맞아, 하지만 도박하러 간 건 아니야'라고 하더라고. 그럼 왜 갔느냐고 했더니 '새로 산 차를 시험 운전하고 싶었어' 하는 거야. 진심이었어."

이처럼 우리는 실패하기 위해 출발한다.

6. '이번은 제외' 맹점

이것은 어떤 이유로 이번 상황은 제외해야 한다고 생각하는 맹점이다. 대학 졸업 후 공동주택에 살던 시절 하우스메이트의 남자 친구가 내게 거만한 말투로 말했다.

"나도 너처럼 시간이 많아서 재미 삼아 책이나 읽었으면 소원이 없겠다."

그가 우리 집에서 살다시피 했기에 평소 생활을 알고 있던 내가 대꾸

했다.

"너도 시간이 많이 남아서 허구한 날 TV 앞에 앉아 스포츠 중계를 보잖아."

그는 "에이, 그 얘긴 빼야지."라고 말했다. 그렇지만 제외할 수 있는 일은 없다.

- 지금은 휴가 중이다.
- 명절 기간이다(크리스마스와 새해에 평균적으로 500그램이 찌고 대부분 그 때 찐 살을 빼지 못한다. 과체중은 더 많이 찐다).
- 주말은 뒀다 뭐해?
- 아프다.
- 아들이 남긴 음식일 뿐이야.
- 이번만이야(새뮤얼 존슨은 말했다. "사람은 감출 수 없는 잘못을 자주 저지르 면서 습관적 타락이나 익숙한 행동이 아니라 가벼운 실패 혹은 한 번의 실수라 고 생각한다."[4])
- 우리 둘이 같이 주문했으니 내가 전체를 다 먹더라도 반은 네 몫이야.
- 술을 완전히 끊었지만 친구들과 노는 날이나 주말은 제외하자.
- 곧 운동을 해서 이 칼로리를 태워버릴 것이다.
- 애초에 원하지도 않았다.
- 요즘 스트레스를 너무 받아서 마감 혹은 재판 중인 사건, 입원한 친척 외 에는 아무것도 집중할 수 없다.

의식적으로 예외 상황을 결정할 수는 있지만 이번만은 습관을 마음대로 어겨도 좋다는 통과 카드는 없다. 세상에 어느 한곳에만 남아 있는 비밀은 존재하지 않는다.

7. 추측 오류 맹점

우리가 습관에 영향을 미치는 추측을 할 때(대개는 습관을 어기는 쪽으로 추측한다) 자세히 뜯어보면 대부분 설득력이 부족하다. 한 독자가 좋은 사례를 이야기했다.

"저는 하루의 시간을 이상하게 판단해요. 지금이 오전 9시고 11시에 약속이 있으면 '두 시간 안에 움직여야 하니 중요한 일을 시작할 수 없어'라고 생각합니다. 한 가지 약속만 바라보다가 아침 시간을 통째로 날려버리고 말죠."

우리의 추측은 언뜻 이치에 맞는 것 같다. 과연 그럴까?

- 이 일은 너무 오래 걸린다. 진작 끝냈어야 하는데.
- 사무실을 치우기 전까지는 일을 시작할 수 없다.
- 바빠서 계단으로 갈 시간이 없다. 길게 줄을 서서 승강기를 타는 편이 더 빠르다.
- 창작 활동을 하는 사람은 원래 다 지저분하다.
- 이미 샤워를 해서 운동할 수 없다.
- 이 물건은 언젠가 필요할 것이다.
- 진도가 너무 뒤처져서 따라잡으려 해도 소용없다.
- 뷔페에 왔으니 본전을 뽑아야 한다.
- 내가 결석을 너무 많이 해서 선생님이 화났을 것이다.

- 몇 킬로그램 쪘지만 운동을 해서 근육이 붙은 것뿐이다.
- 이렇게 하면 집중력이 높아진다.
- 한 시간 동안 땀을 쫙 빼는 운동이 아닌 다음에야 의미가 없다.

완벽하게 습관을 들였으니 마음을 놓아도 된다고 믿는 교묘한 추측 오류도 있다. 가령 '나는 여행경비를 기록하는 습관이 몸에 배어 자연스럽게 나온다'거나 '아침에 글 쓰는 것을 좋아해 그 습관을 절대 버리지 않을 것이다' 등이 있다. 그러나 아무리 오래된 습관도 생각보다 쉽게 무너지므로 자만하다가는 큰코다친다.

사람은 자신이 습관을 지킬 수 있는 능력을 실제보다 높게 평가하는 경향이 있다. 한 독자는 이렇게 말했다.

"저는 2011년 12월 누텔라를 끊었어요. 몇 년 지났으니 이제는 누텔라를 절제할 수 있을 것 같아서 세일로 두 병을 샀습니다. 그런데 36시간 동안 먹은 양이 4,000칼로리예요."

나도 운전으로 비슷한 경험을 했다. 겁이 많은 나는 뉴욕에 살면서도 몇 년간 운전을 하지 않았다. 두려움을 극복하기로 결심하고 다시 운전대를 잡은 것은 한참 후의 일이었다. 지금도 운전은 불편하지만 공포증을 다시 키우지 않고 운전하는 습관을 지키기 위해 적어도 일주일에 한 번은 운전을 한다. 하지만 가끔은 이런 생각도 든다.

'운전이 전만큼 무섭지는 않네. 굳이 일주일에 한 번씩 하지 않아도 되겠다.'

웃기는 소리다!

8. 타인 배려 맹점

사람들은 보통 어떤 행동을 결정하면서 자신이 너그러운 마음으로 타인을 배려한다고 믿는다. 또는 사람들과 어울리기 위해 어떤 일을 해야 한다고 생각한다.

- 혼자 운동하러 나가면 여자 친구의 기분이 상할 것이다.
- 나를 찾는 사람이 많아서 내 건강에 신경 쓸 여력이 없다.
- 친구의 생일 파티에 가서 케이크를 한 조각도 먹지 않는 것은 예의가 아니다.
- 거만한 사람처럼 보이고 싶지 않다.
- 내가 습관을 바꾸면 짜증을 부린다고 가족이 불평한다.
- 수업하는 동안 남편에게 아이들을 봐달라고 부탁하지 못하겠다.
- 회식 자리에서 술을 마시지 않으면 사람들이 불편해할 것이다.
- 정크푸드를 샀지만 내가 아닌 다른 사람들이 먹을 음식이다.

어떤 독자는 자신이 맹점을 찾는 방법을 제대로 간파해 내 블로그에 글을 남겼다.

"저는 일찍 일어나면 날아갈 것처럼 기분이 좋아요. 아침에는 아이디어가 샘솟고 일의 능률이 오릅니다. 그런데 우리 부부는 잠자리에서 일어나기 전에 껴안고 누워 있는 시간을 좋아해요. 남편은 먼저 일어나도 괜찮다고 이해해주지만 아직 잠이 덜 깬 제 머리는 침대에서 나가기 싫다고 말합니다. 그런데 남편을 섭섭하게 하고 싶지 않다는 둥 제 약한 의지를 남편 탓으로 돌리지요. 또 친정 엄마가 해주시는 음식 때문에 건강한 식습관을 지키지 못합니다. 엄마는 괜찮다고 하시지만 '엄마가 실망하거나 내가 맛없어한다고 생각하면 어쩌지'라는 생각으로 쿠키를 하나 더 먹고 맙니다. 사실은 그렇지 않다는 걸 알면서 그걸 다른 사람 때문이라고 변명하는 것입니다."

9. 거짓 자아실현 맹점

때로는 인생이나 자신을 있는 그대로 받아들이는 척 맹점을 찾기도 한다. 내가 살아 있음을 즐기기 위해서는 습관을 어겨도 좋다고 생각하고 그 선택이 숭고하다고까지 믿는다.

- 인생은 한 번뿐이다.
- 시도라도 하지 않으면 후회할 것이다.
- 오늘은 특별한 날이니 축하해야 한다(얼마나 특별한가? 국가적인 치즈케이크 기념일?).
- 인생은 짧으니 조금은 하고 싶은 대로 살아야 한다.
- 이 기회를 잡지 않으면 영원히 놓칠 것이다(패스트푸드 기업이 활용하는 맹점이다.[5] 소비자는 호박 라테, 하트 모양 도넛 등 특정 기간이나 명절·이벤트에만 파는 제품을 더 많이 산다).
- 일만 하기엔 아까울 정도로 좋은 날씨다.
- 소외당할까 두렵다.
- 나를 있는 그대로 받아들이고 싶다(나는 항상 '나를 있는 그대로 받아들이고 내게 더 많은 것을 요구하자'라는 말에 유념한다).

나는 욕구를 포기하는 성향을 설명하던 중 지인에게 핀잔을 들었다.

"인생은 한 번뿐이잖아! 브라우니를 먹고 삶을 즐겨!"

"그래, 인생은 한 번뿐이지. 그렇지만 나는 브라우니를 먹지 않을 때 더 행복해."

이 말은 사실이다. 우리가 진정 추구해야 할 목표는 당장의 쾌락이 아니다. 지금은 앞으로 행복한 삶을 안겨줄 습관을 쌓아야 할 때다. 이를 위해서는 지금 뭔가를 포기하거나 더 많이 노력해야 한다.

10. '동전 한 닢' 맹점

이것은 엄연한 사실이자 가장 위험한 맹점이다. '동전 한 닢'이라는 이름은 에라스무스의《우신예찬》에 니오오는 동전 쌓기 이론에서 착안했다.[6] 이 책의 각주에서는 동전 쌓기 이론을 이렇게 설명하고 있다.

동전 열 닢으로는 부자가 될 수 없다고 치자. 여기에 동전 한 닢을 더하면 어떨까? 한 닢을 더 추가하면? 그대는 동전 한 닢이 없으면 누구도 부자가 될 수 없다고 말할 것이다.

다시 말해 동전 한 닢으로는 부자가 될 수 없지만 결국 부자가 되려면 동전 한 닢에 또 한 닢을 쌓는 수밖에 없다는 교훈적인 이야기다. 이것은 습관 및 행동과 관련해 아주 중요한 역설을 보여준다. 우리의 행동을 생각해보면 한 번의 행동은 분명 그리 큰 의미가 없다. 그렇지만 이러한 행동들이 하나로 모이면 아주 중요해진다. 동전 한 닢에 집중하느냐, 쌓여가는 동전에 집중하느냐에 따라 우리의 행동은 달라진다. 헬스클럽에 한 번 가는 것은 별일이 아니지만 헬스클럽에 가는 습관만큼은 그 가치를 헤아릴 수 없다.

동전 한 닢에 집중하는 사람은 가치관의 충돌을 인정하지 않는다. 가족과 교류하고 싶은 욕구와 주말에 가족과의 식사를 건너뛰고 늦잠을 자고 싶은 욕구는 양자택일의 문제가 아니다. 가족과의 식사를 한 번 건너뛴다고 해서 큰일이 나는 것은 아니지만 식사를 건너뛸 때마다 잃는 것을 생각하면 갈등 자체를 다르게 볼 수 있다.

* 어차피 그 과제를 하지 않은 지 오래라 굳이 오늘 아침에 할 필요가 없다.
* 헬멧은 쓰지 않겠다. 오늘 사고를 당할 가능성이 얼마나 되겠는가?
* 사업비 내역은 기록해야 하지만 영수증 하나는 보관하는 의미가 없다.
* 마감이 한참 남았는데 무엇 하러 오늘 보고서 작업을 해야 하는가?
* 오늘 오락실을 가든 말든 1년 후 그것은 중요하지 않을 것이다.
* 맥주 한 잔이 대수인가?

한 번에 하나씩 동전이 쌓인다고 생각하면 흔들림 없이 습관을 지킬 수 있다. 가볍게 동전 한 닢을 더하는 행동으로 습관은 강력해지고, 동전 한 닢을 빼는 행동으로 습관은 약해진다. 동전 한 닢은 사실 동전 두 닢이다. 하나는 건강한 습관이고 다른 하나는 그 습관을 보호 및 강화하는 역할을 한다. 습관보다 습관을 들이는 습관이 더 중요한 법이다.

따라서 습관을 계획대로 지키지 못할 경우에도 상징적으로나마 습관을 지키는 것이 좋다. 아내가 아파서 달리기 운동 습관을 어겨야 한다면 짧게 산책을 할 수도 있다. 아이들을 돌보느라 한 시간 동안 글을 쓰지 못하겠다면 10분이라도 쓰려고 노력해야 한다.

우리는 습관을 어길 핑계를 대고자 하는 한순간의 감정에 이끌려 맹점을 찾는다. 나는 매일 아침 본격적으로 일을 시작하기 전에 한 시간 동안 이메일 업무를 본다. 그러던 어느 날 답장을 하려다가 골치 아프고 신경을 건드리는 이메일 때문에 자리를 박차고 싶었다. 나는 휴대전화가 와이파이 신호를 찾는 것처럼 책상 앞에 앉아 적절한 맹점을 찾고 있었다. '평소에는 부지런하잖아', '겨우 한 시간의 이메일 업무로 뭐가 달라지겠어' 등 갑자기 온갖 생각이 뭉게뭉게 피어올랐다. 하지만 나는 곧 그것은 이미 내가 결정한 일이라는 사실을 떠올렸다.

'지금은 이메일에 답장하는 시간이다.'

자신이 언제 맹점을 찾으려고 하는지 그 순간을 확인하면 맹점을 거부할 기회가 생기고 원하는 습관을 지킬 수 있다.

15분만
기다리자

의식적으로 나 자신을 부정하면 자기중심적이 되어 내가 희생한 것들만
생생하게 눈에 띈다. 그래서 눈앞에 있는 목표는 물론 궁극적인 목표도 이루지 못한다.
버트런드 러셀, 《행복의 정복》

어느 날 저녁, 남편에게 요즘 새롭게
조사 중인 습관 전략이 있다고 말했다. 나는 어떤 문제의 답을 찾으려
노력할 때 입 밖으로 얘기하면 이해력이 높아진다. 남편이 늘 즐거운 표
정으로 조언하는 것은 아니지만 그날은 내 이야기에 관심을 보이며 물
었다.

"무슨 전략?"

"관심 전환 전략이야."

"쉽겠는데. 나는 늘 관심이 다른 쪽으로 가거든."

"아니, 뜻하지 않게 관심이 바뀌는 것과는 달라. '일부러' 관심을 돌려야 하니까 어려운 방법이야."

관심을 돌릴 때 우리는 일부러 생각의 방향을 바꾸는데 그러면 경험도 바뀐다. 관심 전환 전략Strategy of Distraction을 사용하면 유혹을 거부하고 스트레스를 최소화할 수 있다. 또 기분이 산뜻해지고 고통을 참기가 한결 수월해져 좋은 습관을 지킬 수 있다.

물론 관심을 돌린다고 다 해결되는 것은 아니다. 관심을 올바른 방향으로 돌리지 않으면 아무런 소용이 없다. 가령 늦은 밤에 온라인 쇼핑을 하던 습관을 버리고 싶다면 관심을 소셜 미디어 핀터레스트Pinterest로 돌려서는 안 된다. 그보다는 미스터리 소설을 읽는 것이 더 효과적이다. 생각만 바꾸려면 힘드니 동네 한 바퀴 돌기, 목공 작업이나 고양이 화장실 치우기 같은 신체 활동을 겸하는 것도 좋다. 아이와의 캐치볼 놀이처럼 즐거운 활동이라면 그보다 더 완벽한 관심 전환 방법은 없다.

관심 전환 전략은 달갑지 않은 생각을 억누르는 것이 아니라 관심을 일부러 다른 쪽으로 돌리는 것을 말한다. 어떤 생각을 억누르면 반발심을 자극해 오히려 생각이 더 늘어난다. 예를 들어 지금 잠들지 않으면 지치고 피곤해진다는 생각을 떨쳐내려 할수록 생각은 더 집요하게 달라붙는다. 마음이 어지러우니 잠이 올 리가 없다. 그래서 나는 잠을 자야 한다고 생각하는 대신 관심을 다른 방향으로 돌려버린다.

간절한 욕구는 시간이 지날수록 더 강해진다는 말이 많지만, 연구 결과를 보면 해당 욕구에서 적극적으로 관심을 돌릴 경우 아무리 강한 욕구도 15분 정도면 가라앉는다고 한다.[1] 요즘 나는 좋은 습관을 그만두고 싶을 때마다, 즉 나쁜 습관에 빠지고 싶을 때마다 이렇게 생각한다.

'15분만 기다렸다가 책상에서 일어나자.'

15분은 당장의 욕구를 뒤로 미루고 다른 곳에 관심을 쏟기에 충분한 시간이다. 관심을 제대로 돌리면 애초에 무엇을 원했는지 생각나지 않을 수도 있다.

한 친구는 쇼핑하며 돈을 펑펑 쓰고 싶을 때 진열대에서 물건을 충동적으로 꺼내지 않는다고 한다.

"그럴 때는 '쇼핑을 끝내고도 정말 사고 싶다면 다시 와서 사자'라고 생각해. 막상 쇼핑을 마치면 사고 싶은 마음이 사라지거나 다시 그 매장으로 가기가 귀찮아져. 정말 사고 싶을 때만 돌아가는 거야."

이처럼 욕구를 거부하고 싶을 때는 '안 돼'보다 '15분만 참으면 원하는 대로 할 수 있어'라는 생각이 훨씬 더 효과적이다(나 같은 포기형도 마찬가지다). '안 돼'라는 말은 무시무시한 역효과를 부른다. 금지하고 빼앗을수록 더 매력적으로 보이는 법이다.

15분을 기다리는 방법은 점점 심각해지는 내 '확인 습관' 문제를 훌륭히 해결해주었다. 나는 서재에서 모니터 세 개를 앞에 놓고 앉아 있을 때나 밖에서 휴대전화를 들고 있을 때 이메일, 페이스북, 트위터, 링크트인, 핀터레스트 등을 확인하고 싶은 욕구에 사로잡혔다. 그런데 하나하나 전부 확인하고 나면 처음으로 돌아가 다시 확인했다. 나는 이것이 나쁜 습관으로 자리 잡기 전에 그만두고 싶었다.

확인하는 내 습관은 '간헐적 강화'intermittent reinforcement라는 현상 때문에 더 걷잡을 수 없이 강해지고 있었다. 사실 내게 오는 이메일은 대부분 그리 대단치 않다. 물론 가끔은 정말로 기분 좋은 이메일을 받기도 한다. 이처럼 예상치 못한 일이 간헐적으로 갑자기 나타나는 강화 현상은 슬롯머신 게임처럼 습관으로 굳는 여러 행동의 특징이다. 더러는 확인을 통해 원하는 문제를 해결하는 경우도 있어서 보람이 있다. 나는 이메일 답장을 통해 새로운 단어의 뜻을 배우고 내 글에 달린 댓글을 보며 행복을 느끼기도 한다.

이처럼 확인 행동으로 이따금 보상을 받기도 했으나 하루 종일 확인하는 습관은 고치고 싶었다. 이때 도움을 준 것이 뒤로 미루는 방법이다. 이제는 스마트폰이나 데스크톱으로 이메일 또는 소셜 미디어에 접속할 때 '15분만 기다리자'라고 생각한다. 가끔은 그래도 확인하고 싶지만 대개는 다른 일을 하고 있어서 더 이상 확인하고 싶은 충동을 느끼지 않는다.

흥미롭게도 관심 전환 전략을 재미있게 변형한 사례가 아주 많다. 어떤 사람은 간식을 먹기 전에 팔 벌려 뛰기를 20회 하고, 또 어떤 사람은 와인을 한 잔 더 마시기 전에 물을 마신다. 몇 분 동안 발바닥을 유심히 들여다본다는 사람도 있다. 자몽이나 페퍼민트 향기를 맡으면 식욕이 억제된다는 말도 있다. 내 친구를 비롯해 많은 사람이 간식을 먹지 않으려고 손을 가만히 두지 않았다.

"매니큐어를 칠하면 손을 계속 움직여야 하고 손톱이 마르기 전까지는 과자를 꺼내 먹을 수 없어."

관심 전환 전략을 이용해 걱정을 떨쳐버리거나 우울한 마음을 달래면 좋은 습관을 지키기가 한결 쉬워진다. 맑은 정신으로 바꿀 경우 자제력을 발휘하기도 쉽다. 연구에 따르면 괴롭거나 자극적인 생각보다 재미있고 유쾌한 생각으로 바꿔야 성공적으로 관심을 돌릴 수 있다고 한다. 즉, 영화를 보더라도《쉰들러 리스트》가 아니라《슈렉》을 선택해야 한다.

관심 전환 전략을 이용하면 악의적인 비판을 받을 때 요동치는 감정을 진정시킬 수 있다. 내 경우 가끔은 내 외모를 공격하거나 엉뚱한 오해로 나를 비방하는 메일을 받기도 한다. 이런 메일을 받으면 나는 최대한 자제력을 발휘해 부드러운 어조로 대응한다. 그 결과 마음에서 우러난 답장을 받기도 한다(내게 악성 메일을 보낸 사람이 3년 후 사과하는 메일을 보낸 적도 있다). 나는 답장하기 전 마음을 가라앉히려고 관심 전환 전략의 힘을 빌린다. 정중하게 답변할 자제력을 끌어 모으기 위해《사이언스 데일리》Science Daily 사이트를 돌아다니기도 한다.

스마트폰을 이용해 부정적인 감정에서 관심을 돌리는 사람도 있다. 장례식에 참석해야 해서 중요한 회의에 빠지게 된 친구가 내게 말했다.

"내일 오후에 전화해서 회의 결과를 알려줘."

나는 기가 막혔다.

"할머니 장례식을 막 끝낸 사람에게 어떻게 전화를 해!"

"전화해주면 고맙겠어. 관심을 다른 데로 돌릴 수 있잖아."

관심 전환 전략은 인스턴트 뉴스의 유혹과 싸우는 사람들에게도 효과적이다. 인스턴트 뉴스란 이해하기 쉬운 내용을 반복적으로 쏟아내 대량 소비를 불러일으키는 뉴스를 말한다. 이들은 보통 범죄사건, 자연재해, 정치 전문가 의견, 연예인 및 스포츠 선수의 가십 같은 뉴스를 내보내고 아름다운 집·옷·음식·사람을 찍은 사진을 무수히 싣는다. 인스턴트 뉴스의 목적은 충격, 공포, 시기, 모욕, 불안, 분노 같은 감정을 극대화하는 데 있기 때문에 대부분 선정적이다.

물론 아카데미 시상식이나 올림픽 관련 소식에 귀를 기울이는 등 가끔 인스턴트 뉴스를 즐기는 사람은 많다. 문제는 그런 뉴스를 규칙적으로 몇 시간씩 소비하는 사람들이 종종 자책하고 스트레스를 받으면서도 끊지 못한다는 데 있다. 일반적으로 인스턴트 뉴스에 과도한 시간을 쏟는 습관은 좋지 않으며 그것은 다른 나쁜 습관까지 유발한다. 뉴스로 마음이 복잡해지면 자제력이 줄어드는데 그 속을 달래려고 나쁜 습관에 기대기 때문이다. 누군가는 "선거 결과가 걱정돼 CNN을 보며 땅콩버터 브라우니를 엄청 먹어댔어요."라고 말했다. 대선 뉴스도 중요하지만 자기 자신을 다스리려는 노력이 수포로 돌아가지 않도록 주변의 일에 더 신경 써야 한다.

이럴 때 관심 전환 전략이 중요한 역할을 한다. 인스턴트 뉴스에서 의도적으로 관심을 돌리면 강력한 손아귀에서 빠져나올 수 있다. 소설을 읽거나 강아지와 놀 수도 있고 스도쿠 게임을 해도 좋다. TV 앞에서 일어나게 만들 만한 것이면 무엇이든 괜찮다. 어떤 이들은 뉴스를 신문으로만 보거나 뉴스 보는 시간을 제한하는 방법을 이용한다. 내게 이렇게 말하는 사람도 있었다.

"3년 이상 부동산 사이트에서 '쇼핑'을 하고 있습니다. 일주일에 몇 번만 접속하겠다고 결심했는데 지키기가 쉽지 않네요."

한편 어떤 사람의 주의를 흩트리는 습관이 다른 사람에게는 유용한 관심 전환 습관이 되기도 한다. 내 친구 중 하나는 야간 근무를 할 때 맥주가 생각나면 스포츠 뉴스 사이트를 본다고 한다. 반면 다른 사람은 다음과 같이 말했다.

"5분만 쉬면서 ESPN 사이트를 보는 건 불가능합니다. 기사 하나를 읽은 뒤 다음 기사를 또 읽게 돼요. 더구나 저는 신시내티 출신이라 신시내티 벵골스 미식축구팀에 관심이 많습니다. 벵골스가 형편없다는 글을 읽으면 기분이 상해서 어쩔 줄 모르지요."

나는 인스턴트 뉴스에는 흥미가 없지만 가끔 인스턴트 뉴스와 관련된 '부정적인 트랜스'bad trance에 빠진다. 부정적인 트랜스에 사로잡혀 있으면 좋아하지도 않는 일에 지나치게 관심을 쏟고 저급한 방송을 보며 지루한 책을 다 읽는다. 맛없는 음식을 먹거나 관심 없는 웹사이트를 클릭하며 돌아다니기도 한다. 가장 이해할 수 없는 행동은 이미 읽은 잡지를 또 훑어보는 것이다. 그러다 보면 신경이 잔뜩 곤두서서 피곤한데도 잠들지 못할 때가 많다.

긍정적인 트랜스에 둘러싸인 몰입 상태에서는 시간이 빠르게 지나가도 공허한 느낌이 전혀 없고 활기가 넘치며 기분이 상쾌하다. 반면 부정적인 트랜스에 빠져 있는 시간은 활기도 없고 충만하지도 않다. 그저 입을 반쯤 벌린 채 있다가 시간을 낭비했다며 후회할 뿐이다. 때론 호텔 침대에 누워 채널을 이리저리 돌리는 시간도 즐겁지만 나는 부정적인 트랜스를 유발하는 습관을 사양하고 싶다. 그래서 부정적인 트랜스에 들어가려는 조짐(무기력해져 의자에서 벗어나기 힘들고 멍한 호기심을 느낀다)을 경계하고 그 트랜스의 유혹에 빠지지 않도록 관심을 전환하려고 노력한다.

특히 일찍 자는 습관을 들였더니 부정적인 트랜스의 발생 횟수가 크게 줄어드는 뜻밖의 이점이 있었다. 지치지 않고 늦게까지 깨어 있지 않으면 부정적인 트랜스에 빠지는 습관을 막을 수 있다.

이렇듯 유용한 관심 전환 전략이 엄청난 방해 요소로 작용하는 경우도 있다. 나는 일하다가 새 메일이 도착했다는 알람 소리를 들으면 생각이 흐트러진다. 새 메일이 왔음을 인식하면 도저히 거부할 수가 없는데 그건 간헐적 강화 때문이다!

또한 나는 일할 때 집중력을 잃고 싶지 않아 근처 도서관에서 글을 쓰는 날이 많다. 회사 생활을 하지 않으니 동료의 방해를 받을 일은 없지만 집에도 방해 요소는 있기 때문에 일에 집중하기가 힘들다. 도서관에서는 전화벨이나 초인종이 울리지 않고 우편물이 도착하지도 않는다.

원룸에서 일하는 한 친구는 낮잠과 간식으로 관심이 전환되지 않을 방법을 알아냈다. 그는 매일 아침 침구를 정리하고 밥을 먹은 후 '출근'한다. 근무하는 동안에는 식사 때를 제외하면 침대에 앉거나 주방에 들어가지 않는다. 작가 진 커Jean Kerr는 작품의 절반을 주차된 차 안에서 썼다.[2] 차 안에서는 어린 네 아들이 관심을 빼앗지 않았고 글 쓰는 일 말고는 그 무엇도 할 수 없었다.

나는 도서관에서 일하며 주의가 산만해지는 문제를 해결했지만 집에서 일하도록 단련할 필요가 있다는 생각이 들었다. 이메일, 페이스북, 트위터, 링크트인, 그 밖에 다른 유혹을 거부할 자제력을 키워야 하지 않을까? 짐을 싸서 도서관에 가지 않도록 자기 관리를 철저히 해야 하지 않을까?

하지만 이내 깨달았다. 이미 내 습관은 아주 잘 굴러가고 있었다. 집에서는 이메일이나 소셜 미디어로 온라인 업무를 보고, 도서관에서는 집중해서 글을 쓴다(가끔은 카페에 간다). 왜 억지로 바꾸려 하는가? 도서관에서는 일할 맛이 나고 우리 집에서 거리도 가까워 시간을 많이 잡아먹지도 않는다. 밖에 나가 신선한 공기와 햇빛을 만끽하며 집과 '회사'

사이에서 잠시 휴식을 취하는 기분도 끝내준다.

무엇보다 나는 내 성향을 잘 안다. 집에 있을 때는 인터넷 사용을 자제할 힘이 많이 필요하지만 도서관에는 인터넷의 유혹이 없다. 왜 공연히 아까운 자제력을 낭비하는가? 나보다는 환경을 바꾸는 편이 더 간단하다.

집중력을 높이는 나만의 방법은 하나 더 있다. 나는 글을 쓰려고 자리에 앉으면 껌이나 과자, 따뜻한 음료 등 뭔가를 입에 넣어야 집중이 잘 된다. 나중에 커피를 젓는 플라스틱 막대기를 씹으면 이 욕구를 충족시킬 수 있다는 사실을 발견했다. 이 사소한 습관의 효과는 대단했다. 서재와 가방에 막대를 보관해뒀다가 컴퓨터 앞에 앉을 때마다 하나씩 이 사이에 물면 집중력이 향상된다. 플라시보 효과일지도 모르지만 설령 그렇다 해도 훌륭한 플라시보 효과다. 플라스틱을 물어뜯는 건 좋지 않다는 우려가 있긴 해도 뭐, 어쩌겠는가.

모순처럼 들리겠지만 주의를 잠깐 다른 곳으로 돌리면 집중력이 강해진다. 나는 긴 시간 집중할 일이 있으면 잠시 휴식을 취하며 기분 전환을 꾀한다('잠시'가 중요하다). 어떤 친구는 머리가 복잡할 때 저글링을 한다며 이렇게 설명했다.

"휴식으로 딱 좋아. 재미있고 하다 보면 몸을 많이 움직이게 돼. 집중력이 필요하지만 생각을 멈출 수 있지. 어차피 오래 하지 못하기 때문에 오래 쉴 수도 없고."

내게도 그런 습관이 있다. 그것은 도서관 서가를 어슬렁거리며 눈에 띄는 책 제목을 찾는 습관이다. 처음에는 쓸모없는 시간 낭비라고 생각했지만 사실은 완벽한 관심 전환 방법이었다. 더구나 즐겁기도 했고 좋은 책을 아주 많이 찾아냈다. 계속 앞으로 나아가고 싶으면 잠시 멈추고 숨을 골라야 한다. 이것 역시 우리가 잊지 말아야 할 전략이다.

결승선에
발목 잡히지 마라

어떤 일을 잘해서 얻는 보상은 '그 일을 완성한 것'이다.
랠프 월도 에머슨, 《제2수필집》

몇 달 동안 하루도 빠짐없이 명상 수련을 하자 이제는 아침마다 방석에 앉아도 전처럼 우스꽝스럽다는 생각이 들지 않았다. 하지만 별다른 변화를 느끼지 못하면서 5분 명상 시간이 점점 짜증스럽고 지루해졌다. 어느 날 자세를 잡고 휴대전화 알람을 설정하자마자 다시 일어나고 싶은 충동이 일었다.

나는 일어나지 않았다. 그날 아침 정신이 좀 멍했지만 왜 자리를 박차고 일어나지 않았는지 곰곰이 생각했다. 내가 명상을 계속한 이유는 두 가지였다. 첫째, 좋은 습관을 일시적인 기분으로 버리면 안 된다. 둘째, 이제 습관화된 명상을 거르면 하루의 첫 단추를 잘못 꿴 기분이 들 것이다. 바로 이것이 좋은 습관뿐 아니라 나쁜 습관에도 나를 꽁꽁 묶어두는 습관의 힘이다.

어쩌면 깨닫지 못할 뿐 명상을 하면서 내가 달라졌을 수도 있다. 내게 명상이 필요해서 그 행동을 유지하려 노력하는 것인지도 모른다. 이 습관을 이어가면 어느 순간 인생이 확 바뀔지 누가 아는가. 아니면 말고. 준수형인 나는 '그동안 성실하게 잘했으니 하루쯤 쉬어!' 같은 말에 넘어가지 않는다. '명상을 잘 지켰으니 보상을 해줘야 하는 것이 아닌가' 하는 생각을 잠시 한 적은 있다. 보상은 효과적인 동기부여 방법이 아닌가.

그렇게 생각이 꼬리를 물던 중 반가운 알람 소리가 울려 퍼지며 자리에서 일어났다. 그날 이후 나는 습관 연구의 초점을 보상과 그 위험성에 맞췄다. 내 친구는 이렇게 선언했다.

"지금 다이어트를 하고 있지만 목표 체중을 찍는 순간 그 보상으로 맛있는 초콜릿케이크 한 조각을 먹을 거야."

이것은 다이어트의 목적을 훼손한다는 사실은 차치하고라도 어딘지 좋지 않은 생각 같았다. 보상 전략은 좋은 행동을 유도하는 방법으로 유명하다. 흔히 '달리기를 하고 맥주를 마셔라'라고 말하지만 습관이 과연 그렇게 작용할까?

잘한 행동에 대해 보상해준다는 말은 표면적으로는 이치에 맞는다. 그런데 나는 연구 자료를 읽고 사람들의 행동을 관찰할수록 보상 전략 Strategy of Reward의 효과가 의심스러웠다.[1] 알피 콘 Alfie Kohn 의 《보상으로 벌주기》Punished by Rewards 와 다니엘 핑크의 《드라이브》에서도 볼 수 있듯 보상의 영향력은 무척 복잡하다.

그러나 나는 보상이 습관에 위험하다는 결론을 내렸다. 습관을 들이려 노력하는 사람은 보상 전략을 신중하게 조금만 이용해야 한다. 보상 전략을 살펴보면서 왜 보상을 '회피'해야 하는지 설명하고 있으니 이 얼마나 아이러니한 일인가.

아무튼 보상이 습관을 망치는 이유는 세 가지다.

첫째, 보상이 있으면 단지 보상받기 위해 어떤 행동을 한다는 생각이 자리 잡는다. 이 경우 그 행동에 부담감, 박탈감, 손해 같은 감정이 따라온다. 보상의 확실한(그러나 간과하기 쉬운) 힘은 외적 동기와 내적 동기 사이의 차이에서 나온다. 외적 보상(당근)을 원하거나 외적 제재(채찍)를 피할 때는 외부에서 동기를 얻지만 행동 자체를 추구하면 내부에서 동기가 나온다. 내적 동기가 있어야 행동을 오래 지속하고 만족할 가능성이 크다. 조직이론학자 토마스 말론Thomas Malone과 마크 레퍼Mark Lepper는 몇 가지 내적 동기 요인을 다음과 같이 설명했다.[2]

도전정신Challenge 어렵지만 달성 가능한 목표를 추구하며 자아를 찾는다.

호기심Curiosity 더 많은 것을 배우며 흥미와 쾌락을 느낀다.

통제욕Control 정복한다는 느낌을 즐긴다.

상상력Fantasy 게임과 상상력을 이용해 활동을 더 흥미롭게 만든다.

협력Cooperation 다른 사람과 함께 일하며 만족한다.

경쟁Competition 다른 사람을 능가할 때 만족한다.

인정Recognition 내 성취도와 기여도를 인정받을 때 기쁘다.

성향의 4유형을 파악하면 자신에게 가장 잘 맞는 동기 요인이 보인다. 준수형은 통제력을 얻을 수 있는 습관에 이끌리고 의문형은 호기심, 강제형은 협력, 저항형은 도전정신을 찾고자 한다.

이처럼 내적 동기가 강력해도 사람들은 외적 동기(단순한 당근과 채찍)로 자신이나 타인의 행동을 재촉한다. 그런데 외적 동기가 있으면 내적 동기는 힘을 잃는다. 열의가 가득하던 사람이 보상이 생기면 보상만 바라보며 마지못해 일하고 더 이상 일에서 즐거움을 느끼지 못하는 경우도 많다.

연구 결과 매직으로 색칠 공부를 하며 보상을 받은 아이보다는 보상을 기대하지 않던 아이가 나중에 색칠 공부를 더 많이 했다.[3] 한번 보상을 받아본 아이는 '상이 없는데 왜 색칠 공부를 하지?'라고 생각했고 보상을 기대하지 않은 아이에 비해 그림의 수준도 형편없었다. 어느 대기업에서 건강 관련 세미나에 참석한 직원에게 상품으로 교환할 수 있는 포인트를 지급했다. 그러자 직원들은 포인트를 주지 않는 세미나에는 잘 참석하지 않았다.

많은 이들이 보상을 제시하면 누구나 당장 건강한 습관을 시작하고, 설사 보상이 끊겨도 습관을 계속 지킬 것이라고 추측한다. 전혀 그렇지 않다. 사람들은 보상이 사라지자마자(때로는 사라지기도 전에) 습관을 어긴다.[4] 돈을 받고 운동, 명상, 금연 습관을 들일 수는 있지만 보상을 얻고 나면 습관은 무너진다. 회사에서 건강검진을 받으라고 직원에게 120달러를 줄 경우 그다음부터 돈을 받지 않고 건강검진을 받는 사람이 얼마나 있을까?

이처럼 보상은 위험성을 내포하고 있는데 우리는 그 보상을 잘못 선택해 문제를 더 심각하게 만든다. 다이어트를 하는 내 친구의 보상이 초 콜릿케이크였던 것처럼 우리는 자칫 습관을 망가뜨릴 보상을 선택할 때가 많다. 내가 케이크는 좋은 보상이 아니라고 하자 친구는 이의를 제 기했다.

"5킬로그램을 뺐으면 그 정도 보상은 당연한 것 아냐?"

보상을 잘못 선택하면 노력이 물거품으로 변하고 아무리 원하던 습 관도 혐오하고 만다. 내가 좋아하는 시트콤 《프렌즈》의 한 에피소드는 이 갈등을 완벽하게 포착하고 있다. 챈들러가 다시 담배를 피우기 시작 하자 피비가 지적한다.

"3년 동안 정말 잘해왔잖아."

담배를 손에 든 챈들러가 설명한다.

"이게 그 보상이야."

둘째, 보상을 받으려면 결정을 해야 하므로 습관에 위험하다. 습관은 결정하지 않고 하는 행동이다. '오늘 보상을 받을까?', '이걸 받을 자격 이 있을까?', '이번에 인센티브를 받을 만큼 노력했을까?', '지금의 행동 도 포함되나?' 같은 생각에 빠지면 귀중한 에너지가 바닥나고 관심의 주체가 습관에서 보상으로 이동하며 습관을 망가뜨린다.

나는 습관을 결정하지 않기로 결정했다. 즉, 나는 결정 없이 행동하 고 그 행동을 평가하지 않으며 보상을 기대하지 않는다. 양치나 안전벨 트 착용으로 보상을 받지 않듯 해야 할 일을 하는 시간이나 블로그 포 스팅이 보상을 받을 만큼 대단한 행동이라고 생각하지 않는다. 그것은 그저 저절로 이루어지는 습관일 뿐이다.

셋째, 꽁꽁 숨어 있어서 더 찾기 힘든 '결승점' 위험이다. 기한이 짧고 구체적인 목표는 결승점이 있어야 효과가 확실하다. 장기적인 습관에도 결승점이 유용하다는 사람이 많지만 결승점에 도착해 보상을 얻는 것은 습관을 해칠 수 있다.

나는 내 눈앞에서 벌어지는 일을 이해하려고 끊임없이 노력하지만 결승점이 있으면 습관이 무너지는 현상을 처음 발견했을 때 무척 당혹스러웠다. 이것은 여러 사람에게 들은 말을 통해 발견했는데 내 대학 동창은 이렇게 말했다.

"마라톤을 앞두고 훈련할 때는 정말 잘 달렸어. 달리기에 푹 빠졌지. 주변 사람들 모두 미칠 정도로 심각하게 빠져 있었어. 나는 스스로를 마라톤 선수라 생각했고 영원히 달릴 줄 알았어. 그러다 마라톤을 완주하고 예정대로 2주 쉬었는데 어쩌다 보니 3년이 지나 있더라고."

나는 어리둥절했다. 목표를 향해 노력하면 행동이 습관으로 변하고 또 목표를 이뤘다는 만족감으로 습관이 더 단단해지지 않을까? 결승선을 끊고 보상을 받으면 정신력이 더 강해져야 하는 것 아닌가? 결승점에 그런 효과가 없다는 사실에 나는 놀라움을 금치 못했다.

그 이유는 결승선이 곧 정지점이기 때문이다. 일단 걸음을 멈추면 다시 시작해야 하고, 다시 시작하는 것은 쉬지 않고 계속하는 것보다 더 힘들다. 큰 목표를 확실하게 끝낼수록 다시 시작할 때는 처음보다 더 노력해야 한다. 구체적인 목표를 세우고 일시적으로 동기를 부여해 결승점을 찍은 후 다시 시작해야 한다면 중간 목표가 오히려 습관에 방해가 될 수 있다.

보상이 있어야 구체적인 목표를 달성하기 쉽다는 말도 분명 사실이다. 그러나 습관의 목표는 '영원히' 계속하는 행동으로 내 삶을 행복하게 바꾸는 데 있다. 내 경우는 매일 조금씩 글을 쓰는 것, 마라톤을 완주하기보다 영원히 운동을 계속하는 것이 습관의 목표다. 금연을 시도하는 사람을 대상으로 연구해보니 매주 경과를 보고하고 보상을 받은 사람보다 중간에 쉬지 않은 사람이 장기적으로 금연할 확률이 높았다. 안전벨트를 착용하면 보상을 받는 프로그램 참가자도 보상이 없는 프로그램 참가자보다 장기적으로 안전벨트를 착용할 확률이 낮았다.

결승선을 넘어 다시 시작할 때는 에너지 소모 문제만 있는 게 아니다. 결승선에 도달했다는 사실 자체도 문제다. 사람은 일단 성공했다고 판단하면 더 이상 발전하려 노력하지 않는 경향이 있다. 한 남자가 완벽한 사례를 들려주었다.

"저는 '30까지 6'이라는 목표를 세웠어요. 서른 번째 생일 전까지 배에 식스팩을 만들고 싶었죠. 때마침 결혼을 앞두고 있었습니다."

나는 그의 말을 자르고 내 의견을 먼저 말했다.

"결과를 맞혀볼게요. 당신은 목표를 달성했지만 그것을 유지하지는 않았죠?"

"그래요."

흔히 행동을 지속적으로 반복하면 습관이 될 거라고 생각하지만 실제로는 그렇지 않은 경우가 많다. 한 지인은 한 달 동안 매일 1,667단어의 글을 써서 5만 자짜리 소설을 완성하는 나노라이모NaNoWriMo(전국 소설쓰기의 달) 프로젝트에 참가했다. 무리 없이 계획대로 진도가 나가면서 그는 글 쓰는 습관이 생겼다고 생각했지만 한 달이 지나자 더 이상 글을 쓰지 않았다. 이것은 습관이 아니라 글을 완성하는 결승선만 노리고 달렸기 때문이다. 한 블로그 독자는 이런 글을 남겼다.

"결승선에 도착한 후 사순절 습관이 무너졌습니다. 매일 묵주 기도를 할 계획이었지만 부활절이 지난 뒤에 그만뒀어요."

결승선은 달리기, 글쓰기, 연습하기 등 우리가 영원히 지키고 싶은 행동을 시작과 끝으로 나누는데 대부분 영원히 '끝'에 머문다. 놀랍게도 임신 중에 금연한 여성의 60~70퍼센트는 아이를 낳고 6주 만에 다시 담배를 피운다고 한다.[5] 몇 달 동안 담배 피우는 습관을 끊어 몸에서 니코틴을 다 내보냈지만 결승선을 통과하자 다시 담배를 입에 물기 시작한 것이다.

결승선의 보상은 특히 다이어트를 하는 사람들에게 해롭다. 2012년 조사에 따르면 미국 성인의 무려 5분의 1이 다이어트를 하고 있다는데[6] 현재까지 그 성과를 보면 아주 처참하다. 칼로리를 제한한 다이어트가 장기적으로 어떤 결과를 낳았는지 연구한 것을 보면 30~65퍼센트가 원래의 체중을 회복한 것도 모자라 더 쪘다.[7] 왜 그랬을까? 우리는 살을 빼려면 목표 체중부터 정하라는 조언을 듣는다. 그런데 일단 목표 체중이라는 결승선에 도달하면 과거의 식습관으로 돌아가는 경우가 많다. 한 독자도 같은 경험을 했다.

"웨딩드레스에 몸을 맞추려고 황제 다이어트를 했지만 드레스를 무사히 입고 난 후로는 먹고 싶은 음식을 모조리 먹었어요. 결국 살이 쪘는데 다이어트를 다시 하는 것은 정말 힘들었어요. 동기를 부여해줄 결혼식이 없었기 때문이죠."

건강한 체중을 유지하고 싶다면 일시적인 다이어트에 기대지 말고 영원히 식습관을 바꿔야 한다.

목표의 가치가 마음에 드는 한 몇 번이고 새롭게 시작하는 사람이 아예 없는 것은 아니다. 어느 날 나는 무릎을 수술하고 몇 달 동안 물리치료를 받은 친구에게 말했다.

"재활 치료를 하느라 정말 고생했겠다. 헬스클럽에 다니는 것도 싫어했잖아."

"맞아. 하지만 이젠 규칙적으로 운동을 해. 그 비결은 목표에 있어. 아이들과 스키 여행을 간다는 목표를 세웠거든. 재활 치료를 하지 않으면 절대 이룰 수 없었지."

"목표가 없었어도 꾸준히 재활 치료를 하지 않았을까? 그렇지 않으면 무릎 기능을 완전히 잃었을 것 아냐. 그것도 중요한 이유잖아."

"글쎄, 기껏해야 일주일에 한 번쯤 갔을 거야."

"네게는 가족 스키 여행이란 목표가 주효했구나. 목표를 이뤘는데 앞으로도 운동을 할 거니?"

"그럴 것 같아. 왜냐하면 새로운 목표가 생겼거든. 날씬해지고 싶어."

몇 달 후, 친구가 새로운 목표를 달성했는지 궁금해서 아직도 헬스클럽에 다니느냐고 묻자 친구는 대답했다.

"응! 신혼여행 때 입었던 옷을 입겠다는 목표가 있어서 의욕이 꺾이지 않았어."

이 친구처럼 습관을 들이기보다는 연속적으로 목표를 설정하는 방법이 잘 맞는 사람들도 있다. 어쩌면 내 친구는 의문형이라 계속 새로운 결승점을 정하면서 확실한 근거를 원하는 욕구를 충족시켰는지도 모른다. 내게 계속해서 목표를 세우고 새로운 목표에 전념하라고 하면 힘에 부칠 것 같다. 나는 한 가지 습관에 집중하는 편이 더 쉬운데 이것이 준수형의 특징이다. 즉 자신이 어떤 성향인지에 따라 해결방법은 다른 셈이다.

사실 결승점을 향해 전력 질주하는 방법이 좋다는 생각은 널리 퍼져 있다. 급속 출발로 한순간 강력한 추진력을 발휘하면 새로운 습관에 활기를 불어넣거나 기존의 습관에 새로운 에너지를 쏟을 수 있다. 습관을 새로 들이려고 30일 동안 습관에 완전히 몰두하는 사람도 많다. 이 경우 30일이 지난 뒤 결승선을 넘었을 때 생길 문제를 경계해야 한다. 그래야 결승선을 지난 후에도 더 노력해서 좋은 습관을 유지할 수 있다. 30일 급속 출발 전략의 진정한 숙제는 31일째부터 시작된다.

새로운 행동을 습관으로 만들고자 한다면 안전장치 전략에서 알아본 조건부 계획을 세우는 것이 좋다. 결승선을 찍은 후 어떤 방법으로 계속할지 미리 결정하는 것이다. 무릎을 수술한 친구처럼 아예 새로운 목표를 설정하거나 매일 반복할 습관을 결정하는 것도 좋다.

나는 습관에 악영향을 줄 수 있는 보상만으로 동기를 부여하는 방법에 반대한다. 그러나 습관을 들이는 과정에서는 어떤 형태로든 보상이 있어야 한다. 애초에 습관에 도전할 마음이 생기지 않으면 아무 소용이 없기 때문이다. 따라서 습관에 보상을 하면서도 보상으로 습관을 망치지 않을 방법을 찾아야 한다. 하지만 어떻게 해야 할까?

보상을 습관의 내부에서 찾으면 그 보상을 얻기 위해서라도 습관에 더 깊이 빠져든다. 외부에서 보상을 찾으면 습관의 존재감이 약해지지만 내부에서 찾으면 습관은 더 강력해진다. 글을 많이 쓰는 습관의 내부 보상은 더 좋은 노트북을 사는 것이다. 일주일에 한 번 근력 운동을 하는 날 나는 헬스클럽까지 걷고 집에 올 때는 택시를 탄다. 택시는 내게 사치지만 나는 이렇게 결심했다.

"힘들게 운동하면 피곤할 수밖에 없으니 택시를 타자."

술을 끊기 위해 일단 한 달 동안 술을 마시지 않겠다고 말하는 친구에게 나는 아이패드를 보상으로 주는 방법을 추천했다.

"술을 마시지 않으면 자연히 여윳돈이 생기잖아. 그 돈으로 아이패드든 뭐든 살 수 있어. 아이패드는 술을 끊어서 얻는 보상이 아니야. 술을 끊어서 돈이 굳는 바람에 자연스럽게 나타난 결과지."

"무슨 뜻인지 잘 모르겠어."

"이제부터 회사에 도시락을 갖고 다닌다고 치자. '도시락을 직접 준비하는 보상으로 금요일마다 비싼 레스토랑에서 호화로운 점심을 먹을 거야'라고 생각하지 말고 '이제 도시락을 매일 싸야 하니 멋진 칼 세트에 거금을 투자하면 요리하는 습관이 더 즐거워질 거야'라고 생각해."

"차이가 있어?"

"보상이 있으면 행동이 다르게 보여. 아이패드를 갖고 싶어서 술을 마시지 않는다고 생각하는 거지. 나아가 '나는 나를 건강하게 관리해 활기차게 살고 싶어서 술을 끊는 거야. 여기에다 돈을 아껴서 원하는 물건도 살 수 있어'라고 마음을 먹으면 앞으로 술에 대한 관점이 달라질 거야."

좋은 습관을 지켜서 얻는 보상은 습관 그 자체다. 《포천》 선정 10대 기업 중 한 곳은 훌륭한 복지 정책을 자랑하는데, 가령 사내 헬스클럽을 연간 75회 이상 이용한 직원은 다음 해에 회원권을 무료로 받을 수 있다. 이것은 관찰 전략, 책임감 전략, 편의 전략(공짜일 때 습관은 더 편해진다), 보상 전략을 멋지게 결합한 방법이다. 운동하는 사람에게 운동을 더 많이 할 수 있는 보상을 주는 것이 아닌가.

　우리는 습관으로 많은 것을 얻으며 좋은 습관을 지키고 있다는 사실만으로도 스스로 발전하고 있음을 깨닫는다. 높이 쌓인 동전 더미에 동전 한 닢을 더하는 기분은 더없이 달콤하다. 나는 조본 업 팔찌를 착용한 이후 결승선의 위험 없이 발전하고 있다는 느낌을 받았다. 결승선의 반대말은 바로 '끊임없는 발전'이다.

선물을 받아야
더 잘할 수 있다

인생이 행복해지는 비결은 끊임없이 작은 선물을 받는 것이다.[1]
아이리스 머독, 《바다여, 바다여》

나는 지난 몇 달 사이 여러 가지 습관을 들이기 시작했다. 준수형답게 그걸 전부 끌어안고 결승선 없이 평생 지킬 계획이다. 덕분에 일의 능률이 오르고 머리가 더 맑아지긴 했으나 가끔은 부담스러운 것도 사실이다. 나 같은 사람도 쉴 새 없이 노력을 퍼부으면 지치고 흔들리게 마련이다.

따라서 유쾌한 선물 전략Strategy of Treats이 필요하다. 노력해야 받을 수 있는 보상과 달리 선물은 원할 때 자신에게 주는 소소한 기쁨이나 즐거움을 말한다. 선물을 받기 위해 착한 일을 하지 않아도 되고 땀 흘려 노력하거나 명분을 만들 필요도 없다.

선물은 시시하고 이기적인 전략 같아 보이지만 그렇지 않다. 좋은 습관을 들이는 과정에는 시간과 돈, 에너지가 많이 필요하기 때문에 선물이 중요한 역할을 한다. 선물을 받으면 힘이 나고 사랑받고 있다는 생각에 기분이 좋아진다. 그 결과 건강한 습관을 지키는 데 꼭 필요한 자제력이 샘솟는다. 깜짝 선물을 받거나 재미있는 비디오를 보는 것처럼 소소한 기쁨을 누리는 사람의 자제력이 더 높다는 연구 결과도 있다.[2] 나도 낮에 친구와 커피를 마시면 처리해야 할 일에 덤빌 의욕이 생긴다. 나를 아끼는 행동은 결코 이기적이지 않다.

반대로 아무 선물도 받지 못하면 힘이 빠지고 억울한 느낌이 든다. 그래서 제멋대로 행동하는 것을 정당화하기도 한다. 편한 길을 찾기 시작하고 편한 길이 보일 때마다 기회를 놓치지 않는 것이다. 그것이 좋은 습관을 무너뜨리는 길이라 해도 말이다.

나는 좋은 습관을 굳히기 위해 내게 몇 가지 선물을 주기로 했는데 생각보다 쉬운 일은 아니었다. 우리가 원하는 선물에는 대가가 따르게 마련이다. 박물관에 가려면 멀리 이동해야 하고 새로 나온 구두는 비싸다. 오늘밤 마티니를 마시면 내일 아침 더 힘들어진다. 내가 가장 좋아하는 선물인 책을 읽으려면 시간이 걸리고 집중력이 필요하다. 문제는 집중력을 아무 때나 끌어 모을 수는 없다는 점이다. 어느 독자가 내 블로그에 이런 글을 남겼다.

"저는 피아노 연주를 좋아하지만 피아노 앞에 앉기 전에 이미 집중력을 다 소진하는 날도 있습니다."

나는 다른 사람들의 기발한 선물을 조사해보았다. 미술 작품집·요리책·여행 가이드북 훑어보기, 산책하면서 사진 찍기, 낮잠, '털 테라피'(강아지나 고양이 쓰다듬기), 캠핑용품점 구경하기, 가족 앨범 보기, 차가 밀릴 때 잠깐 미술 엽서를 보며 기분 전환하기, 코미디 클럽 가기, 야구경기 관람하기, 팟캐스트 듣기, 컬러링북 색칠하기, 놀이공원 가기, 새로운 마술 배우기 등 다양했다.

무엇보다 선물은 쉬워야 한다. 한 친구가 내게 말했다.

"나는 매일 애들이 학교에 가면 20분 동안 다시 침대에 누워. 잘 때도 있고 그냥 누워 있을 때도 있지. 아침 9시라는 출근 시간은 변함이 없지만 잠깐이라도 원하는 행동을 하면 정말 행복해져."

런던에 사는 친구의 선물은 이것이다.

"거의 매일 약속이 있지만 하루에 두 번은 15분간 에스프레소를 마시며 《인터내셔널 헤럴드 트리뷴》을 읽어. 그때는 이메일을 확인하지도, 일을 하지도 않아. 그 외에는 쉬고 싶다는 생각을 별로 하지 않지만 그 시간을 놓치면 화가 치밀어."

또 다른 친구는 말했다.

"상황에 따라 성性적인 선물을 줄 수도 있지 않을까?"

나는 긍정적으로 응답했다.

"몸을 이용하는 선물에 특별한 힘이 있는 것도 사실이야."

작가 잰 스트러더Jan Struther는 "세상에서 건설적인 파괴 행위만큼 즐거운 일은 없다."[3]라고 했다. 나도 그 말에 동의한다. 우편물을 찢거나 파일을 비우는 일, 심지어 삶은 계란 껍데기를 까는 일도 선물이 될 수 있다. 나는 잡동사니를 정리할 때도 선물을 받는 기분이 든다.

그런데 다른 사람에게는 선물 같은 행동이 내게도 선물이라는 보장은 없다. 그 반대도 마찬가지다. "크로스핏 운동이 어찌나 좋은지 마치 선물 같아."라는 친구의 말을 듣고 나도 요가 수업이나 운동을 내 선물로 만들려고 했지만 전혀 아니었다. 물론 나는 운동을 좋아했으나 그것이 선물 같지는 않았다. 어떤 친구는 쇼핑이 선물이라고 말했다. 내게 쇼핑은 꽤나 힘든 노동이다. 나도 스케치, 테니스, 요리, 퍼즐, 악기 연주를 즐겁게 하고 싶지만 그런 활동은 내게 선물이 아니다.

나는 나만의 선물을 목록으로 정리해보았다. 그중에서도 최고는 도서관에 가는 선물이다. 읽고 싶은 책이 있으면 기록해두고 도서번호를 알아내 서가를 유유히 돌아다니며 그 책을 찾는다. 내게는 잠도 커다란 선물이다. 다른 사람들과 달리 일찍 자도 불만스럽지 않고 누워 있으면 호사를 누리는 듯한 기분이 든다. 또 신선한 자몽 향, 깨끗한 수건에서 나는 포근한 향 등 좋은 냄새를 맡으면 순식간에 선물을 받은 듯 기분이 좋아진다.

무엇이든 '선물'이라고 부르면 그것이 곧 선물이다. 어떤 경험에서 유쾌한 감정을 발견하고 만끽하면 그 경험은 커다란 선물이다. 허브티나 갓 깎은 연필 한 상자처럼 대단치 않은 물건도 엄연한 선물이다. 나는 향초에 불을 붙이며 '내게 선물을 주는 거야'라고 생각한다. 때로 힘든 습관을 선물로 바꿔 생각하면 지키기가 한결 수월해진다. 한 독자의 경험담이다.

"운동을 '꼭 해야 하는 일'로 생각하니 규칙적으로 하기가 힘들었습니다. 그래서 산책이나 크로스컨트리 스키를 선물로 정했어요. 의무밖에 없는 일상에서 그 시간만큼은 나만을 위해 쓰기로 했지요. 그러자 운동 습관이 우선순위로 올라왔습니다."

자신에게 주는 선물을 끊어야 한다고 생각하는 친구가 있었다.

"커피를 정말 좋아하지만 그만 마셔야 할 것 같아."

"밤에 잠이 오지 않아? 마시면 배가 아프니?"

"아니, 먹어도 아무렇지 않아."

"네게는 선물이 필요하고 커피는 훌륭한 선물이야. 적당한 카페인은 문제가 없대. 에너지와 집중력도 높아지고 친구와 커피 한 잔을 마시는 즐거움도 누릴 수 있잖아. 그냥 즐겨! 새뮤얼 존슨도 이렇게 말했어. '선을 쌓거나 악을 막지 않은 고통은 모두 쓸모없다.'⁴ 문제가 있지 않는 한 나쁜 습관은 없어."

그래도 친구는 미덥지 않은 표정이었다.

성향에 따라 선물에 시간, 돈, 에너지를 쏟는 힘은 서로 다르다. 저항형은 기꺼이 선물을 준다. 나 같은 준수형은 자기 보호 본능이 강해서 이렇게 생각한다.

'이러다가 죽겠다. 일은 그만하고 한 시간 동안 책을 읽자.'

의문형은 타당한 이유에 따라 행동하므로 자신에게 선물을 주는 행동이 시시하거나 이기적이지 않다고 생각하면 선물을 준다. 이들은 '마사지를 받으면 면역력이 높아져', '남동생과 풋볼경기를 보러 가면 사이가 더 끈끈해질 거야'라고 생각할 수 있다. 선물을 투자로 생각하는 의문형도 있다.

"저는 동네가 아니라 번화가의 비싼 미용실에 갑니다. 전문가가 머리를 손질해주면 사회생활에 도움이 되기 때문이죠. 제가 비싼 미용실을 더 좋아한다는 이유도 조금은 있을 겁니다."

일부 의문형은 '내가 원한다'는 이유 정도면 선물을 받기에 충분하다고 결론을 내린다. 반면 강제형은 선물에 필요한 시간이나 돈, 에너지가 다른 사람의 손에 달려 있을 경우 선물을 잘 주지 못한다. 그런데 강제형은 쉽게 지치고 자기 발로 기회를 차며 지나치게 타인을 위해 노력하는 성향이라 분노, 소외감, 박탈감을 느낄 가능성이 크므로 누구보다 선물이 필요하다. 한 강제형이 '강제형의 반란'Obliger Rebellion에 대해 이렇게 썼다.

"저는 저보다 다른 사람에게 선물을 주는 것이 훨씬 더 마음이 편합니다. 하지만 화가 날 때도 있죠. …… 어쩌다 강제형의 반란 상태에 빠지면 망설이지 않고 저 자신에게 선물을 줍니다."

또 다른 강제형은 자신의 성향을 이용해 선물 하나쯤은 주기적으로 주자고 결심했다.

"제게 선물을 주는 것은 내키지 않지만 다른 사람에게 선물을 주면 기분이 좋습니다. 제가 책임져야 하는 일로 다른 사람의 시간을 빼앗으면 큰 잘못을 저지르는 기분이에요. 그래도 일주일에 하루는 홀로 저녁 시간을 보냅니다. 사람들이 부르지 않는 이상 밖에 나가지 않으니 전형적인 강제형의 방법이죠."

강제형에게는 '골프를 몇 시간 치면 집과 회사에서 참을성이 늘어날 거야'라며 자신의 선물이 다른 사람에게 이롭다고 생각하는 방법이 효과적이다. 한 독자는 다음과 같이 말했다.

"저는 최근 겉모습에 더 신경 쓰기로 결심하고 난생처음 비싼 화장품을 샀어요. 그렇게 하면 더 예뻐져서 결혼 생활이 원만해질 것 같았습니다. 나 자신에게 선물을 해서 기분이 좋기도 하지만 그보다는 남편과

의 관계를 개선하고 싶어요."

주변에 강제형이 있다면 건강한 방법으로 자신에게 선물을 하라고 독려하고 꼭 그렇게 하도록 외적 책임감을 부여해주자. 그러면 기력을 소진하고 강제형의 반란 상태에 빠지는 상황을 방지할 수 있다.

"낮잠을 자고 싶다고 했지? 너는 잠을 자지 않으면 짜증이 늘어나니까 가서 누워. 한 시간 동안은 나올 생각을 하지 마."

규칙적인 선물과 자연히 따라오는 선물 중 어느 쪽을 선호하는지는 성향의 4유형에 따라 다르다. 준수형인 나는 규칙적인 선물을 선호한다. 곧 선물을 받을 수 있다고 기대해야 의욕이 생긴다. 저항형은 자연히 따라오는 선물을 선호하고, 의문형은 어느 쪽이든 더 즐거운 선물을 선택한다. 강제형은 외적 책임감이 필요하기 때문에 규칙적인 일정이 필수다.

건강한 방법으로 선물을 하면 기운이 솟고 행복해져서 좋은 습관을 더욱 잘 지킬 수 있다. 단, 나쁜 선물의 유혹에 빠지지 않도록 주의해야 한다. 나쁜 선물을 받으면 아주 잠시 동안만 기분이 좋을 뿐 이내 후회하거나 죄책감을 느껴 자제력을 잃는 등의 역효과가 나타난다. 한 독자는 내 페이스북에 다음과 같은 글을 남겼다.

"제가 선택하는 선물은 하나같이 형편없었어요. 기분이 좋을 때는 나쁜 선물을 즐길 자격이 있다고 생각합니다. 또 기분이 나쁠 때는 나쁜 선물로 위로를 받아야 한다고 생각해요."

다른 독자도 덧붙였다.

"수업을 빼먹는 선물로 역풍을 맞았습니다. 기분 전환을 하려고 수업에 빠졌는데 오히려 기분이 더 나빠졌어요."

위험한 선물은 크게 세 가지로 나뉜다.

첫째는 음식이다. 폭식을 하면 순간적으로는 기분이 좋아지지만 장기적으로는 더 우울해진다. 한 연구 결과에 따르면 불안하거나 우울할 때 초콜릿을 먹으면 죄책감이 더욱 커진다고 한다.[5] 음식으로 힘들어하는 사람은 음식이 아닌 다른 선물을 찾아야 한다.

둘째는 쇼핑이다. 많은 사람이 쇼핑을 선물이라고 생각한다. 그런데 연구 결과를 보면 기분이 나쁠 때보다 좋을 때 충동구매를 할 가능성이 크다고 한다. 쇼핑 중에 우리는 보고 만지고 맛보고 냄새를 맡으며 작게나마 모험을 한다. 또 사고 싶은 물건을 찾아다니며 짜릿한 전율을 느끼고 물건을 구매한 뒤 쇼핑 목록을 하나씩 지워 나간다. 하지만 쇼핑에 돈이나 시간을 지나치게 많이 쏟으면 기분이 나빠진다. 어떤 사람은 윈도쇼핑을 하거나 벼룩시장 혹은 창고 세일에서 질 좋은 물건을 노리며 원 없이 쇼핑 선물을 즐긴다. 이런 방법을 사용하는 독자도 있다.

"가끔 긴장을 풀 겸 '기분 전환 쇼핑'을 합니다. 쓸 수 있는 돈의 한계를 정해놓고 가게를 둘러봐요."

온라인 장바구니를 가득 채운 다음 구매 버튼을 누르지 않고 비운다는 독자도 있다. 또 다른 독자의 말을 들어보자.

"저는 밖에서 볼일을 볼 때 잠깐 골동품 가게에 들어갑니다. 물건은 거의 사지 않지만 진열된 예쁜 물건을 보면 기분이 좋아져요. 마치 작은 미술관 같다고나 할까요."

또 다른 독자도 거들었다

"저는 온라인 쇼핑을 많이 합니다. 지나칠 정도로 해서 문제죠. 최근

에는 마음에 드는 물건을 보면 곧바로 사지 않고 소셜 미디어에 올려요. 그러면 물건을 사고 싶은 욕구가 충족되고 새로운 물건을 샀을 때처럼 작은 기쁨도 느껴집니다. 어딘가에 저장해두었다는 사실만으로도 만족스러워요."

음식과 마찬가지로 쇼핑 욕구를 억제하지 못하는 사람은 돈을 쓰지 않는 활동을 찾는 편이 좋다.

셋째는 TV 시청이다. 미국인은 여가 시간의 약 절반을 TV 앞에서 보낸다고 한다.[6] TV를 많이 시청하지 않는 나는 이것을 쉽게 빠질 수 있는 습관이라기보다 선물로 생각하자고 마음먹었다. 다음과 같은 상황이라면 TV도 선물이 된다.

- 기대하는 프로그램이 있다(생각 없이 채널을 돌리지 않는다).
- 다른 사람과 함께 본다.
- 프로그램이 끝나면 TV를 끈다.
- 다 보고 났을 때 무기력하지 않고 활력이 솟는다.

어떤 화면이든 지나치게 오래 보면 진이 빠지고 다른 활동을 할 시간이 줄어든다. 특히 늦은 시간까지 잠들지 못하고 생각 없이 음식을 입에 넣기도 한다. 과학기술을 잘 이용하면 삶이 편해지지만 반대로 포로가 된 삶은 비참하다.

선물이 있으면 좋은 습관을 지킬 수 있다. 그러나 선물하는 습관을 들이면 선물이 더 이상 선물처럼 보이지 않는다. 또 귀했던 선물에 점차 익숙해지면서 작았던 탐닉의 정도가 갈수록 커진다. 칸트는 하루에 파이프 담배를 딱 한 대만 피우자고 정했는데, 흥미롭게도 그의 담배통은 날이 갈수록 커졌다.[7] 일주일에 한 번 고급 목욕 소금을 넣고 즐기던 목욕 선물도 매일 하면 평범한 일상으로 바뀐다. 나는 책장에 꽂힌 잡지들을 연달아 보면서 섭렵할 수도 있지만 선물로 조금씩 나눠서 보기로 했다. 같은 활동이 평범한 일상이 되느냐, 아니면 특별한 선물이 되느냐는 우리가 어떻게 행동하는가에 달려 있다.

만약 행복해지고 싶다면 아름다움, 창의력, 봉사, 신앙 등 초월적인 문제를 생각해보는 것도 좋다. 시간을 정해 미술 작품집이나 위인전을 읽는 습관, 자연에서 시간을 보내는 습관을 들이는 것도 괜찮다. 콘서트에 가거나 자원봉사, 명상 같은 활동도 의미 있는 일이다. 어떤 이는 정치에 정의, 기회, 자유 같은 초월적 가치가 들어 있으니 정치도 정신적인 문제라고 본다. 일부는 헌신, 충성, 희망, 인내를 경험할 수 있는 스포츠에서 정신적 가치를 찾는다.

완벽하게 습관을 들이면 결정할 필요 없이 저절로 행동할 수 있다. 그 순간이 오기까지는 자신에게 선물을 주며 힘을 보태는 방법으로 강한 자제력을 유지해야 한다. 괴테는 이렇게 말했다.

"지배력을 주지 않고 우리의 정신을 자유롭게 하는 것은 무엇이든 파괴적이다."

반대로 지배력을 주면서 우리의 정신을 자유롭게 하는 것은 무엇이든 건설적이다.

더하면
강해진다

새로운 습관을 들이거나 낡은 습관을 버릴 때는 최대한 강한 의지로 밀고 나가야 한다.[1]
습관이 일상에 완전히 뿌리 내리기 전까지는 실수를 허용하지 마라.
한 번 실수할 때마다 조심스럽게 말고 있던 실타래를 떨어뜨리는 것이나 마찬가지다.
한 번 떨어뜨렸을 뿐이지만 되돌리려면 더 많이 감아야 한다.

윌리엄 제임스, 《심리학의 원리》

짝짓기 전략 Strategy of Pairing 은 너무 익숙해서 오히려 진가를 알아보기 힘들었다. 나도 자주 사용하며 당연하게 여긴 방법이라 특별히 주의를 기울이지 않았다. 그러나 어쩌다 이 이야기가 나올 때마다 눈을 반짝이며 관심을 보이는 사람들을 보니 별도의 전략으로 연구할 가치가 있다는 생각이 들었다. 나는 짝짓기 전략을 사용할 때 내가 해야 하거나 하고 싶은 일과 그리 하고 싶지 않은 일을 하나로 연결한다. 그러면 두 가지를 모두 손에 넣을 수 있다. 물론 이것은 보상도 선물도 아닌 그저 짝짓기일 뿐이다.

내가 짝짓기 전략을 간단히 설명하고 몇 달이 지났을 무렵 한 지인이 습관을 바꿨다며 신이 나서 얘기를 들려주었다.

"덕분에 규칙적으로 헬스클럽에 가고 있어요. 전에는 아무리 노력해도 할 수 없던 운동을 이제는 매일 하고 있네요."

"정말요? 그런데 어떤 방법으로 하셨어요?"

"짝짓기 전략이에요. 이제는 운동할 때만 TV를 보고 있어요. 그걸 보기 위해 운동하러 가는 거죠! 푹 빠진 프로그램들이 있어서 헬스클럽에 가고 싶다니까요! 헬스클럽에서만 보기로 규칙을 정했어요."

나도 짝짓기 전략으로 운동하는 습관을 들였다. 강도는 약해도 꾸준히 운동을 하고 있지만 여전히 가끔은 소파에서 빈둥거리고 싶은 본능이 꿈틀거린다. 이럴 때 짝짓기 전략은 헬스클럽에 가는 습관을 강력하게 뒷받침해준다. 엘리자베스도 집에서 러닝머신 위를 달리며 리얼리티쇼 《진짜 주부들》Real Housewives 을 보는 짝짓기를 했다. 동생은 이렇게 말했다.

"정말로 러닝머신이 하고 싶어져."

대학 시절 나는 무조건 운동을 한 후에만 샤워를 하는 짝짓기 전략을 사용했다. 게으름을 피울 때는 샤워를 하지 않고 하루 이틀을 견뎠지만 더 지나면 샤워가 하고 싶어서라도 운동을 했다.

짝짓기 전략은 모든 상황에서 통한다. 대학 졸업 후 샌프란시스코에 살고 있을 때 나는 매일 아침 긴 산책을 했다. 아파트에서 800미터 떨어진 베이글 가게에서 아침식사용 베이글을 샀기 때문이다. 베이글이 먹고 싶으면 산책을 나갈 수밖에 없었다(좋아하는 카페 가기, 산 정상까지 오르기 등 목적이 있는 산책은 훨씬 더 만족스럽다).

내가 아는 어떤 사람은 출근길 차 안에서 그날의 기도를 하는 '자동차 기도' 습관을 들였고, 또 어떤 사람은 면도를 하면서 TED 강연 영상을 보았다. 출장이 잦은 한 친구는 비행기를 타면 절대 일하지 않고 소설만 읽는다. 그러자 출장이 즐거워졌고 독서 습관도 지킬 수 있었다고 한다. 한 독자가 이런 글을 올렸다.

"저는 '광고 청소'를 합니다. TV에서 광고를 시작하면 집안일을 하지요. 접시를 여섯 개쯤 닦고 건조기에 빨래를 넣고 부엌 선반의 먼지를 털죠. 광고가 끝나면 다시 앉습니다. 짧은 시간에 얼마나 많은 일을 할 수 있는지 놀라울 정도예요. 이렇게 하면 하루를 마무리할 때 놀면서 보냈다는 느낌이 들지 않습니다."

어떤 남자는 하루치 약을 다 먹어야 아침 커피를 마시는 규칙을 정하고 약병을 커피메이커 옆에 두었다. 다른 성향보다는 준수형과 의문형이 짝짓기 전략을 더 쉽게 사용한다. 강제형은 상황에 따라 다르다. "안돼, 약을 먹어야 커피를 내리지."라고 아무도 말해주지 않으면 외적 책임감이 없어 잘 지키지 못한다. 그래도 일부 강제형에게는 그럭저럭 효과가 있다. 저항형은 이 방법을 시도조차 하지 않는다.

언제나 습관을 들이는 참신한 방법에 목마른 내게 친구들은 저마다 좋아하는 방법을 들려주었다. 정리를 잘하는 친구가 제안한 짝짓기 전략은 이렇다.

"나는 한 방에서 다른 방으로 이동할 때 빈손으로 가지 않아. 꼭 제자리는 아니어도 물건을 더 가까이 옮길 수 있어."

"그런다고 뭐가 달라질까?"

내가 회의적으로 물었다.

"해보면 알 거야."

확신에 가득 찬 친구를 봐서 한번 시도해보았는데 '걷기'와 '들기'라는 단순한 짝짓기는 놀랍게도 효과적이었다. 특별히 노력하거나 더 많이 움직이지도 않았는데 물건 정리가 아주 쉬워졌다. 나는 침실에서 주방으로 이동하며 커다란 머그잔을 들고 나간다. 현관에서 침실로 갈 때는 책장에 꽂아야 할 책을 손에 든다. 사소해 보이는 이 습관으로 우리집에 나뒹굴던 잡동사니가 눈에 띄게 줄어들었다.

짝짓기는 이름 그대로 두 가지를 동시에 하는 방법이므로 멀티태스킹 욕구를 충족시켜준다. 어느 날 나이키에서 나온 운동량 측정 팔찌 퓨얼밴드FuelBand를 사용하는 친구에게 이메일을 받았다.

"아침에 보통 강아지와 함께 30분 동안 공원을 산책하는데 그 시간을 더 활용하고 싶다는 생각이 들었어. 그래서 요즘은 내가 몇 걸음을 걷는지 계산하고 오디오북도 듣고 있지. 한꺼번에 세 가지를 하고 있는 셈이야."

짝짓기 전략은 내키지 않는 습관을 지킬 때 쓸모가 있다. 예를 들면 먹는 습관을 식탁에 예의 바르게 앉는 습관과 짝지을 수 있다. 나는 다른 짝짓기 전략도 찾아봤다. 우선 더 많이 움직이고 싶어서 주말마다 오래 걷는 습관을 들이려고 노력했는데 그것이 부담으로 다가왔다. 무엇이 문제일까? 일단 오래 걷다 보면 지루했다. 나는 산책과 친구를 짝짓고 친구 두 명에게 규칙적으로 함께 산책하며 놀자는 이메일을 보냈다. 둘 다 제안에 응했고 이는 시간이 흐르면서 운동량 늘리기보다 친구와 더 가까워지는 습관으로 자리를 잡았다. 친구와 함께 걷는 시간은 조본업 팔찌에 기록되는 걸음 수보다 더 가치가 있었다.

하지만 매번 다른 사람과 산책할 수는 없었으므로 오디오북을 구매했다. 오디오북을 들으며 걸으니 정말 행복했고 더 오래 듣고 싶어서 다섯 블록을 더 걸은 날도 있었다.

나는 걷는 시간을 늘리는 만큼 앉아 있는 시간을 줄이고 싶었다. 직업상 하루의 대부분을 의자에서 보내지만 너무 오래 앉아 있으면 좀이 쑤시는 성격이라 음식을 가져오고 화장실에 다녀오고 책을 확인하며 적당한 시간을 걷는다고 짐작했다. 그런데 45분 동안 움직이지 않을 때마다 조본 업 팔찌가 진동하도록 설정했더니 나는 생각보다 더 오래 앉아서 생활하고 있었다.

어느 연구를 봐도 오래 앉아 있으면 건강에 나쁘다는 말뿐이라 그 습관을 꼭 고쳐야 했다. 앉아 있는 습관도 흡연과 다름없이 건강에 해로운 습관이었다. 평범한 미국인은 하루에 적어도 여덟 시간을 앉아서 생활하고[2] 우리가 앉아 있는 동안 신진대사는 원활치 않다. 아무리 운동을 해도 하루에 몇 시간이나 앉아 있는 사람은 조기 사망할 확률이 높다. 더구나 앉아 있을 때보다 일어서서 걸을 때 집중력과 에너지가 더 향상된다.

나는 오래 앉아 있는 습관을 버리려고 통화하는 습관과 서 있는 습관을 짝지었다. 즉, 통화하고 싶으면 일어서야 했다. 통화를 길게 하는 편은 아니었지만 자주 했기 때문에 하루에 움직이는 양이 제법 늘어났다.

짝짓기 전략은 아주 효과적이다. 때로는 효과가 지나치게 좋아서 나쁜 습관을 쌍으로 들이기도 한다. 몇 가지 대표적인 짝을 살펴보면 '토요일 밤이면 취할 때까지 술을 마신다', '메일을 받자마자 읽는다', '여행 중일 때 쇼핑을 한다' 등이 있다. 이렇게 짝을 지어놓으면 하나만 어겨도 박탈감을 느낀다.

영화관에서 초콜릿을 즐겨 먹던 한 친구는 식습관을 바꾸기로 결심한 뒤 더 이상 영화관에 가지 않았다. 아침의 커피 한 잔과 담배가 한 쌍이던 친구는 금연을 결심했을 때 커피를 홍차로 바꿨다. 이렇게 짝짓기 전략으로 나쁜 습관을 억제할 수도 있다. 어느 리포터가 말했다.

"저는 대학 시절에 나쁜 습관이 있었어요. 시험이 끝날 때마다 크루아상을 먹었죠."

"내가 보기엔 괜찮은 짝이네요. 가끔 크루아상을 먹지만 시험을 어쩌다 보니 자주 먹을 일은 없겠네요. 습관을 들이면 저절로 자제력이 생겨요. 크루아상을 더 먹으려고 추가 시험을 보는 것은 아니잖아요. 오히려 크루아상 먹는 습관을 절제할 방법을 찾은 거예요."

"그렇군요."

"재미없는 시험도 맛있는 크루아상과 짝을 지으니 전보다 더 즐거워지고요."

짝짓기 전략의 힘에 대해 생각하던 어느 순간 번뜩이는 아이디어가 떠올랐다. 나는 다른 사람에게 좋은 습관을 들이라고 격려하는 때가 가장 행복하다. 물론 가끔은 상대를 지나치게 몰아붙이기도 한다. 오랫동안 내 희생양이던 동생은 수신함에 이런 메일이 떠도 별로 놀라지 않았을 것이다.

보낸 사람: 그레첸
내가 오래전부터 러닝머신 책상에 집착했다는 걸 알고 있지? 정말 갖고

싶지만 우리집 서재에 넣으면 문을 열 수가 없어서 곤란해. 혹시 네가 써 보면 어떨까?

친구의 집에서 러닝머신 책상을 봤는데 항상 그 위에서 일을 한대. 적응 기간도 길지 않고 정말 좋다더라. 훨씬 에너지가 넘치고 사용하지 못한 날은 몸이 찌뿌둥하대. 그애는 거의 매일 10킬로미터를 천천히 걷고 있어. 더구나 소음도 없대. 에어컨보다 조용하다니 말 다했지.[3]

너는 요즘도 운동할 시간이 없는데 앞으로 할 일이 더 늘어날 거 아냐. 이게 있으면 의식하지 않고도 운동을 할 수 있어. 일하는 동안 걸으면 되니까. 이번 생일 선물도 안 줬으니 러닝머신 책상을 사주고 싶어. 잘 생각해봐! 그냥 주문해서 네 사무실에 넣어줄 배짱이 있었으면 좋겠다. 하지만 네가 싫어할까 봐 망설여지네. 생각해보렴.

얼마 후 동생에게서 메일이 왔다.

보낸 사람: 엘리자베스
정말 멋진 생각이다!!! 고민해볼게!

그리고 몇 시간 후 동생이 메일 한 통을 더 보냈다.

보낸 사람: 엘리자베스
아주 기쁘고 감사한 마음으로 언니의 통 큰 선물을 받기로 했어! 러닝머신 책상은 분명 획기적인 사건이 될 거야. 딱 내가 원하던 선물이야. 앞으로 지겨울 정도로 이 이야기를 할 계획이라고 사무실 사람들에게 경고해

됐어.

소식이 하나 더 있어. 함께 일하는 방송작가 세라도 하나 사겠대! 내가 하루 종일 걷는 동안 자신은 소파에 퍼져 있을 수 없다네. 내 사무실 화이트보드 앞에 러닝머신 책상 두 개를 놓을 생각이야. 작은 책상 두 개는 세라 사무실에 두고, 장차 방송작가들 사이에서 유행할 거라고 확신해. 고마워! 벌써부터 마음에 쏙 들어!

일주일 내에 러닝머신 책상 두 개가 도착했고 나는 엘리자베스에게 전화해 소감을 물었다.

"어때?"

"정말 최고야! 하루 종일 사용하고 있어."

"적응하기 어렵지 않았어?"

"전혀. 요즘 대본을 다시 쓰느라 내내 사무실에 있어서 매일 세 시간 반쯤 걷고 있어. 빠르지는 않아. 어떤 때는 한 시간에 1.2킬로미터 정도로 천천히 걷지만 지금까지 7킬로미터 넘게 걸었어. 더 적응되거나 다른 일을 하면 속도를 높일 수 있을 거야."

"7킬로미터나? 대단하다."

"나는 거리에, 세라는 걸음 수에 집중하고 있어. 세라는 자기가 몇 걸음을 걷고 있는지 보자마자 빠져버렸어. 둘 다 얼마나 멀리 가는지 각자 기록을 지켜보고 있어."

그전까지 엘리자베스는 운동하는 습관을 들이지 못했다. 다행히 짝 짓기 전략을 사용하면서 그것을 편의 전략, 관찰 전략, 토대 전략으로 강화하자 습관이 빠르게 자리를 잡았다. 강제형인 엘리자베스는 이렇게 말했다.

"나는 당뇨병을 치료해야 한다는 의무감이 생기면 운동이 더 쉬워져."

역시 습관은 자신에게 가장 잘 맞는 방식으로 계획해야 완벽하게 몸에 밴다. 나는 운동을 '당뇨병을 치료할 의무'로 여기지 않았지만 동생에게는 그 관점이 통했다.

습관을 터득하면 나를 괴롭히는 수많은 문제를 머릿속에서 쫓아내거나 극복할 수 있다. 설령 그 습관이 날마다 반복하는 사소한 행동일지라도 그 자체로 가치가 있다. 일상의 습관은 우리의 미래 모습을 결정한다. 그러니 달라지기로 마음먹었다면 지금 당장 자신의 습관을 돌아봐야 한다. 습관 하나하나는 사소할지 몰라도 모든 습관이 하나로 뭉치면 그 위력은 대단하다. 새뮤얼 존슨의 책에는 내가 제일 좋아하는 이런 구절이 나온다.

"사소한 문제를 탐구하는 사람은 절망을 줄이고 행복을 키우는 위대한 기술을 얻는다."

Part 5

나를 위한
습관 수업

'내가 이 세상에 유일하듯 다른 모든 사람도 그렇다'라는 말이
있다. 앞에서 알아본 것처럼 자신의 모습을 똑바로 바라보며 성
향을 파악할 수도 있지만, 나와 타인을 비교해도 내가 어떤 사
람인지 보인다. 이제 타인의 입장에서 내 가치관과 관심사성향
을 이해하는 명료성 전략, 정체성 전략, 타인 전략을 살펴볼 차
례다. 내가 어떤 사람인지 잘 아는 사람은 좋은 습관에 한 발 더
다가갈 수 있다.

확실한
선택을 하라

인간은 자신의 행동에 대해 대가를 치르고,
그렇게 행동하도록 내버려둔 것에 대해 더 많은 대가를 치른다.
더없이 단순한 대가, 이것이 우리가 앞으로 살아가야 할 삶이다.
제임스 볼드윈, 《거리에 아무 이름도 없다》

습관을 연구하면서 내가 가장 이해하기 힘들었던 수수께끼는 어떤 습관은 빠르게 익숙해지지만 또 어떤 습관은 도저히 지키기가 어렵다는 점이었다. 대체 이유가 무엇일까?

우리에게는 두 가지 감정이 공존한다. 가령 어떤 일을 하고 싶으면서 다른 한편으로는 하기 싫은 경우도 있다. 또한 어느 한 가지를 원하면서 그에 상반되는 다른 뭔가도 갖고 싶어 한다. 모든 사람이 입을 모아 중요하다고 말하는 습관이 자신에게는 무의미할 때도 있다.

내가 명료성 전략Strategy of Clarity이 중요하다고 깨닫기까지는 오랜 시간이 걸렸다. 언제나 구체적인 사실에 집중하는 내게 '명료하다'는 말은 어쩐지 추상적으로 들렸다. 그러나 명료성은 습관에 지극히 중요하고 없어서는 안 될 요소다. 습관을 지탱하는 명료성은 가치의 명료성과 행동의 명료성 두 가지다. 내가 어떤 가치를 중요시하고 어떤 행동을 해야 하는지 분명히 아는 사람은 습관을 지킬 가능성이 크다(타인이 중요시하는 가치나 타인이 내게 바라는 행동이 아니라 내 가치와 행동이다).

연구 결과에 따르면 삶의 목표가 충돌할 경우, 자제력이 약해진다. 이때는 불안하고 무기력해져서 아무것도 하지 못한다. 나도 지난 몇 년 동안 노력의 결실을 맺지 못한 습관들을 돌이켜보니 대부분 습관의 가치가 명료하지 않았다. 그래서 더 주저하고 나쁜 습관에 빠지기도 했다. 매주 토요일 오후에 일을 할까, 여가 생활을 즐길까? 딸아이에게 주방에서 숙제를 해도 괜찮다고 할까, 아니면 조용하고 방해받지 않는 방에서 하라고 할까? 이럴 때 마음이 갈팡질팡하면서 불확실한 생각들이 싸워대는 통에 기운만 빠져버렸다. 양쪽 건초 더미 중 어느 쪽을 먹을지 결정하지 못하고 굶어죽은 뷔리당의 당나귀Buridan's Ass처럼 나는 결정을 내리지 못해 아무것도 할 수 없었다.

습관과 행복을 주제로 사람들과 이야기를 하다 보니 몇 가지 상반되는 가치관이 계속 눈에 들어왔다.

서로 짝을 지워놓은 표가 보여주듯 우리가 명료하게 결정하지 못하는 이유는 두 가지 가치관이 충돌하기 때문이다. 양쪽 다 중요하다 보니 습관에 어떤 가치관을 반영할지 고민스러운 것이다. 나는 두 가지 가치관이 충돌할 때 반드시 둘 중 하나를 선택해야 하는지 다시 생각해봤다.

| 상반된 가치관의 예 |

에너지의 110퍼센트를 일에 쏟고 싶다.	에너지의 110퍼센트를 가족에게 쓰고 싶다.
소설을 쓰고 싶다.	운동을 하고 싶다.
잠을 많이 자고 싶다.	매일 사랑하는 사람과 대화하고 TV를 보며 재미있게 놀고 싶다.
차를 오래 운전하고 싶지 않다.	아이를 여러 가지 방과 후 활동에 참여시키고 싶다.
다른 사람과 스스럼없이 지내고 싶다.	혼자 생각하고 일할 시간이 필요하다.
돈을 아끼고 싶다.	헬스클럽에 다니고 싶다.
퇴근 후 몇 시간은 편하게 쉬고 싶다.	깨끗이 정리정돈한 집에서 살고 싶다.
새로운 친구를 사귀고 싶다.	고독을 즐기고 싶다.
미래를 위해 퇴직금을 모으고 싶다.	여행하면서 현재를 즐기고 싶다.
음주량을 줄이고 싶다.	날마다 파티를 하고 싶다.

둘 다 선택할 수는 없을까? 딸아이의 같은 반 학부형이 내게 말했다.

"아들이 책을 읽어달라고 해서 운동 강습을 자꾸 빠지게 돼요."

만족스러운 표정으로 보아 그녀는 '나는 내 욕구를 기꺼이 희생해서 아들을 챙기고 있어'라고 생각하는 듯했다(그녀는 아마 강제형일 것이다).

그녀의 선택에 오류가 있다고 생각한 나는 이렇게 말하고 싶었다.

"좋은 부모가 된다는 가치관은 무척 중요하지요. 그런데 '그 상황'에 필요한 가치관은 무엇일까요? 운동하지 않는 시간에 책을 읽어주면 운동도 하고 아들에게 책도 읽어줄 수 있을 텐데요."

문제를 명료하게 파악하기 위해 스스로를 채찍질하다 보면 새로운 해결책이 눈에 들어온다. 어떤 부부가 집안일로 부부 싸움이 끊이지 않자 상담을 받으러 갔다고 한다. 그들은 깨끗한 집과 넉넉한 여가 시간 중 어느 쪽이 더 중요한지를 놓고 의견이 엇갈렸다. 상담을 받으면서도 계속 싸우던 부부는 상담을 그만두고 주중에 청소 도우미를 부르기로 합의했다. 한 친구는 주말에 자전거를 오래 타고 싶지만 다른 한편으로 가족과도 오랜 시간을 보내고 싶다고 했다. 어느 쪽을 선택하든 항상 후회는 남았다. 큰맘 먹고 갈등의 본질을 명료하게 확인한 그는 해결책을 발견했다. 이제 주말이면 그는 아침 5시에 일어나 여섯 시간 동안 자전거를 타고 남은 시간은 가족과 보낸다.

습관과 가치관을 서로 분명하게 연결하면 습관을 지키기 쉬워진다. 나는 침대를 정리하면 마음이 편안해지기 때문에 침대 정리 습관을 따른다. 딸들에게 입 맞추며 인사를 하면 사랑받고 있다는 느낌이 들어서 그 습관을 고수한다. 쾌락, 허영, 결벽 등의 세속적 가치도 다른 고결한 가치에 비해 결코 모자라지 않다. 사람들은 아마 충치 예방보다 입 냄새를 방지하기 위해 양치하는 경우가 더 많을 것이다. 한 트레이너가 말했다.

"남성들은 테니스 같은 운동을 더 잘하고 싶다거나 예전처럼 숨을 몰아쉬지 않고 계단을 오르고 싶다는 이유로 옵니다. 여성들은 더 예뻐지려고 운동을 시작하죠. 양쪽 다 건강은 그다음입니다."

습관의 가치가 명료하지 않으면 습관을 지킬 가능성은 낮다. 약을 복용할 때 사람들은 현재의 몸 상태가 확실히 달라지지 않으면 약을 그만 먹는다. 혈압약을 먹는 환자가 그 대표적인 예다. 독감 백신을 맞아야 한다고 늘 막연하게 생각만 하던 내가 실행에 옮긴 것은 지독한 감기에 걸린 뒤 당뇨병 증세가 나타난 엘리자베스를 보고 난 뒤였다. 며칠 독감을 앓으면 그만이라고 생각하면 백신을 맞는 의미가 없어 보이지만 당뇨병에 걸릴 위험이 있다면 얘기가 다르다.

명료성 전략을 보면 일정 전략이 왜 그토록 효과적인지 알 수 있다. 우리는 글을 쓸 시간, 가족과 보낼 시간, 책을 읽을 시간을 각각 마련해야 한다. 무엇을 먼저 해야 하는지 우왕좌왕하며 정신없이 하루를 보내고 중요한 일을 해내지 못해 마음이 불편하던 시절은 이제 안녕이다. 명료한 일정 전략을 이용할 경우 중요한 일 하나하나에 확실하게 시간과 에너지를 쏟을 수 있다.

명료성 전략은 내가 감추고 싶은 습관에 스포트라이트를 비추기도 한다. 어떤 습관이든 감추고 싶다면 각별히 신경을 써야 한다. 가족이나 동료에게 컴퓨터 화면을 보이기 싫거나 많은 시간과 돈을 투자하는 습관을 들키고 싶지 않다면 그 행동이 내 가치관을 반영하지 않는다는 증거다. 어느 독자가 이런 글을 올렸다.

"저는 물건을 왕창 사서 쇼핑백을 창고에 감춰요. 무엇을 샀는지 아무에게도 알리고 싶지 않습니다."

더 이상 몰래 담배를 피우거나 쇼핑을 하거나 헤어진 연인의 페이스북을 염탐하고 싶지 않다면 그런 나쁜 습관을 사람들 앞에 강제로 드러내야 한다. 비밀로 감추지 못하면 습관을 버릴 수밖에 없다. 때론 나와 습관이 같은 사람을 발견하고 안심할 수도 있다. 한 독자의 경험담이다.

"저는 몰래 드라마 전문 채널을 보는 습관이 있었어요. 부끄러웠지만 애써 웃으면서 친구에게 고백했더니 친구가 '나도!'라고 하지 뭐예요."

다른 이유로 습관을 감출 수도 있다. 어느 독자가 이렇게 썼다.

"저는 숨어서 글을 씁니다. 요즘 무얼 하느냐는 질문을 받아도 종일 소설만 쓴다는 얘긴 절대 하지 않아요. 거짓말을 하는 것 같아 불편하지만 글을 쓴다고 하면 어쩐지 남들 앞에서 벌거벗은 느낌이 듭니다."

비슷한 예로 블로그를 운영한다는 사실을 비밀로 하는 사람도 많다.

굳이 나서서 이유를 설명해야 한다고 느끼는 습관에도 주의를 기울여야 한다. 역설적이지만 불필요한 자기변호는 일종의 자기부정이다. 언젠가 나는 남편에게 그날 일을 하나도 하지 않은 이유를 미주알고주알 떠들었다. 남편이 내 일에 거의 상관하지 않는데도 말이다. 실컷 변명을 하고 나서 생각하니 그 이유는 스스로 무언가를 감추고 싶기 때문이었다. 업무 습관을 어긴 현실을 인정하고 싶지 않았던 것이다. 한 친구가 내게 정곡을 찌르는 이야기를 들려주었다.

"식료품점에서 계산하려고 줄을 섰는데 아는 여자가 앞에 서 있는 거야. 그쪽에서는 나를 알아보지 못했고 내가 말을 걸기도 전에 계산원과 얘기하기 시작했어. 자기가 사고 있는 인스턴트 과자, 냉동식품을 가리키며 '애들이 사오라고 해서요. 말도 못하게 좋아해요'라고 하지 뭐야. 사실 그 여자에게는 애가 없거든! 고양이도 키우지 않아. 엿듣기가 민망해서 다른 줄로 바꿨어."

토리 존슨Tory Johnson 은 《시프트》The Shift 에 이렇게 썼다.

"나는 운전면허를 취득한 날부터 드라이브스루를 이용해 폭식하는 습관이 생겼다. 사실은 혼자 왔으면서도 여러 사람의 몫을 주문하는 척하며 큰 소리로 '걔네가 뭘 사오라고 했지?'라고 외쳤다. 접수원이 내게 관심이나 있었을까?"[1]

명료성 전략의 최우선 과제는 내 행동을 인정하는 것이다.

가치관이 명료하면 눈속임 습관을 골라낼 수 있다. 눈속임 습관이란 말로는 원한다고 하지만 실제로는 그럴 계획이 없는 습관을 말한다. 눈속임 습관은 주로 다른 사람의 가치관이나 우선순위를 반영한다. '이제부터 매일 저녁 요리를 할래', '더 이상 복권을 사지 않겠어'라며 자신의 실제 의도를 감추는 눈속임 습관은 내일은 뭐든 다 해낼 수 있다는 '내일 논리'만큼 위험하다.

준수형은 남에게 공개한 목표를 진지하게, 지나칠 정도로 진지하게 받아들이기 때문에 나는 눈속임 습관을 이야기하는 사람을 보면 걱정이 앞선다. 내가 눈속임 습관을 처음 인식한 것은 저녁식사 자리에서 어떤 남자의 옆에 앉았을 때였다. 그 남자는 확신 없는 목소리로 말했다.

"운동을 시작하려고요. 하지 않으면 큰일 나겠어요."

"왜 지금은 운동을 하지 않죠?"

"시간이 없고 출장을 너무 많이 다녀서요. 무릎도 불편하고요."

"제가 듣기에는 운동을 별로 하고 싶지 않은 것 같네요."

"아니, 해야 해요. 아내와 아이들이 운동 좀 하라고 등을 떠밀거든요. 곧 시작할 겁니다."

어떤 상황인지 이해가 갔다. 그는 운동을 하고 싶지 않지만 가족과 자신에게 언젠가는 운동을 시작할 거라고 가장하는 눈속임 습관을 사용하고 있었다. 만일 "가족이 부추겨도 나는 운동할 생각이 없어."라고 자신의 선택을 인정했다면, 그래서 어떤 결과가 나타날지 이해했다면 오히려 운동을 하겠다고 결심했을지도 모른다. 그는 눈속임만 계속하면서 진정한 의도를 인정하지 않고 자기행동을 부정하고 있었다.

반면 명료성 전략으로 이 함정을 피한 친구도 있다.

"운동을 하면 좋지. 하지만 애가 둘이고 저녁때까지 일하는 상황에서 운동을 하면 걱정거리가 하나 더 늘어나는 셈이야. 애들이 좀 더 크면 그때 가서 생각해볼래."

"잘 생각했어!"

내 말에 그 친구는 마음을 놓으면서도 수상쩍다는 표정을 지었다.

"네가 나를 설득할 줄 알았어."

"내가 볼 때는 '운동해야 하는데'라고 말만 계속하는 사람보다 '지금은 운동에 신경 쓰지 않을래'라고 말하는 네가 더 대단한 것 같아. 운동을 하지 않는 건 똑같지만 너는 네 행동을 분명하게 인정하니까. 후회하면서 에너지를 낭비할 일도 없고."

그 친구는 정말로 운동을 시작했을 때 좋은 성과를 얻을 가능성이 크다. 최소한 '겨우 이걸 하려고 몇 년 동안 회피하면서 마음을 졸였어'라는 생각은 하지 않을 것이다.

내게는 사람들을 집에 초대해야 한다고 말하는 눈속임 습관이 있다. 우리 엄마는 사람들을 초대해서 대접하는 일을 좋아하고 실제로 멋지게 해낸다. 반면 나는 계속 '초대해야 해!'라고 생각만 할 뿐 행동에 옮기지는 않는다. 또한 '접시는 싱크대가 아니라 식기세척기에 넣어야 해'라고 생각하지만 접시를 그냥 싱크대에 넣고 만다. '딸들에게 감사편지를 쓰게 해야지', '매일 밤 시를 읽어야지', '읽은 책을 전부 독서 사이트에 기록해야지', '좋은 도자기 접시를 써야지'는 내가 이미 포기한 몇 가지 눈속임 습관이다. 언젠가는 좋은 도자기를 쓸 테지만 그때가 오기까지 눈속임 습관을 포기해서 얼마나 속이 시원한지 모른다.

눈속임 습관을 대하는 태도는 성향의 4유형이 모두 다르다. 준수형은 모든 기대를 진지하게 받아들이고 매일 밤 시를 읽는 습관처럼 불확실하지 않은 것 외에는 결심을 실행에 옮기므로 눈속임 습관이 비교적 적다. 의문형은 습관을 지켜야 하는 이유를 확신하지 못할 때 눈속임 습관을 만든다. 강제형은 다른 사람의 요구를 느껴도 행동을 강요하는 책임감의 테두리가 없을 경우 눈속임 습관을 내세운다. 별다른 어려움 없이 "아니, 그건 안 해."라고 말하는 저항형에게 눈속임 습관은 그저 남의 이야기일 뿐이다.

습관이 명료할수록 지키기 쉽고 불확실하면 지키기 어렵다. 내가 선택해서 행동한다는 식으로 강한 자제력을 보이는 언어('나는 안 해', '~하기로 했어', '~할 거야', '하기 싫어')를 사용하는 사람은 스스로의 능력을 낮추는 언어('나는 못해', '나는 그러면 안 돼', '~하래')를 사용하는 사람보다 습관을 더 잘 지킨다.[2] '안 해'와 '못해'는 하늘과 땅 차이다.

자신의 습관을 어떤 말로 묘사하느냐에 따라 습관의 매력이 달라진다. 예를 들어 '교제 시간'은 '이메일 시간'보다 더 재미있게 들린다. 피아노 '연주'는 피아노 '연습'보다 더 신나게 들린다. '혼자 집에서 쉬는 날'과 '밀린 일을 하는 날', '일탈하는 날'과 '의무 공휴일' 중 어느 쪽에 더 끌리는가?(성향마다 다른 말을 택할 것이다) 댄스 강습과 운동 중에서는? '설탕을 끊었어'처럼 끊는다는 말을 좋아하는 사람도 있지만 중독자가 된 느낌이라며 그런 표현을 꺼리는 사람도 있다. 한 여성이 내게 말했다.

"저는 '평생'이나 '절대'라는 말은 쓰지 않으려고 노력하지만 '영원히'라는 말은 좋아해요."

우리 주위에는 스트레스를 줄이고 싶다고 말하는 사람이 아주 많다.

그러나 스트레스의 정의는 모호하고, 구체적인 문제를 가리키지도 않기 때문에 해결책이 쉽게 나오지 않는다. '스트레스를 받았어'라는 말은 무슨 행동으로 그런 감정을 느꼈는지 인과관계가 분명하지 않다. 나는 누군가가 "스트레스를 받았어."라고 말하면 정확히 무엇 때문에 기분이 나쁜지 파악하려고 노력한다. '집에서 일하니까 하루 종일 일하는 기분이야', '기를 빼앗아가는 사람과 함께 일하고 있어', '가족끼리 재미있는 모험을 떠나고 싶지만 다들 집에서 쉬고 싶어 해', '어떤 기회를 선택해야 할지 모르겠어', '노트북과 데스크톱의 동기화가 잘 되지 않아', '두 딸이 동시에 말할 때 혼란스러워', '그 사람들을 만나면 어색해' 등의 말처럼 구체적으로 설명하면 무엇이 문제인지 명확해지고 해결책이 눈에 보인다.

습관을 들일 때는 가치관뿐 아니라 행동도 명료해야 한다. 행동이 구체적일수록 습관을 잘 지킬 가능성이 커진다. 예를 들어 '감정을 더 의식하자'라는 습관은 너무 모호하다. 반면 '퇴근 후 집으로 들어설 때마다 감사하는 마음을 갖자', '매일 흥미로운 사진을 찍자' 같이 구체적인 행동은 습관이 될 수 있다.

행동이 명료하지 않은 문제는 주로 약을 먹는 습관과 관련이 있다. 연구 결과를 보면 최대 55퍼센트에 해당하는 성인이 처방대로 약을 먹지 않는다고 한다.[3] 그것은 대표적인 이유 몇 가지만 봐도 명료하지 않은 습관이 문제임을 알 수 있다. '왜 이 약을 먹어야 해?', '이 약을 언제 먹어야 한다는 거야?', '오늘 약을 먹었나?'처럼 의문을 품는 사람은 약을 잘 먹지 않는다. 그래서 과거의 약병 대신 각 칸마다 요일을 분명하게 기록한 약통이 등장한 것이다.

나는 '명백한 기준 법칙'bright-line rule에 따라 행동을 분명하게 정한다. 명백한 기준 법칙은 명료하게 정의한 규칙 및 기준을 말하는 법조계 용어다. 명백한 기준 법칙이 있으면 해석거나 결정할 필요가 없다. 내가 정한 명백한 기준 법칙에는 가령 안식일 지키기, 문법을 모를 때는 문법 책 확인하기, 병에 든 물은 절대 사지 않기, 모든 이메일은 24시간 내에 답장하기, 매주 토요일 밤 집에 전화하기 등이 있다.

쇼핑 목록에 있는 물건만 사서 충동구매를 억제하는 명백한 기준 법칙을 자주 사용하는 사람도 있다. 한 독자가 설명했다.

"저는 목록에 있는 물건만 삽니다. 식료품뿐 아니라 옷과 화장품도요. 덕분에 돈도 절약하고 집 안에 잡동사니가 쌓이지 않죠."

사람마다 자기만의 명백한 기준 법칙이 있다. 저녁식사 전에는 무조건 채식을 한다는 남성도 있고 이렇게 말하는 친구도 있다.

"내 습관은 숫자 3을 절대 넘기지 않는 거야. 종류를 가리지 않아. 맥주는 세 잔만 마시고 TV 프로그램도 세 개만 봐."

물론 명백한 기준 법칙은 지키려는 마음이 없으면 아무 의미가 없다. 습관은 지키려는 의지가 있을 때라야 비로소 행동으로 이어진다.

정체성이
습관을 결정한다

인간은 최악의 습관조차 잃으면 서운해한다네. 어쩌면 그런 습관에
제일 미련이 남을지도 모르지. 최악의 습관은 그 사람의 본질이니 말일세.[1]
오스카 와일드, 《도리언 그레이의 초상》

정체성 전략Strategy of Identity도 명료성
전략처럼 습관을 연구하고 한참이 지나서야 뇌리에 들어오기 시작했
다. '나는 이런 사람'이라는 것을 결정하는 정체성은 습관과 행동에 너
무 깊이 박혀 있어서 쉽게 보이지 않았다. 그러나 습관을 바꿀 때 그것
이 쉬운지 어려운지를 결정하는 것은 바로 개인의 정체성이다.

나와 마리아는 딸아이가 다니는 유치원의 학부형으로 처음 만났다.
나는 유쾌하고 장난기 있는 마리아와 더 친해지고 싶었다. 소원대로 몇
년 후부터 우리는 내 블로그에 올릴 영상을 함께 만들기 시작했다. 어느

날 우리는 습관에 관한 이야기를 나눴다.

내가 말을 꺼냈다.

"혹시 바꾸고 싶은 습관이 있어? 내 습관 이론을 시험해보고 싶지 않니?"

"말이 나왔으니 말인데 음주량을 줄이고 싶어. 나는 특히 와인을 좋아하는데 다음 날 톡톡히 대가를 치르곤 해. 와인을 한두 잔만 마셔도 기분이 아주 바닥이야. 보통은 대화 내용을 또렷하게 기억하지만 술을 마시면 잘 기억나지 않아. 그리고 술을 끊으면 운동 습관과 식습관을 긍정적으로 바꿀 수 있을 것 같아."

"맞는 말이야."

포기형인 나는 포기형의 방법을 제안했지만 마리아는 관심이 없었다.

"그렇다고 술을 끊고 싶지는 않아. 나는 이탈리아인이라 그런지 맛있는 음식을 먹고 좋은 와인을 마시며 즐겁게 살고 싶어. 사람들도 내게 그런 모습을 바랄 거야. 내 친구 중에는 '너, 와인 마시려고? 그럼 나도 마실래'라고 말하는 친구도 있어. 다들 내가 항상 재미있는 사람이라고 생각한단 말이야."

"너는 항상 재밌는 사람이야! 너도 잘 알잖아."

"그래. 난 정말 재미있는 사람이지."

"사람들은 네가 얼마만큼 마시든 알아차리지 못해. 어쩌면 '마리아가 와인을 한 잔 더 마시니까 나도 그래야지'라며 너를 보고 속도를 맞추는 사람이 있을지도 모르지. 연구 자료만 봐도 옆에 누가 앉아 있느냐에 따라 먹고 마시는 양이 달라진다니까.[2] 그렇지만 남이 아니라 너 자신을 위해 변화하고 싶지 않아?"

"즐겁게 놀고 싶어. 문제는 술을 마시면 기분이 나빠진다는 거야."

"그럼 언제 어느 정도 마실지 생각해봐."

마리아는 다각도로 생각한 후 원하는 습관을 결정했다. 일단 집에서 저녁식사를 할 때는 와인을 마시지 않기로 했다. 레스토랑에서 친구와 저녁식사를 할 때는 와인 한 잔을 넘기지 않고, 특별한 기념일에는 몇 잔 더 마시기로 정했다. 나는 이메일로 새로운 습관을 들이기로 한 마리아의 소식을 전해 들었고, 처음에는 마리아가 정한 규칙에 초점을 맞췄다(나는 준수형이라 언제나 규칙에 관심이 많다). 술 대신 마실 음료수도 의논했다. 마리아는 마시면 기분은 좋아지지만 알코올은 없는 음료를 원했고, 탄산수에 석류주스와 라임 즙을 넣은 '가족 술'을 남편과 마시기로 했다. 마침 음주량을 줄이려던 마리아의 남편도 가족 술을 마시며 하루를 마무리하는 습관에 만족해했다.

그런데 시간이 흐르자 마리아에게는 규칙보다 정체성이 더 큰 문제로 밝혀졌다. 마리아는 분명 처음 이야기를 꺼낸 날부터 그녀의 정체성을 강조했지만 나는 그것을 그리 중요하게 여기지 않았다. 마리아의 정체성은 맛있는 식사를 사랑하고 '재미있는' 이탈리아인이라는 점이었다. 이것이 마리아의 진정한 문제였다.

보낸 사람: 마리아

나를 부정하는 느낌이야. 나는 요리와 와인을 좋아하는 이탈리아인이란 말이야. 와인 맛은 그립지 않지만 와인 한 잔을 마시면 즐거워지고 긴장이 풀리던 느낌은 그리워. 평일에도 집에서 한두 잔 마시던 와인을 끊으니 기분이 나아지기는 했어. 어젯밤에는 남편이 와인 병을 따지 못하게 말렸어. 그러면 한 잔 마시고 싶을 테니까. 남편은 내 말을 들어줬어. 내게 그럴 만한 자제력이 있다는 점은 마음에 든다.

정체성은 우리의 습관을 강력히 지배한다. 내가 저탄수화물 식사를 한다고 말하자 한 친구가 고개를 저으며 말했다.

"나는 절대로 못할 거야. 까다롭게 '이건 먹지 않아', '이건 원치 않아' 하고 말하는 사람이 되고 싶지 않거든."

"다른 집에 손님으로 가는 것처럼 예외 상황을 만들면 돼."

"너도 그렇게 해?"

"아니, 나는 무조건 지켜. 사람들이 나보고 까다롭다고 해도 상관없어. 원래 까다로운 사람이니까. 그렇지만 장점도 있어. 몇 년 동안 몸무게 때문에 걱정했는데 이제는 그럴 필요가 없어. 까다롭게 군 보람이 있지."

"나는 그냥 모든 음식을 먹는 사람으로 살래."

"별로 까다롭지 않은 정체성도 식습관을 바꾸는 것처럼 다른 것과 충돌하면 문제가 되지. 난 힘들지 않아. 나는 다른 사람들에게 '책에서나 읽었던 저탄수화물 광신도가 여기 있습니다'라고 말하면서 짜릿한 흥분을 느끼거든."

정체성의 중요성을 인식하자 정체성이 습관에 어떤 영향을 주는지 보이기 시작했다. 한 친구가 내게 말했다.

"우리 부부는 일찍 잘 필요가 있어. 지금 너무 늦게 자는데 아기 때문에 일찍 일어나다 보니 굉장히 피곤해. 일찍 자야 한다고 말은 하지만 절대 행동하진 않아."

"자기 전의 일과를 얘기해봐."

"11시쯤 주방으로 가서 견과류나 치즈를 먹으며 이야기를 해."

"괜찮네."

그때 친구가 문제의 핵심처럼 보이는 한마디를 보탰다.

"책임감 있는 부모가 되려면 일찍 자야겠지. 그런데 아기가 태어나기 전에 즐겼던 부부만의 시간을 놓을 수가 없어. 자정 전에 자는 인생은 너무 심심하달까. 물론 정말로 잠이 필요하긴 해."

습관을 바꿀 때 자신의 정체성을 바꾸거나 잃어야 한다고 생각하면 새로운 습관에 거부감이 생기기 쉽다. 그러나 사람들은 자신의 정체성을 대변하는 습관이면 아무리 사소해도 포기하고 싶어 하지 않는다. 나는 몇 년째 핸드백을 들고 다니지 않는다. '핸드백 없는 여자'로 사는 것이 좋아서 배낭보다 핸드백이 더 편한 상황이 많아도 핸드백 사는 일을 미루고 있다. 아무리 하찮아도 이 정체성을 포기하자니 아쉬웠다.

연구 결과를 보면 사람은 자신의 말을 믿으며 자신을 어떻게 설명하느냐에 따라 정체성이 달라진다고 한다. 습관도 그렇게 달라질 수 있다. 만일 '나는 게을러', '나는 세일을 그냥 지나치지 못해', '나는 어떤 일이든 한 번은 시도해', '나는 마지막 순간까지 일을 미뤄', '나는 행운아야' 같은 말을 하면 이 말이 자기 정체성의 일부가 되어 행동까지 바꾼다.

또한 같은 특징도 긍정적 의미와 부정적 의미로 나눠서 설명하는 것이 가능하다. 이를 통해 우리는 원하는 습관을 구체적으로 정할 수 있다. 나는 성실한가, 엄격한가? 마음에서 우러난 행동을 하는가, 충동적인가? 미식가인가, 폭식가인가? 즐거움을 추구하는가, 게으름뱅이인가? 예술가 기질이 있는가, 무질서하게 사는가? 활력이 넘치는가, 침착하지 못한가?

나는 몇 년 전만 해도 내가 운동을 싫어하는 사람이라고 생각했다. 그런데 알고 보니 내가 싫어하는 것은 운동이 아니라 경기였다. 나는 몸이 몹시 둔해서 스포츠 경기를 싫어하고 경쟁도 즐기지 않는다. 반면 달리기, 유산소 운동, 근력 운동 같은 운동은 얼마든지 환영이다. 내가 운동을 즐기는 사람이라고 생각하자 성향에 대한 관점이 달라지면서 규칙적으로 운동을 할 수 있었다.

한 연구진이 선거인명부에 등록한 한 투표자 집단에게는 "투표는 얼마나 의미 있는 일인가?"라고 질문하고 다른 집단에게는 "투표자 역할에 얼마나 의미가 있는가?"라고 물었다.[3] 그러자 다음 선거 때 두 번째 집단의 투표율이 더 높게 나타났다. 그저 의무감으로 투표하지 않고 '나는 이런 사람'이라는 정체성을 표현하며 한 표를 던졌기 때문이다.

새로운 정체성을 하나씩 추가하는 일은 재미있다. 나는 '뉴요커', '엄마', '블로거', '운전자', '행복 전문가'라는 내 정체성을 사랑한다. 마라톤에 열정을 바치는 소설가 무라카미 하루키도 이렇게 썼다.

"마라톤을 하면 나를 이해하는 요소 목록에 몇 개를 새로 추가하게 된다. 그 결과 인생에 대한 관점이 달라지고 인생의 모습이 바뀐다. 좋은 쪽이든 나쁜 쪽이든 나는 이것을 경험했고 다른 모습으로 거듭났다."[4]

정말로 '나는 회사에서 시간을 낭비하는 사람이 아니야', '나는 일을 회피하는 사람이 아니야', '나는 한번 참석한다고 하면 참석하는 사람이야'라고 자신을 정의하면 그에 따라 살 수 있다.

물론 정체성이 습관을 지배하도록 내버려두지 않고 자신의 정체성에 맞는 습관을 지키는 것은 매우 중요하다. 경제 뉴스 채널을 본다고 해서 퇴직금 계획을 현명하게 처리하는 것은 아니다. 운동화를 신는 것과 달리는 습관은 엄연히 다르다. 채소를 구매한다고 채소를 먹는다는 보장은 없다. 야외 활동 관련 잡지를 읽는다고 캠핑을 떠나는 것은 아니다. 행복에 대한 글을 쓰는 나도 행복하게 살자는 결심을 지키지 않으면 더 행복해지지 않을 것이다. 어느 날 함께 저녁을 먹던 친구가 말했다.

"설탕을 끊었는데 그 초콜릿 무스 정말 맛있어 보인다. 내 규칙을 깰까 봐."

"언제 끊었어?"

"지난주."

겨우 며칠을 끊었을 뿐인데 친구는 스스로를 '절대로 설탕을 먹지 않는 사람'으로 생각하고 있었다. 때로는 정체성을 바꾸기로 했다고 다른 사람에게 결심을 밝히면 습관을 지키는 데 도움이 된다. 마리아는 성향 구분 전략을 통해 자신이 외부에 결심을 공개해야 잘 지키는 성향임을 파악했다.

보낸 사람: 마리아

회의 중에 둘은 와인을 마시고 둘은 마시지 않았어. 나는 마시지 않은 쪽이었지. 마시지 않는다고 했더니 호들갑스럽게 다들 "아니, 왜?" 하더라고. 왜 그렇게 행동하는지 설명하고 싶었어. 마음을 바꿔 한 잔 마시는 상황을 막기 위해서라도 그렇게 해야 했어. 일단 사람들 앞에서 말하고 나니 돌이킬 수 없다는 생각이 들어. 입 밖에 내뱉고 난 후로는 권유를 거절하겠다는 결심이 더 강해졌어.

타인에게 보이고 싶은 정체성에 따라 습관을 들이는 사람도 있다. 화가 데이비드 살르David Salle는 기자 재닛 맬컴Janet Malcolm에게 이렇게 말했다.

"저는 제시간에 도착하지 않는 습관을 들였습니다. 시간을 엄수하는 행동은 바보 같고 꼴불견이에요. 더구나 시간 약속을 잘 지키는 화가만큼 꼴불견인 사람은 없습니다."[5]

나는 묻고 싶었다. 남이 생각하는 화가의 이미지에 맞추려고 일부러 시간 약속을 지키지 않으면 덜 꼴불견인가? 자신이 원하는 정체성에 맞는 습관을 들일 수도 있다. 한 친구가 말했다.

"나는 고등학교 때 술을 마시고 마리화나를 피웠어. 그걸 원해서가 아니라 '난 놀 줄 알아! 샌님이 아니라고!'라는 뜻을 표현하는 데 가장 빠른 방법이었기 때문이지. 사실 난 샌님이었거든."

회사와 제도는 사람들이 원하는 정체성과 특정 습관을 연결하는 방법으로 많은 습관을 바꿀 수 있다. 칩 히스와 댄 히스는 《스틱》에서 쓰레기 투기 금지 캠페인으로 텍사스 사람들의 쓰레기 투기 습관이 바뀐 사례를 설명한다.[6] 처음에는 '쓰레기를 버리지 마시오'나 '쓰레기는 여기에 버리세요' 같은 표지판을 세워도 그 메시지가 겨냥하는 사람들이 바뀌지 않았다(쓰레기를 마구 버리는 사람은 주로 픽업트럭을 몰고 스포츠와 컨트리음악을 즐기는 18~35세의 남성이다). 그러다가 권투 선수 조지 포먼George Foreman, 기타리스트 스티비 레이 본Stevie Ray Vaughan, 가수 윌리 넬슨Willie Nelson을 비롯해 텍사스 출신 유명 인사들이 TV 광고에 출연해 '텍사스를 더럽히지 마라'Don't mess with Texas는 캠페인을 벌이기 시작했다.

덕분에 텍사스 사람들에게 긍지가 높고 성실하며 남자다운 성격의 진정한 텍사스인은 쓰레기를 버리지 않는다는 인식이 생겼다. 캠페인을 시작하고 5년 만에 길거리 쓰레기는 72퍼센트나 줄어들었다. 이렇듯 습관은 우리의 정체성을 반영한다.

정체성 전략은 특히 저항형에게 효과적이다. 저항형은 행동을 구속하는 습관을 거부하지만 자신에게 솔직한 행동을 해야 한다고 믿기 때문에 습관이 정체성의 일부라고 생각하면 더 쉽게 받아들인다. 예를 들어 존경받는 리더가 되고 싶어 하는 저항형이 있다고 하자. 평소 같으면 제시간에 약속 장소에 가거나 불필요한 모임에 참석해야 할 때 짜증을 내겠지만 그것이 리더의 정체성이라고 생각하면 습관을 지킨다. 그런 행동을 스스로 선택해서 말이다.

한 저항형이 내 블로그에 글을 올렸다.

"저는 저항형의 가장 큰 특징은 지금 이 순간 자기 자신에게 솔직하다는 점이라고 생각합니다. 시시때때로 바뀌는 욕구를 자유롭게 충족시키기를 바라죠. 그런데 저항형은 정체성이 아주 강합니다. 내가 어떤 사람인지 정의하는 성향과 가치관이 변하지 않아요. 저는 스스로를 훌륭한 엄마라고 정의합니다. 제 엄마처럼 되고 싶지는 않아요. 저는 아이에게 헌신적이고 사랑을 표현하는 엄마가 될 겁니다. 그렇게 하고 있고요."

다른 저항형도 이렇게 썼다.

"습관이 자신의 일부라면 그 습관은 자신을 구속하는 족쇄가 아니라 진정한 자기 자신의 모습으로 살라는 허가증입니다."

일중독자, 완벽주의자, 책임감 강한 사람처럼 하나의 정체성에 얽매이면 오히려 손해를 볼 수도 있다. 나는 성향의 4유형 전략과 성향 구분 전략으로 다양한 성향을 분류했지만 그러한 성향은 자신을 더 깊이 이해하는 도구일 뿐 정체성을 제한해서는 안 된다. 어느 날 내 블로그에 이런 글이 올라왔다.

"식습관이 제 정체성에서 중요한 역할을 했습니다. 저는 '빵 굽는 사람'이라는 정체성 때문에 과체중으로 변하고 있었지요. 그래서 정체성을 버려야 했습니다."

한 저항형 친구는 화려한 파티를 하며 즐겁게 사는 사람이라는 정체성을 사랑하는데, 누군가가 농담으로 "네가 무슨 어른이냐."라고 비꼬면 밝은 표정으로 "맞아, 나는 어른이 아냐!"라고 말했다. 그녀는 '미성숙한 어른'이라는 자신의 정체성을 사랑하지만 그녀 같은 사람은 결국 정체성이 문제가 될 수 있다. 신동, 영재, 과격파, 천진한 소녀처럼 어리다는 개념에서 정체성을 찾는 사람은 언젠가 사회의 강요로 정체성을 버려야 한다.

습관과 정체성을 연결해서 생각하자 정체성이 습관을 방해하는 몇 가지 경우가 눈에 띄었다. 나는 책 읽는 사람이라는 정체성에 따라 읽기 시작한 책은 무조건 다 읽는 습관을 들였다. 진정한 독서가라면 모름지기 책을 다 읽어야 하지 않나? 나만 그런 것이 아니다. 도서 추천 사이트 굿리즈Goodreads에서도 책을 처음부터 끝까지 다 읽는 독자가 38퍼센트에 이른다.[7] 그렇지만 나는 책에 흥미를 잃는 순간 포기하는 습관을 들이겠다고 결심했고 덕분에 마음이 굉장히 편해졌다. 나아가 지루한 책을 내려놓으면서 좋아하는 책을 읽을 시간이 더 생겼다.

내가 정체성 때문에 속으로 갈등한 습관이 하나 더 있는데 그것은 바로 명상이었다. 수년 동안 '명상을 거부하는 사람'이라는 정체성을 굳혀온 나는 명상을 시작하기 위해 내 정체성부터 바꿔야 했다. 물론 지금까지는 명상하는 습관을 그럭저럭 잘 지켰지만 다시 생각할 필요가 있었다. 준수형 성향과 습관의 관성 덕분에 명상을 지속하긴 했어도 몇 번 마음이 침착해진 것 말고는 별다른 차이를 느끼지 못했기 때문이다. 내게 명상은 어렵고 지루하고 무익했다.

결국 나는 명상을 그만두기로 했다. '명상하는 사람'이 되고 싶었던 나는 명상을 지속하려 했으나 이는 명상을 하고 싶다는 마음과는 별개의 문제였다. 아무튼 명상은 내게 맞는 습관이 아니었다. 이 습관을 정복하지 못해 아쉬웠지만 언제나처럼 내게 맞는 행동을 하자고 다짐했다.

나는 다시 '명상을 거부하는 사람'이 되었다. 그냥 나답게 살기로 했다. 다시 한 번 강조하지만 우리가 좋은 습관을 들이려는 이유는 변화를 통해 더 행복한 사람이 되기 위함이지 그냥 달라지기 위해서가 아니다.

🔒

Lesson 21

자신에게 맞는
습관 훈련법은 따로 있다

함께 있으면 발전하는 사람과 어울려라.[1]
세네카, 《스토아 철학자의 편지》

나는 칭찬을 간절히 원하는 사람으로 다른 이에게 잘했다는 말을 듣거나 인정받는 것을 좋아한다. 특히 다른 사람을 도와주었을 때 상대방이 기뻐하면 뿌듯함을 느낀다. 그래서 엘리자베스의 러닝머신 책상 이야기를 듣고 있으면 즐겁고 만족스러웠다.

남편 제이미는 칭찬에 인색한 편이다. 식습관 변화로 살이 빠진 그는 내가 저탄수화물 식사법을 가족에게 적당한 범위 내에서 적용한 영향보다 다른 쪽에서 그 이유를 찾았다.

"주말에 4분의 1쪽씩 사서 먹던 건포도 빵을 끊었어. 출근길에 베이

글도 사지 않고. 그래놀라도 예전만큼은 먹지 않아."

"내 식습관 변화 때문이야, 아니면 저탄수화물 식사법을 납득하게 된 거야? 그것도 아니면 빵을 더 이상 먹고 싶지 않아서 그래?"

"다 조금씩 작용했어."

아리송한 대답이었다. 언제나 그랬듯 제이미는 습관 탐구에 별로 관심이 없었다. 얼마 후 시부모님이 탄수화물을 줄이기 시작했다는 소식을 들었다. 내 영향도 있고 게리 토브스 박사의 책을 읽고 이해력이 넓어진 덕도 있었다. 내가 다른 사람을 바꿀 수는 없지만 내가 바뀌면 다른 사람도 바뀐다. 그리고 다른 사람이 바뀔 때 나도 바뀐다. 이것은 우리가 자라면서 습득하는 소중한 지혜다.

맞춤형 습관 훈련을 진행하면서 먼저 내가 개인적으로 이용한 전략들을 살펴본 나는 이제 사람들의 습관이 어떻게 상호작용하는지 이해하고 싶었다. 남의 행동과 습관은 나를 바꾸고, 내 행동과 습관도 남을 바꾸는 법이다.

우선 타인이 내 습관에 어떤 영향을 주는지 생각해봤다. 나는 거의 모든 습관을 스스로 들였다고 생각했지만 알고 보니 다른 사람의 말과 행동, 생각이 은연중에 나를 물들이고 있었다. 특히 부부는 '건강 일치' health concordance 현상[2]에 따라 시간이 흐르면서 건강 습관과 몸 상태가 일치하는 경향이 있다. 한 사람의 건강 습관(수면, 식사, 운동, 병원 방문, 음주, 흡연, 마약과 관련된 습관)은 배우자의 건강 습관을 바꿔놓는다. 만약 한쪽이 제2형 당뇨병을 앓으면 배우자도 같은 병에 걸릴 확률이 크게 높아진다.[3] 한쪽이 담배나 술을 끊을 경우 배우자도 끊을 가능성이 높다. 어느 독자는 블로그에 이렇게 썼다.

"제가 술을 끊으면서 남편도 음주량을 많이 줄였어요. 혼자 먹기가 귀찮기도 하고 '사교를 위해' 마시던 술을 더 이상 같이 마실 수 없기 때문이죠."

나 역시 남편이 운동하는 습관을 꿋꿋이 지킨 덕분에 운동을 계속할 수 있었다. '목표 전염'goal contagion 현상 때문에 한 사람의 습관은 다른 사람에게 금세 옮으므로[4] 주변에 좋은 롤모델이 있으면 좋다.

타인의 영향력은 막강하다. 나도 대단한 연구 결과를 읽을 때보다 한 사람이 성공하는 모습을 직접 볼 때 더 감동을 받는다. 사실 내가 굳게 지키는 습관 중에는 누군가가 지나가듯 던진 말 때문에 시작한 것이 꽤 있다. 그레첸 레이놀즈는 《1일 20분 똑똑한 운동》에 이렇게 썼다.

"나는 밤에 이를 닦을 때 한 발 서기를 한다. 이 책을 위해 자료를 조사하면서 시작한 가장 혁신적인 행동이다. 균형 감각이 눈에 띄게 좋아졌고 건강에 자신감도 붙었다."[5]

여기서 힌트를 얻어 나는 아파트 승강기에 탈 때 균형 잡는 연습을 한다. 내려갈 때는 왼발을 들고 올라올 때는 오른발을 든다.

그러나 타인의 영향력이 항상 이롭기만 한 것은 아니다. 내게 거부감이 드는 것을 거뜬히 해내는 사람을 보고 '저 사람 좀 봐! 나도 저렇게 하고 싶어'라며 따라 하고 싶은 유혹에 빠질 수 있다. 아니면 '다들 하는데 분위기를 망치고 싶지 않아'라는 식으로 무리에서 벗어나지 않으려 한다. 나는 이런 말을 들은 적도 있다.

"예산을 철저히 지키고 싶지만 친구들의 소비 습관이 제일 큰 걸림돌입니다. 불필요한 물건을 많이 사는 친구들을 보면 저도 무의식중에 따라서 사기 시작해요."

습관을 바꾸려 노력하다가 다른 사람들 때문에 공든 탑이 무너지는 경우도 있다. 친구가 새로운 습관을 들여 소외감을 느낄 수도 있고, 좋은 습관으로 달라진 친구의 모습에 샘이 날 수도 있다. 나와 달리 노력하는 모습을 보며 죄책감을 느끼거나 상대의 습관이 나를 거부하고 손가락질하는 것 같아 상처를 입기도 한다. 어떤 사람은 상대의 습관이 바뀌어 불편해졌다고 짜증을 부리기도 한다. 내 친구에게도 이런 경험이 있었다.

"주말 아침마다 운동하는 습관을 들이고 싶어서 몇 번 나갔더니 가족이 불만을 쏟아내더라고. 아침을 차리고 정리할 사람이 없다는 거야. 어떻게 하지?"

"내가 발견한 사실인데 어떤 일을 가끔씩만 하면 주변 사람이 적응하지 못해. 그렇지만 습관이 되면 익숙해지게 마련이야."

다른 친구도 비슷한 말을 했다.

"내가 아침마다 몇 시간 동안 사무실 문을 걸어 잠그자 사람들이 조금씩 적응하더라고."

타인은 다른 방식으로도 우리의 습관에 영향을 준다. 우리는 사람들과 함께하는 자리에서 자연스럽게 어울리기를 원한다. 그런데 다른 사람과 발을 나란히 하고 싶다는 기본적인 욕구는 좋은 습관을 방해한다. 한 친구가 설명했다.

"나는 분위기를 깨고 싶지 않아서 상황에 맞추는 편이야. 저녁식사 자리에서 클라이언트가 앞에 앉아 있으면 애피타이저로 샐러드를 주문하지 않아. 그쪽에서 술을 주문하면 나도 술을 마시고."

나 역시 다른 사람의 습관에 영향을 잘 받는 편이지만 이 친구와 달리 식습관만큼은 다른 사람이 어떻게 생각하든 별로 관심이 없다. 즉, 분위기에 맞추려 하지 않고 내가 원하는 대로 행동하는 편이다. 물론 모든 사람이 나와 같을 수는 없다. 나는 준수형에다 완벽한 포기형이다. 내 경우 성격의 5요인 모델Big Five model(경험에 대한 개방성Openness to experience, 성실성Conscientiousness, 외향성Extroversion, 친화성Agreeableness, 신경성 Neuroticism으로 일명 OCEAN 모델)로 성격을 측정하는 뉴캐슬 성격분류 테스트Newcastle Personality Assessor를 받았을 때도 남을 배려하고 협조적이며 타인과의 교류를 소중히 여기는 친화성 점수가 여성치고 낮다는 결과가 나왔다. 아무래도 친화성이 낮아서 남과 함께할 때 까다롭게 굴고 무리에서 거리낌 없이 이탈하지 않나 싶다. 그리고 나는 남의 시선을 의식하지 않는 편이다. 다른 사람이 나를 관심 있게 지켜보고 있다는 생각을 한 적이 없기 때문이다. 또한 내가 습관을 당연하게 받아들일수록 사람들도 내 습관과 나라는 사람을 더 쉽게 받아들인다는 점이다.

여기까지 생각하자 또 다른 궁금증이 생겼다. 나는 어떻게 다른 사람의 습관에 영향을 주고 있을까?

나는 습관을 제안할 때 우선 그 사람이 성향의 4유형 중 어디에 해당하는지부터 찾는다. 대부분 의문형이나 강제형인데, 의문형에게는 근거, 결과, 논리를 강조하는 방법이 가장 효과적이다. 강제형에게는 어떤 형태로든 외적 책임감을 부여해야 성공 확률이 높다. 저항형에게는 그 습관이 왜 바람직한지 설명하되 시도해보라고 부추기지 말아야 한다. 저항형은 스스로 행동을 선택하는 사람들이다.

또한 나는 다른 사람이 습관을 바꾸려 노력할 때 정신적으로 지원을 아끼지 않는다. 타인의 좋은 습관을 지지하거나 반대하는 사람은 크게 세 가지 유형으로 나뉜다.

추진Drive 추진 상태에 있는 사람은 습관에 에너지와 추진력을 더한다. 이는 옆에서 격려하고 목표를 일깨워주는 중요한 역할이다. 그렇지만 지나치게 열정적으로 강요하거나 귀찮게 하면 반발심을 부를 수 있다. 특히 상대가 저항형이라면 좋은 습관을 밀어낼 것이다.

반대Reverse 타인이 건강한 습관을 버리도록 부추기는 부류다. '원하는 대로 즐겨야지!', '너만을 위해 만들었어!'라며 강요하는 것처럼 상대를 아끼는 마음에 그렇게 행동한다. 반면 시기심 때문에 건강한 습관을 지키는 사람을 유혹하고 놀리고 단념시키는 경우도 있다.

중립Neutral 상대가 하는 일이면 무조건 지지하고 나선다. 때로는 도움이 되지만 거부해야 할 습관에 빠뜨리는 역효과도 있다.

나는 마리아에게 내가 제안한 방법으로 음주량을 줄일 수 있었는지 물었다. 나는 분명 추진 상태로 그녀를 지원하고 있었다.

"응, 효과가 있었어. 위압적이지 않게 내게 맞는 방법을 제안했고 경과를 지켜봐줬잖아. 그래서 더 좋았어."

"습관은 좋아졌어?"

"그럼, 너와 이야기하면서 내 행동을 의식하게 되었어. 과거에는 미리 생각하거나 내 행동을 의식하지 않아서 과음을 했어. '즐겁게 놀면 됐지, 무슨 상관이야!'라고만 생각했지. 이제는 천천히 마시면서 맛을 음미해."

마리아처럼 내 도움으로 습관이 바뀐 사람도 있지만 내 뜻대로 바뀌지 않은 사람도 있다. 마셜의 집을 청소해준 후 몇 번 더 가서 마무리를 도와줬지만 마셜은 아파트가 깔끔해졌다는 것 말고는 크게 달라지지 않았다. 마지막으로 그의 집에 갔을 때 내가 말했다.

"우와, 완전히 다른 집 같다. 하나만 물어볼게. 이번 일로 글을 쓰는 습관이 달라졌니? 나라면 달라졌을 것 같은데 넌 어때?"

마셜은 곰곰이 생각했다.

"글쎄, 잘 모르겠어. 아무래도 고민거리가 커서 그런가봐. 앞으로 어떻게 살 것인지 고민 중이거든. 전에 비해 너저분한 물건이 없어서 집에 있을 때 기분은 좋아. 쓸모없는 잡동사니를 규칙적으로 없애는 습관도 생겼고. 온전한 정신 상태를 유지하는 데 큰 도움이 되고 있어."

그 정도면 충분했다.

아이들은 끈질기게 설득하면 어떤 행동을 습관으로 바꾸기도 한다. 내가 가장 설득하고 싶은 두 사람은 내 딸들 엘리자와 엘리너다. 그런데 습관은 바이러스처럼 전염성이 있기 때문에 내가 엘리자와 엘리너를 바꾸려면 나부터 좋은 습관을 들여야 했다. 만약 아이들이 정리정돈을 잘하기를 원하면 내가 정리를 잘해야 한다. 아이들이 TV나 휴대전화를 오래 사용하지 않게 하려면 나도 그래야 한다.

나는 아이들에게 추천하고 싶은 습관을 생각하면서 너무 강하게 밀어붙이지 말자고 다짐했다. 어른이 습관을 들이라고 압박할 때 잘 지키는 아이도 있지만 반발하는 아이도 있다. 한 친구는 "어렸을 때 엄마가 옷을 걸으라고 강요했거든. 그래서 이제는 옷을 절대 옷걸이에 걸지 않아."라고 말했다. 아이든 어른이든 어떤 일을 하지 말라는 경고를 들으면 더 하고 싶어서 안달한다(금지된 유혹의 매력이다). 오히려 나긋나긋하게 제안할 때 잘 받아들인다.

타인 전략Strategy of Other People은 타인이 내 습관에 영향을 주고 나도 타인의 습관에 영향을 준다는 사실을 전제로 한다. 나는 타인 전략을 나 자신에게 적용하는 독특한 방법을 생각해냈다. 외부에서 나를 바라보는 이 방법은 이상하지만 효과만큼은 탁월하다. 제3자의 시선으로 나를 바라보면 많은 것이 명료해진다.

나는 두 명의 나 사이에서 벌어지는 갈등을 제대로 비유하는 표현을 찾으려고 애쓰던 중 이 전략을 생각해냈다. 오늘의 그레첸과 내일의 그레첸이라고 할까? 내가 원하는 자신과 내가 되어야 하는 자신은 어떨까? 지킬 박사와 하이드? 천사와 악마? 말 두 마리를 모는 마부? 코끼리를 타는 사람과 코끼리? 자아ed와 원초아id, 초자아superego? 관찰인과 대리인?

그러다 문득 나(오늘의 그레첸, 내가 원하는 그레첸)와 내 매니저의 모습이 눈앞에 그려졌다. 요즘 나는 습관으로 힘들 때마다 '내 매니저는 뭐라고 할까?'라고 묻는다. 하루에 한 시간씩 전자책 작업을 하는 시간을 내려고 고민하다가 물었다.

'내 매니저는 뭐라고 할까?'

내 매니저는 답답하다는 투로 대답했다.

'그레첸, 지금 그런 일을 할 시간이 어디 있어?'

어떻게 하라는 지시를 들으면 왠지 마음이 놓인다. 그런 의미에서 나는 앤디 워홀의 말에 동감한다.

"누구를 고용해야 할지 생각하면 '상사'가 떠오른다. 상사는 내게 일을 지시하는 사람으로 지시를 받으면 일이 쉽게 풀리기 때문이다."[6]

나는 의뢰인이고 매니저는 나를 위해 일하는 상사다. 이보다 적절한 비유는 없었다. 내 매니저는 '그레첸, 지쳤을 텐데 푹 자도록 해', '피곤해도 산책을 다녀오면 기분이 좋아질 거야'라며 좋은 습관을 일깨워준다. 내게 과도한 요구를 하는 사람이 있으면 대신 맞선다. 록밴드 반 헤일런Van Halen이 대기실에 갈색만 뺀 M&M 초콜릿을 준비해달라고 요구했다는 유명한 일화처럼[7] 내 매니저도 '그레첸은 감기 기운이 있어서 야외에 오래 있지 못합니다', '그레첸은 새 책을 쓰고 있어서 이메일에 답장을 길게 할 수 없어요'라고 말한다. 반면 '이번 일은 예외다', '다른 사람들도 다 하는데' 같은 변명은 받아주지 않는다.

물론 나는 준수형으로 내 매니저를 조금은 경계해야 한다. 내 매니저는 내가 인정받고 규칙을 지키는 일을 중요하게 여기며 미래에 집중해 현재의 즐거움을 잊기도 한다. 그처럼 매니저는 도움을 주는 존재지만 결국 '그레첸답게' 살아야 하는 사람은 바로 나다.

아침마다 남편이 잠을 못 잤다고 투덜거리는 것을 지겹도록 듣던 나는 그가 수면 습관을 바꾸도록 돕기로 했다. 그러던 어느 날 남편이 직접 새로운 습관을 제안했다.

"당신이 잠이 잘 오는 온갖 규칙을 알려줬잖아. 사실은 우리 둘이 더 중요한 일을 하는 습관이 필요해. 잠도 중요하지만 더 의미 있는 일을 하자."

"좋지! 그게 뭔데?"

나는 남편에게 나와 같은 관심사를 공유해달라고 조르지 않으려 노력한다. 내가 얼마나 귀찮게 굴지 알고 있기 때문이다.

"각자 하루를 어떻게 보냈는지 매일 밤 이야기하는 습관이야. 서로 무슨 생각을 하고 있는지 솔직히 털어놓자고."

"좋아."

감동이었다. 평소 같으면 일을 복잡하게 만들지 말라고 했을 남편이 이야기를 나누자고 먼저 제안한 것이다.

"언제? 구체적인 시간을 정해야지."

"엘리너가 자러 간 다음이 어때?"

매일 하는 것은 아니지만 현재 우리 부부는 밤마다 하루를 어떻게 보냈는지 이야기하고 있다. 이 작은 습관으로 우리는 더 가까워졌다. 복잡한 일상에 치이다 보면 정작 무엇이 중요한지 잊기 쉽다. 그러나 습관의 힘을 이용하면 내게 중요한 가치관에 따라 살 수 있다. 진짜 이전과는 달라진 삶을 살 수 있는 것이다.

에필로그

매일 유토피아에서
눈을 뜨다

> 세상에서 가장 비참한 사람은 습관적인 행동 하나 없이 늘 우물쭈물
> 망설이는 사람이다.[1] 이런 사람은 담배에 불을 붙일 때도, 물 한 잔을 마실 때도,
> 매일 일어날 때와 잠들 때도, 어떤 일을 시작할 때도 자신의 의지로 결정해야 한다.
> 사실은 내면에 깊이 박아두고 아예 의식하지 말아야 할 문제를
> 결정하거나 후회하면서 인생의 반을 허비한다.
>
> 윌리엄 제임스, 《심리학의 원리》

가족 여행을 마치고 돌아오는 비행기 안에서 내가 간식을 거절하자 친절한 승무원이 한마디 했다.

"명절 후에는 과자를 드시지 않는 분이 많아요."

"그런 현상이 얼마나 오래가나요?"

내 질문에 그녀는 웃었다.

"신년 계획과 거의 비슷해요."

사람들이 매년 습관을 바꾸려고 결심했다가 실패한다는 증거를 확인하자 호기심이 일었다. 신년 계획을 세우는 사람은 이 말에 공감할 것

이다. 중요한 습관을 계속해서 지키지 못할 때 우리의 의욕은 땅으로 꺼지고 만다.

나는 습관 전략을 연구하면서 정말 중요한 사실을 알아냈다. 그것은 습관은 내가 타고난 성향을 바탕으로만 쌓아올릴 수 있다는 점이다. 처음 연구를 시작할 때만 해도 내가 어떤 성향이고 내게 어떤 습관이 있는지 몰랐다. 이제는 내가 준수형, 포기형, 장거리파, 끝내는 사람, 아침형 인간임을 안다. 덕분에 내게 무엇이 중요하고 무엇이 무의미한지 심사숙고해 결정하면서 더 쉽고 편하게 습관을 들일 수 있었다.

나를 이해하자 타인을 이해하는 폭도 넓어졌다. 전에는 만난 지 5분밖에 안 된 낯선 사람에게도 자신감 있게 조언을 건넸다. 얼마나 많은 조언이 그 사람이 아닌 내 성향을 반영하고 있었는지 그때는 꿈에도 알지 못했다. 요즘은 그처럼 오만하게 굴지 않는다. 심오한 진리는 거꾸로 뒤집어도 진리이기에 반대의 전략으로도 성공할 수 있다. 우리는 사람들과 더 어울리는 습관, 더 경쟁하는 습관, 더 어려운 습관에 도전할 수도 있고 그 반대의 습관에 도전할 수도 있다. 새로운 습관을 시작했다고 사람들에게 이야기하는 사람도 있고, 혼자서만 결심하는 사람도 있다. 욕구를 완전히 포기할 수도, 적당히 절제하며 충족시킬 수도 있다. 이런 많은 이야기 속에서 우리가 반드시 기억해야 할 것은 모든 사람의 문제를 단번에 해결해줄 단 하나의 방법은 존재하지 않는다는 사실이다.

나아가 개개인의 차이를 고려하지 않으면 습관 전략의 효과를 착각하기 쉽다. 한 친구가 말했다.

"건강한 습관을 지키고 싶다면 의사를 믿어야 해. 몇 년째 집에서 투석을 하는 우리 엄마를 보고 사람들은 어떻게 그러느냐고 놀라지만 엄마는 담당 의사를 전적으로 신뢰하기 때문에 문제없어."

내 생각은 달랐다.

"어머니가 절제력이 강한 분이니?"

"맞아, 그러셔."

"다른 사람뿐 아니라 어머니께 중요한 일에도 정성을 쏟으셔?

내 친구는 고개를 끄덕였다.

"네 어머니는 가정 투석처럼 어려운 습관을 지킬 수 있는 성향일 거야. 의사를 믿어서가 아니라 어머니의 성향 때문에 가능한 일인지도 몰라."

"그렇구나."

습관을 움직이는 여러 가지 힘(내적인 힘과 외적인 힘)을 명확히 이해하는 사람은 더욱 효과적으로 습관을 바꿀 수 있다.

나는 본래 개개인을 단위로 습관을 연구했으나 습관 전략을 마무리하면서 개인을 넘어선 차원에서 습관을 바꾸는 일에 점점 흥미가 생겼다. 기업이나 조직, 제도는 물론 전자기기 등의 제품 디자이너도 습관의 본질을 이해하면 사람들의 습관을 바꿀 수 있을 것 같았다.

언젠가 나는 굴지의 기술회사에서 강연을 한 후 회사를 견학했다. 회사 방침에 따라 안내 데스크에는 커다란 사탕 바구니가 있었고 문 옆에는 에너지 바와 주스를 진열해놓았다. 건물 전체에 음식이 가득한 탕비실이 여럿 있었고 대규모 카페테리아까지 있었다. 물론 그것은 전부 공짜였다.

안내하던 사람에게 내가 물었다.

"여기서 일하는 직원들의 체중이 늘지 않았나요?"

"맞아요! 다들 그렇게 말합니다."

나는 그 회사를 둘러보면서 직원들의 습관을 더 건강하게 바꿀 부분을 찾았다. 어떻게 해야 의식하지 않으면서 더 건강한 식사를 할 수 있을까? 먼저 안내 데스크의 사탕을 불투명한 용기에 넣고 뚜껑을 만들어 '사탕'이라고 적는 것은 어떨까? 탕비실 그릇을 지금처럼 초콜릿과 견과류를 와르르 쏟아내는 것이 아니라 한 번에 적은 양이 나오는 통으로 바꾸는 것은? 견학이 끝날 무렵 내 머릿속에는 꼼꼼하게 정리한 보고서가 들어 있었다.

일단 어떤 습관을 들이면 좋은 쪽으로든 나쁜 쪽으로든 더 많은 습관이 따라오게 마련이다. 그리고 한 사람의 습관은 다른 사람에게 전염된다. 술을 덜 마시기 시작한 마리아는 이런 말을 했다.

"습관은 자리를 잡으면 저절로 강해져. 평소보다 와인을 많이 마신 날은 기분이 아주 안 좋아."

운동하는 습관을 들인 엘리자베스는 운동을 더 많이 했고 제부까지도 운동량이 늘어났다. 반대로 습관은 지키지 않을수록 지키고 싶은 마음이 사라진다. 예를 들어 나는 서재가 엉망진창일 때는 청소하고 싶은 마음이 생기지 않는다.

내 습관과 타인의 습관이 바뀌는 과정을 돌아보자 한 번의 실수도 없이 하루아침에 변화하는 경우는 극히 드물었다. 완벽하게 달라지는 습관이 아예 없는 것은 아니지만 대개는 그저 어제보다 조금 나은 수준에 그칠 뿐이다. 물론 그것만으로도 충분하다.

일단 몸에 배면 자동으로 튀어나오는 습관도 있고 언제나 그렇듯 어느 정도 노력이 필요한 습관도 있다. 어느 쪽이든 올바른 길로 나아가고 있으면 그만이다. 하루를 알차게 보내고 내가 해야 할 일을 완수했다는 생각이 들면 무척 보람이 느껴진다. 우리의 진정한 목표는 나쁜 습관을 단순히 버리는 것이 아니라 그것을 극복하는 데 있다. 두 눈을 크게 뜨고 주의를 기울이면 나쁜 습관이 얼마든지 눈에 들어온다. 그러면 나쁜 습관을 뒤에 남겨두고 더 나은 내일을 향해 앞으로 나아갈 수 있다.

원하는 습관을 들이려고 계속 시도해도 실패하는 이유는 대부분 대가를 치르지 않고 좋은 점만 얻으려 하기 때문이다. 나는 항상 습관의 본질을 찌르는 존 가드너의 말을 떠올린다.

"법을 어길 때마다 대가를 치르고, 법을 지킬 때마다 대가를 치른다."

좋은 습관을 지키려면 대가를 치러야 한다. 시간, 에너지, 돈을 투자해야 할 수도 있고 쾌락과 기회를 포기해야 할 수도 있다. 좋은 습관을 지키지 않아도 대가는 따른다. 둘 중 어느 쪽 대가를 원하는가? 무엇을 선택해야 우리의 삶이 장기적으로 더 행복해질까?

습관 이론을 완성해가던 즈음 둘째딸 엘리너와 가볍게 이야기를 나누다가 애초에 내가 이 기나긴 여정을 시작한 이유를 새삼스레 떠올렸다. 우리 가족은 일요일 저녁마다 영화를 본다. 그날은 《잃어버린 지평선》Lost Horizons을 골랐는데, 길을 잃은 남자가 히말라야 깊숙이 숨어 있는 신비로운 낙원 마을 샹그릴라로 들어간다는 이야기였다. 1937년작 영화를 보며 아이가 지루해하거나 이해하지 못할까 걱정스러웠지만 의외로 엘리너는 영화를 재미있게 보았다. 내가 원작 소설을 보여주자 그 뒷이야기를 쓰겠다고 할 정도였다.

엘리너는 공책에 소설을 써서 읽어주었다. 결국 주인공이 결혼에 이르는 로맨틱한 뒷이야기는 재미있었지만 내 관심을 사로잡은 건 소설을 다 읽은 후 엘리너가 한 말이었다.

"참, 깜박하고 내 소설의 제목을 말하지 않았네."

"뭔데?"

아이는 일부러 뜸을 들이더니 말했다.

"'매일 유토피아에서 눈을 뜨다'예요."

매일 유토피아에서 눈을 뜨다니, 이 얼마나 멋진 표현이고 기발한 생각인가!

"엘리너, 제목이 정말 좋다. 천재적인 발상이야."

그 표현은 계속해서 내 머릿속을 떠나지 않았는데, 어느 날 문득 내가 습관과 행복을 연구한 이유는 사람들이 '매일 유토피아에서 눈을 뜨는 삶'을 실현하도록 돕기 위해서라는 걸 깨달았다. 매일 사랑하는 사람의 얼굴을 보고 즐겁게 보람 있는 일을 한다면? 매일 건강한 에너지를 발휘해 노력의 결실을 맺는다면? 매일 즐거운 일에 몰두하고 의욕이 넘친다면? 그러면 후회와 죄책감, 분노는 찾아보기 힘들 것이다.

습관을 탐구하면서 비판적인 시선이 전보다는 많이 누그러졌지만 내 생각이 옳다는 고집도 생겼다. 나는 이제 좋은 습관의 가치가 헤아릴 수 없이 크다는 확신을 굽히지 않는다. 지금까지는 내가 원하는 삶을 위해 가진 기회를 최대한 활용하지 않았지만, 습관을 속속들이 알고 난 후로 삶을 어제보다 더 나아지도록 바꾸면서 나만의 유토피아를 향해 한 걸음 한 걸음 나아가고 있다.

아마 나는 내일이 오면 아무 결정도 하지 않고 자제력도 발휘하지 않으며 아침 6시에 일어나 하루를 활기차게 시작할 것이다. 물론 습관으로 모든 사람이 행복해지는 것은 아니지만 나는 아주 행복하다. 나는 매일 유토피아에서 눈을 뜨고 있다. 이 책을 읽는 당신도 어서 그런 기분을 느꼈으면 좋겠다. 그러기 위해 필요한 것은 지금 여기에서, 오늘부터 달라지기로 결심하는 것이다.

이 책을 읽은 후 여러분의 습관에 적용할 무궁무진한 아이디어가 떠올랐으면 좋겠다. 내 블로그 www.gretchenrubin.com도 방문해보기 바란다. 습관을 들이기까지의 고된 여정을 소개하고 습관이나 행복과 관련해 제안하고 싶은 의견, 추가로 조사한 내용을 주기적으로 올리고 있다. 습관을 주제로 한 그 밖의 자료도 많이 있다. 아래의 자료는 이메일 gretchenrubin1@gretchenrubin.com으로 요청하거나 내 블로그에서 내려받을 수 있다.

- '관찰 전략'을 설명하며 언급한 일일 시간표 서식
- 습관 선언문
- '책임감 전략' 편에 나온 '어제보다 행복한 오늘' 습관 모임의 준비 계획서. 모임 구성원은 아이디어를 주고받고 서로 열정을 북돋우며 나아가 서로에게 책임감을 지워준다.
- 독서 모임용 토론 가이드, 단체나 회사 모임용 토론 가이드, 영성 및 신앙 모임용 토론 가이드

이메일을 보내거나 내 블로그에 회원가입을 하면 아래의 일간·월간 뉴스레터를 무료로 받아볼 수 있다.

- 월간 뉴스레터: 매일 블로그와 페이스북에 올라오는 글에서 흥미로운 부분을 모아 제공한다.
- 일간 '행복의 순간' 이메일: 습관이나 행복에 관한 훌륭한 인용문을 볼 수 있다.

- 월간 북클럽 뉴스레터: 매월 책 세 권을 추천한다(습관이나 행복에 관한 책 한 권, 아동문학 한 권, 그 외의 책 한 권).

슈퍼 팬이 되고 싶은 분은 이메일을 보내주길 바란다. 슈퍼 팬에게는 가끔 도움을 요청하거나(절대 어려운 부탁이 아니다) 작게나마 보너스를 드린다.

행복을 주제로 많은 글을 썼으니 행복과 관련해 다양한 자료를 요청해도 좋다. 결심 차트, 행복 프로젝트 모임의 준비 계획,《무조건 행복할 것》과《집에서도 행복할 것》의 독서 모임 그리고 영성 및 신앙 모임용 토론 가이드, 행복의 역설, 몇 가지 '최고의 비결' 목록, 내가 그린《그레첸 루빈과 열정을 찾아서》Gretchen Rubin and the Quest for a Passion라는 만화, 내 수호신 등은 이메일로 요청하거나 블로그에서 내려받으면 된다.

습관과 행복에 관해 나와 의견을 더 나누고 싶다면 다음의 아이디로 연락해주기 바란다.

트위터: @gretchenrubin

링크트인: GretchenRubin

페이스북: GretchenRubin

유튜브: GretchenRubinNY

인스타그램: GretchenRubin

핀터레스트: GretchenRubin

자신의 생각과 경험담을 이메일로 공유하고 싶은 독자는 www.gretchenrubin. com을 통해 연락하면 된다. 블로그에 보낸 메일은 내가 직접 확인한다. 일상생활 속 습관이라는 더없이 흥미로운 주제에 대해 여러분은 어떻게 생각하는지 어서 듣고 싶다.

실패 없이 습관을 바꾸고 싶다면 습관 모임을 시작하거나 가입해보자. 모임은 책임감을 불러일으키는 아주 좋은 방법이다. 또 새로운 친구를 사귀고 기존 친구들과 더 가까워지며 내 가치관에 맞는 인생을 살아가는 방법이기도 하다.

나는 습관 모임을 시작하거나 가입하고 싶다는 많은 분의 말을 듣고 모임을 시작하는 데 도움을 줄 준비 계획서를 만들었다. 준비 계획서를 원한다면 gretchenrubin.com 을 보거나 gretchenrubin1@gretchenrubin.com 으로 이메일을 보내면 된다.

로펌 동료, 대학 동창, 교회 스터디 모임, 가족 구성원처럼 잘 아는 사람들로 구성된 모임이 있는가 하면 알지 못하던 사람들이 습관을 들이려는 목적으로 만난 경우도 있다. 모든 구성원이 같은 습관을 목표로 할 필요는 없다. 습관을 바꾸고 싶다는 목표를 공유하는 것만으로도 충분하다. 설령 두 명뿐일지라도 서로 지지와 책임감을 주고받는 모임의 힘은 상상을 초월한다. '책임 파트너'가 있고 없고는 하늘과 땅 차이의 결과를 낸다. 강제형은 외적 책임감이 있어야 습관을 지키는 성향이므로 특히 덕을 볼 것이다.

어떤 기술로도 직접 만나 얼굴을 보며 이야기하는 모임을 대신하지는 못한다. 서로 만나기가 어렵다면 과학기술을 이용해 문제를 해결해보자. 우리 주변에 다른 사람과 소통하도록 도와줄 앱, 기기, 플랫폼은 아주 많다.

모임을 통해 목표를 이루고 싶다면 적극 참여해야 한다는 점을 꼭 기억하자. 구석에 가만히 앉아 있거나 다른 사람의 말을 듣기만 하면 아무 소용이 없다. 자기 생각을 거리낌 없이 이야기하고 다른 사람에게 책임감을 지워주며 모임이 순조롭게 이뤄지도록 해야 한다. 책을 추천받으면 꼭 읽자. 앱을 추천받으면 사용해보자.

번잡한 일상에 쫓기다 보면 정말로 중요한 것을 놓칠 수 있다. 시간을 내 모임에 참석하고 건강한 습관을 들이는 사람은 더 행복하고 건강하며 풍요로워진다. 함께하면 우리는 어제보다 더 행복해질 수 있다.

대니얼 액스트Daniel Akst, 《유혹: 과잉시대에 자제력 찾기》Temptation. 뉴욕: 펭귄 Penguin, 2011.

크리스 바티Chris Baty, 《플롯이 없다고? 괜찮아!》No Plot? No Problem! A Low-Stress, High-Velocity Guide to Writing a Novel in 30 Days. 뉴욕: 크로니클 북스Chronicle Books, 2004.

로이 바우마이스터Roy Baumeister, 존 티어니John Tierney, 《의지력의 재발견》Willpower. 뉴욕: 펭귄, 2011./에코리브르, 2012.

로이 바우마이스터, 토드 헤더튼Todd Heatherton, 다이앤 타이스Dianne Tice. 《통제력 상실》Losing Control. 뉴욕: 아카데믹 프레스Academic Press, 1994.

마사 벡Martha Beck, 《4일의 승리》The Four-Day Win. 뉴욕: 로데일Rodale, 2007.

성 베네딕트Saint Benedict, 《성 베네딕트의 수도 규칙》The Rule of St. Benedict. 뉴욕: 펭귄, 2008.

브렛 블루멘탈Brett Blumenthal, 《내 마음을 위한 작은 변화52》52 Small Changes. 아마존 앙코르Amazon Encore, 2011./경성라인, 2015.

로버트 보이스Robert Boice, 《편안하고 유려한 글을 향한 작가의 심리학 모험》How Writers Journey to Comfort and Fluency. 코네티컷 주 웨스트포트: 프래거Praeger, 1994.

메이슨 커리Mason Currey, 《리추얼》Daily Rituals. 뉴욕: 크노프Knopf, 2013./책읽는수요일, 2014.

에드워드 데시Edward Deci, 리처드 플래스트Richard Flaste, 《마음의 작동법》Why We Do What We Do. 뉴욕: 펭귄, 1995./에코의서재, 2011.

찰스 두히그Charles Duhigg, 《습관의 힘》The Power of Habits. 뉴욕: 랜덤하우스Random House, 2012./갤리온, 2012.

엘리자베스 던Elizabeth Dunn, 마이클 노튼Michael Norton, 《당신이 지갑을 열기 전에 알아야 할 것들》Happy Money. 뉴욕: 사이먼 앤 슈스터Simon & Schuster, 2013./알키, 2013.

존 엘스터Jon Elster, 《강렬한 느낌》Strong Feelings. 케임브리지: MIT 출판부MIT Press, 1999.

존 엘스터. 《율리시스의 해방》Ulysses Unbound. 케임브리지: 케임브리지대학교 출판부 Cambridge University Press, 2000.

니르 이얄Nir Eyal, 《훅》Hooked. 자비출판, 2014./리더스북, 2014.

B. J. 포그B. J. Fogg, 《설득적 기술》Persuasive Technology. 뉴욕: 모건 커프먼Morgan Kaufman, 2003.

하이디 그랜트 할버슨Heidi Grant Halvorson, 《기회가 온 바로 그 순간》Succeed. 뉴욕: 허드슨 스트리트 프레스Hudson Street Press, 2010./21세기북스, 2011.

하이디 그랜트 할버슨, 토리 히긴스Tory Higgins, 《어떻게 의욕을 끌어낼 것인가》Focus. 뉴욕: 허드슨 스트리트 프레스, 2013./한국경제신문사, 2014.

댄 해리스Dan Harris, 《10% 행복 플러스》10% Happier. 뉴욕: 잇 북스It Books, 2014./이 지북, 2014.

칩 히스Chip Heath, 댄 히스Dan Heath, 《스위치》Switch. 뉴욕: 브로드웨이 북스Broadway Books, 2010./웅진지식하우스, 2010.

칩 히스, 댄 히스, 《자신 있게 결정하라》Decisive. 뉴욕: 크라운 비즈니스Crown Business, 2013./웅진지식하우스, 2013.

레이 허버트Wray Herbert, 《위험한 생각 습관 20》On Second Though. 뉴욕: 크라운 Crown, 2010./21세기북스, 2011.

토리 히긴스. 《쾌락과 고통을 넘어》Beyond Pleasure and Pain. 뉴욕: 옥스퍼드대학교 출 판부Oxford University Press, 2012.

쉬나 아이엔가Sheena Iyengar, 《선택의 심리학》The Art of Choosing. 뉴욕: 트웰브Twelve, 2010./21세기북스, 2012.

A. J. 제이콥스A. J. Jacobs, 《한 권으로 읽는 건강 브리태니커》Drop Dead Healthy. 뉴욕: 사이먼 앤 슈스터, 2012./살림출판사, 2012.

윌리엄 제임스William James, 《심리학의 원리》Psychology. 뉴욕: 라이브러리 오브 아메 리카Library of America, 1992.

윌리엄 제임스. 《종교 체험의 다양성》The Varieties of Religious Experience. 뉴욕: 라이브 러리 오브 아메리카, 1988.

새뮤얼 존슨Samuel Johnson, 《새뮤얼 존슨 선집》Selected Writings of Samuel Johnson. 런던: 하버드대학교 출판부Harvard University Press, 2009.

토리 존슨Tory Johnson, 《시프트》The Shift. 뉴욕: 하이페리온Hyperion, 2013.

대니얼 카너먼Daniel Kahneman, 《생각에 관한 생각》Thinking, Fast and Slow. 뉴욕: 패러, 스트라우스 앤 지루Farrar, Straus & Giroux, 2011./김영사, 2012.

알피 콘Alfie Kohn, 《보상으로 벌주기》Punished by Rewards. 뉴욕: 휴튼 미플린Houghton Mifflin, 1993.

엘렌 랭어Ellen Langer, 《마음챙김》Mindfulness. 뉴욕: 애디슨 웨슬리Addison-Wesley, 1989./더퀘스트, 2015.

A. W. 로그A. W. Logue, 《먹고 마시는 것의 심리학》The Psychology of Eating and Drinking 제3판. 뉴욕: 브루너 라우틀리지Brunner-Routledge, 2004.

오마르 마네즈왈라Omar Manejwala, 《갈망》Craving. 미네소타 주 센터시티: 헤즐던Hazelden, 2013.

앨런 말렛Alan Marlatt, 데니스 도노반Dennis Donovan 엮음, 《재발 방지》Relapse Prevention 제2판. 뉴욕: 길포드 프레스Guilford Press, 2005.

켈리 맥고니걸Kelly McGonigal, 《왜 나는 항상 결심만 할까?》The Willpower Instinct. 뉴욕: 펭귄, 2012./알키, 2012.

토머스 머튼Thomas Merton, 《고요한 삶》The Silent Life. 뉴욕: 패러, 스트라우스 앤 커더히Farrar, Straus & Cudahy, 1957.

윌리엄 밀러William Miller, 자넷 드 바카Janet C'de Baca, 《양자 변화》Quantum Change. 뉴욕: 길포드 프레스, 2001.

무라카미 하루키Murakami Haruki, 《달리기를 말할 때 내가 하고 싶은 이야기》What I Talk About When I Talk About Running. 뉴욕: 크노프, 2007./문학사상, 2009.

마이클 판탤론Michael Pantalon, 《순간 설득》Instant Influence. 뉴욕: 리틀, 브라운Little, Brown, 2011./더난출판사, 2011.

케리 패터슨Kerry Patterson, 조셉 그레니Joseph Grenny, 데이비드 맥스필드David Maxfield, 론 맥밀런Ron McMillan, 알 스위즐러Al Switzler, 《결정적 순간의 대화》Change Anything. 뉴욕: 비즈니스 플러스Business Plus, 2011./김영사, 2013.

다니엘 핑크Daniel Pink, 《드라이브》Drive. 뉴욕: 리버헤드Riverhead, 2009./청림출판, 2011.

제임스 프로차스카James Prochaska, 존 노크로스John Norcross, 카를로 디클레멘트

Carlo DiClemente, 《자기혁신 프로그램》Changing for Good. 뉴욕: 하퍼Harper, 1994./
에코리브르, 2007.

톰 래스Tom Rath, 《잘 먹고 더 움직이고 잘 자라》Eat Move Sleep. 뉴욕: 미션데이
Missionday, 2013./한빛라이프, 2014.

그레첸 레이놀즈Gretchen Reynolds, 《1일 20분 똑똑한 운동》The First 20 Minutes. 뉴욕:
허드슨 스트리트 프레스, 2012./콘텐츠케이브, 2013.

틸 뢰네베르크Till Roenneberg, 《내면으로 느끼는 시간》Internal Time. 케임브리지: 하버
드대학교 출판부, 2012.

버트런드 러셀Bertrand Russell, 《행복의 정복》The Conquest of Happiness. 뉴욕: 노튼
Norton, 1930./사회평론, 2005.

애덤 스미스Adam Smith, 《도덕감정론》The Theory of Moral Sentiments. 뉴욕: 프로메테
우스Prometheus, 2000./한길사, 2016.

피어스 스틸Piers Steel, 《결심의 재발견》The Procrastination Equation. 뉴욕: 하퍼, 2011./
민음사, 2013.

게리 토브스Gary Taubes, 《굿 칼로리 배드 칼로리》Good Calories, Bad Calories. 뉴욕: 앵
커Anchor, 2008./도도, 2014.

게리 토브스, 《우리는 왜 살이 찌는가》Why We Get Fat. 뉴욕: 앵커 북스, 2010.

니나 타이숄츠Nina Teicholz, 《지방의 역설》The Big Fat Surprise. 뉴욕: 사이먼 앤 슈스터,
2014./시대의창, 2016.

리처드 탈러Richard Thaler, 캐스 선스타인Cass Sunstein. 《넛지》Nudge. 뉴욕: 펭귄,
2008./리더스북, 2009.

파코 언더힐Paco Underhill, 《쇼핑의 과학》Why We Buy. 뉴욕: 사이먼 앤 슈스터, 1999./
세종서적, 2000.

로라 밴더캠Laura Vanderkam, 《시간창조자》168 Hours. 뉴욕: 포트폴리오Portfolio,
2011./책읽는수요일, 2011.

캐서린 보Kathleen Vohs, 로이 바우마이스터 엮음, 《자제력 핸드북》Handbook of Self-
Regulation 제2판. 뉴욕: 길포드 프레스, 2011.

브라이언 완싱크Brian Wansink, 《나는 왜 과식하는가》Mindless Eating. 뉴욕: 밴텀
Bantam, 2006./황금가지, 2008.

리사 영Lisa Young, 《현명한 1인분의 선택으로 다이어트를 끝내는 법》The Portion-
Teller. 뉴욕: 크라운 아키타이프Crown Archetype, 2005.

주석

※ 책 속 일화들이 특정 인물을 연상하게 할 경우 사소한 정보를 수정하고, 내용의 명확성 및 분량 조정을 위해 이메일과 독자의 글을 편집했다. 일부 사건은 시간 순서를 바꿨다.

프롤로그

1 로이 바우마이스터, 존 티어니, 《의지력의 재발견》

2 자제력이 강하면 어떤 점이 좋은지 참고할 만한 자료: 바우마이스터, 티어니, 《의지력의 재발견》; 켈리 맥고니걸Kelly McGonigal, 《왜 나는 항상 결심만 할까?》The Willpower Instinct(뉴욕: 펭귄Penguin, 2012./알키, 2012.); 테리 모피트Terrie Moffitt 외, "아이들의 자제력 그래프를 보면 미래의 부와 건강, 공공안전을 알 수 있다"A Gradient of Childhood Self-Control Predicts Health, Wealth, and Public Safety, 《미국 국립 과학원 회보》Proceedings of the National Academy of Sciences 108호 no. 7, 2011년

3 빌헬름 호프만Wilhelm Hoffman 외, "일상의 유혹"Everyday Temptations, 《성격과 사회심리학 저널》Journal of Personality and Social Psychology 102호 no. 6, 2012년 6월; 바우마이스터, 티어니, 《의지력의 재발견》

4 바우마이스터, 티어니, 《의지력의 재발견》; 행동의 가치 프로젝트Values in Action Project, 크리스토퍼 피터슨Christopher Peterson, 마틴 셀리그먼Martin Seligman 엮음, 《개인의 강점과 장점》Character Strength and Virtue(워싱턴DC: 미국 심리학회American Psychological Association, 2004.)

5 캐서린 보Kathleen Vohs 외, "선택을 하면 자제력이 약해진다"Making Choices Impairs Subsequent Self-Control, 《성격과 사회심리학 저널》94호 no. 5, 2008년 5월

6 웬디 우드Wendy Wood, 제프리 퀸Jeffrey Quinn, 데보라 캐시Deborah Kashy, "일상의 습관"Habits in Everyday Life, 《성격과 사회심리학 저널》83호 no. 6, 2002년

7 웬디 우드, 데이비드 닐David Neal, 에이미 드롤렛Aimee Drolet, "자제력이 낮은 사람은 어떻게 목표를 고수하는가? 강력한 습관의 이점(그리고 함정)"How Do People Adhere to Goals When Willpower Is Low? The Profits(and Pitfalls) of Strong Habits, 《성격과 사회심리학 저널》104호 no. 6, 2013년

8 웬디 우드, 제프리 퀸, 데보라 캐시, "일상의 습관"

9 상동

10 크리스토퍼 알렉산더, 《영원의 건축》The Timeless Way of Building(뉴욕: 옥스퍼드대학교 출판부, 1979./안그라픽스, 2013.)

11 질병 통제 예방 센터Centers for Disease Control and Prevention, 국립 만성질병 예방 및 건강증진 센터National Center for Chronic Disease Prevention and Health Promotion (2012년 8월), http://www.cdc.gov/chronicdisease/overview/index.htm

Lesson 1

1 존 업다이크, 《자의식》Self-Consciousness(뉴욕: 크노프Knopf, 1989.)

2 레슬리 판드리히, "5월의 운동 계획"May Exercise Plans, 2013년 5월 2일, http://bit.ly/1lzbCWa

Lesson 2

1 아침형 인간·저녁형 인간에 대한 흥미로운 연구 자료: 틸 뢰네베르크Till Roenneberg, 《내면으로 느끼는 시간》Internal Time(케임브리지: 하버드대학교 출판부, 2012.)

2 르네 비스Renee Biss, 린 해셔Lynn Hasher, "행복한 종달새"Happy as a Lark, 《이모션》Emotion 12호 no. 3, 2012년 6월

3 보다 자세한 설명: 하이디 그랜트 할버슨, 토리 히긴스, 《어떻게 의욕을 끌어낼 것인가》(뉴욕: 허드슨 스트리트 프레스Hudson Street Press, 2013./한국경제신문사, 2014.)

4 찰스 두히그Charles Duhigg, 《습관의 힘》The power of Habits(뉴욕: 랜덤하우스Random House, 2012./갤리온, 2012.)

5 이 주제에 관한 자료: 포그의 웹사이트 www.tinyhabits.com; 테레사 애머빌 Teresa Amabile, 스티븐 크라머Steven Kramer, 《발전의 원칙》The Progress Principle(케

임브리지: 하버드 비즈니스 리뷰 출판부Harvard Business Review Press, 2011.)

6 제임스 클레이본James Claiborn, 체리 페드릭Cherry Pedrick, 《습관 변화를 위한 연습》The Habit Change Workbook(캘리포니아 주 오클랜드: 뉴하빈저New Harbinger, 2001.)

7 제프 구델Jeff Goodell, "1994년의 스티브 잡스"Steve Jobs in 1994, 《롤링 스톤》Rolling Stone, 1994년 6월 16일, 재발행 2011년 1월 17일

8 메이슨 커리, 《리추얼》(뉴욕: 크노프, 2013./책읽는수요일, 2014.)

Lesson 3

1 "주택가 속도위반 문제"The Problem of Speeding in Residential Areas, 마이클 스콧 Michael Scott, 《주택가의 속도위반》Speeding in Residential Areas 제2판, 미국 법무부 문제 지향적 경찰활동 센터Center for Problem-Oriented Policing, http://www.pop center.org/problems/pdfs/Speeding_Residential_Areas.pdf

2 그레첸 레이놀즈Gretchen Reynolds, 《1일 20분 똑똑한 운동》The First 20 Minutes(뉴욕: 허드슨 스트리트 프레스, 2012./콘텐츠케이브, 2013.); 데이비드 바셋 주니어David Bassett Jr. 외, "미국 성인의 신체활동과 건강행동 측정"Pedometer-Measured Physical Activity and Health Behaviors in U.S. Adults, 《스포츠와 운동에 관한 의학·과학》 Medicine & Science in Sports & Exercise 42호 no. 10, 2010년 10월

3 질병 통제 예방 센터, 패스트스태츠FastStats, "비만과 과체중"Obesity and Overweight, http://www.cdc.gov/nchs/fastats/overwt.htm

4 잭 홀리스Jack Hollis 외, "체중감량 후 유지에 있어 집중적인 개입 단계의 체중감량"Weight Loss During the Intensive Intervention Phase of the Weight-Loss Maintenance Trial, 《미국 예방의학 저널》American Journal of Preventive Medicine 35호 no. 2, 2008년 8월

5 데이비드 바셋 주니어 외, "미국 성인의 신체활동과 건강행동 측정"

6 "모든 걸음을 세라"Counting Every Step You Take, 《하버드 건강 회보》Harvard Health Letter, 2009년 9월

7 데이비드 포그David Pogue, "두 개의 팔찌가 건강을 지킨다"2 Wristbands Keep Tabs on Fitness, 《뉴욕 타임스》New York Times, 2012년 11월 14일

8 브라이언 완싱크Brian Wansink, 《나는 왜 과식하는가》Mindless Eating(뉴욕: 밴텀 Bantam, 2006./황금가지, 2008.)

9 앤드루 가이어Andrew Geier, 폴 로진Paul Rozin, 게오르그 도로스Gheorghe Doros, "단위 편향", 《심리과학》Psychological Science 17호 no. 6, 2006년

10 브라이언 완싱크, 《나는 왜 과식하는가》

11 캐서린 샤프Kathryn Sharpe, 리처드 스탤린Richard Staelin, 조엘 허버Joel Huber, "비만과 싸우기 위한 극단기피법 사용"Using Extremeness Aversion to Fight Obesity, 《소비자 연구 저널》Journal of Consumer Research 35호, 2008년 10월; 피에르 샹동Pierre Chandon, "패키지 디자인과 패키지 마케팅 문구는 어떻게 과식을 유발하는가"How Package Design and Packaged-Based Marketing Claims Lead to Overeating, 《응용 경제학적 관점과 정책》Applied Economics Perspectives and Policy 35호 no. 1, 2013년

12 브라이언 완싱크, 《나는 왜 과식하는가》

13 존 티어니, "결심을 지키자"Be It Resolved, 《뉴욕 타임스》, 2012년 1월 6일

14 애나 리나 오사마Anna-Leena Orsama 외, "체중 리듬"Weight Rhythms, 《비만 팩트》Obesity Facts 7호 no. 1, 2014년

15 피어스 스틸, 《결심의 재발견》The Procrastination Equation(뉴욕: 하퍼Harper, 2011./민음사, 2013.)

16 로렌 웨버Lauren Weber, "피로에 지친 근로자들, 특수 조명과 사무실 낮잠 공간을 이용해 잠드는 법을 배우다"Weary Workers Learn to Count Sheep Using Special Lighting, Office Nap Pods, 《월스트리트 저널》Wall Street Journal, 2013년 1월 23일

17 로라 밴더캠, 《시간창조자》168 Hours(뉴욕: 포트폴리오Portfolio, 2011./책읽는수요일, 2011.)

18 딜립 소먼Dilip Soman, "소비행동에 대한 지불 구조 효과"Effects of Payment Mechanism on Spending Behavior, 《소비자 연구 저널》27호 no. 4, 2001년 3월

19 게리 토브스Gary Taubes, 《우리는 왜 살이 찌는가》Why We Get Fat(뉴욕: 앵커 북스 Anchor Books, 2010.)

Lesson 4

1 로이 바우마이스터, 존 티어니,《의지력의 재발견》

2 메건 오튼Megan Oaten, 켄 쳉Ken Cheng, "규칙적인 운동을 통한 자기관리의 장기적인 효과"Longitudinal Gains in Self-Regulation from Regular Physical Exercise,《영국 건강심리학 저널》British Journal of Health Psychology 11호, 2006년; 찰스 두히그,《습관의 힘》; 제임스 프로차스카James Prochaska, 존 노크로스John Norcross, 카를로 디클레멘트Carlo DiClemente,《자기혁신 프로그램》Changing for Good(뉴욕: 하퍼, 1994./에코리브르, 2007.)

3 이브 반 코터Eve Van Cauter 외, "수면 부족이 호르몬과 신진대사에 미치는 영향"The Impact of Sleep Deprivation on Hormone and Metabolism,《메드스케이프 신경학》Medscape Neurology 7호 no. 1, 2005년, http://www.medscape.org/viewarticle/502825

4 메건 오튼, 켄 쳉, "규칙적인 운동을 통한 자기관리의 장기적인 효과"

5 그레첸 레이놀즈,《1일 20분 똑똑한 운동》

6 셜리 왕Shirley Wang, "운동 혐오는 고칠 수 없는가"Hard-Wired to Hate Exercise?,《월스트리트 저널》, 2013년 2월 19일

7 이 주제의 이해를 돕는 자료: 그레첸 레이놀즈,《1일 20분 똑똑한 운동》; 게리 토브스,《우리는 왜 살이 찌는가》

8 데이비드 루이스David Lewis,《충동의 배후》Impulse(케임브리지: 하버드대학교 출판부, 2013./세종연구원, 2015.)

9 "NWCR이 밝히는 진실"NWCR Facts, 전미 체중 조절 연구소National Weight Control Registry, http://www.nwcr.ws/Research/

10 앤드루 브라운Andrew Brown, 미셸 보한 브라운Michelle Bohan Brown, 데이비드 앨리슨David Allison, "증거 이상의 믿음"Belief Beyond the Evidence,《미국 임상영양학 저널》American Journal of Clinical Nutrition 98호 no. 5, 2013년; 아나하드 오코너Anahad O'Connor, "아침식사와 체중의 신화"Myths Surround Breakfast and Weight, 웰Well 블로그,《뉴욕 타임스》, 2013년 9월 10일

11 안젤라 콩Angela Kong 외, "폐경 후 과체중·비만 여성의 12개월 과정 체중감량과

자기관찰 및 식이행동의 관계"Self-Monitoring and Eating-Related Behaviors Are Associated with 12-Month Weight Loss in Postmenopausal Overweight-to-Obese Women, 《영양 식이요법 학회 저널》Journal of the Academy of Nutrition and Dietetics 112호 no. 9, 2012년 9월

12 그레첸 레이놀즈, 《1일 20분 똑똑한 운동》

13 찰스 두히그, 《습관의 힘》

Lesson 5

1 패트리샤 반스Patricia Barnes, 바바라 블룸Barbara Bloom, 리처드 나힌Richard Nahin, "성인과 아동의 보충제 및 대체의학 사용"Complementary and Alternative Medicine Use Among Adults and Children, 질병 통제 예방 센터의 전국 건강 통계 보고National Health Statistics Report #12, 2008년 12월 10일

2 대니얼 길버트, 《행복에 걸려 비틀거리다》Stumbling on Happiness(뉴욕: 크노프, 2006./김영사, 2006.)

3 틱낫한, 《거기서 그것과 하나 되시게》(보스턴: 비컨 프레스Beacon Press, 1999./나무심는사람, 2002.)

4 샤론 샐즈버그, 《하루 20분 나를 멈추는 시간》(뉴욕: 워크맨Workman, 2010./북하이브, 2011.)

5 상동

6 이사야 벌린, 《고슴도치와 여우》제2판(뉴저지 주 프린스턴: 프린스턴대학교 출판부 Princeton University Press, 2013./애플북스, 2010.)

7 헨리 데이비드 소로, 《월든》Walden(코네티컷 주 뉴헤이븐: 예일대학교 출판부Yale University Press, 2004./은행나무, 2011.)

8 필리파 랠리Phillippa Lally 외, "습관은 어떻게 형성되는가"How Are Habits Formed, 《유럽 사회심리학 저널》European Journal of Social Psychology 40호, 2010년

9 앤디 워홀, 《앤디 워홀의 철학》The Philosophy of Andy Warhol(뉴욕: 하베스트Harvest, 1977./미메시스, 2015.)

10 거트루드 스타인, 《프랑스 파리》Paris France(뉴욕: 라이브라이트Liveright, 2013.)

11 로이 바우마이스터, "유혹에 굴복하기"Yielding to Temptation, 《소비자 연구 저널》 28호, 2002년 3월

12 줄리아 카메론, 《아티스트 웨이》(뉴욕: 펭귄 퍼남Penguin Punam, 1992./경당, 2012.)

13 앤서니 트롤럽, 《자서전》Autobiography(뉴욕: 옥스퍼드대학교 출판부, 2009.)

14 필 패튼Phil Patton, "조니 캐시-목록을 향한 열망"Johnny Cash-Our Longing for Lists, 《뉴욕 타임스》, 2012년 9월 1일

15 대니얼 리드Daniel Reed, 바바라 반 리우벤Barbara van Leeuwen, "배고픔을 예측하는 법"Predicting Hunger, 《조직행동과 의사결정 과정》Organizational Behavior and Human Decision Processes 76호 no. 2, 1998년 11월

16 아우구스티누스, 《성 아우구스티누스 고백록》The Confessions of Saint Augustine(뉴욕: E. P. 더튼 앤 코E. P. Dutton & Co., 1900./범우사, 2002.)

Lesson 6

1 애덤 알터Adam Alter, 《분홍색의 힘》Drunk Tank Pink(뉴욕: 펭귄, 2013.)

2 앤드루 래퍼티Andrew Rafferty, "판지로 만든 경찰, 보스턴의 자전거 도둑에 맞서다"Cardboard Cop Fighting Bike Theft in Boston, NBC 뉴스, 2010년 8월 6일, http://usnews.nbcnews.com/_news/2013/08/06/19897675-cardboard-cop-fighting-bike-theft-in-boston

3 로이 바우마이스터, 존 티어니, 《의지력의 재발견》

4 어빙 월리스, 《소설 쓰기》(뉴욕: 사이먼 앤 슈스터Simon & Schuster, 1968.)

5 밥 마틴Bob Martin, 《인문학 연구회》Humane Research Council, "애완견 주인이 헬스클럽 회원보다 운동을 더 많이 한다"Average Dog Owner Gets More Exercise Than Gym-Goers, 2011년 2월 15일, http://bit.ly/1sfRSK3

6 타라 파커 포프Tara Parker-Pope, "최고의 산책 파트너"The Best Walking Partner, 《뉴욕 타임스》, 2009년 12월 14일

7 브라이언 완싱크, 《나는 왜 과식하는가》

Lesson 7

1 브래드 아이작, "제리 사인필드가 밝히는 생산성의 비밀"Jerry Seinfeld's Productivity Secret, 《라이프해커》Lifehacker, 2007년 7월 24일, http://bit.ly/1rT93AB

Lesson 8

1 토드 헤더튼Todd Heatherton, 패트리샤 니콜스Patricia Nichols, "개인의 성공기 대 인생 변화 실패기"Personal Accounts of Successful Versus Failed Attempts at Life Change, 《성격과 사회심리학 회보》Personality and Social Psychology Bulletin 20호.no. 6, 1994년 12월; 칩 히스Chip Heath, 댄 히스Dan Heath, 《스위치》Switch(뉴욕: 브로드웨이 북스Broadway Books, 2010./웅진지식하우스, 2010.)

2 제프 그랩마이어Jeff Grabmeier, "남성은 이혼, 여성은 결혼 후 급격히 체중이 증가할 가능성이 높다"Large Weight Gains Most Likely for Men After Divorce, Women After Marriage, 오하이오 주립대학교, 《리서치 뉴스》Research News, 2011년 8월 17일, http://researchnews.osu.edu/archive/weightshock.htm

Lesson 9

1 섬광 전략에 관한 흥미로운 참고 자료: 윌리엄 밀러William Miller, 자넷 드 바카 Janet C'de Baca, 《양자 변화》Quantum Change(뉴욕: 길포드 프레스Guilford Press, 2001.)

2 게리 토브스, 《우리는 왜 살이 찌는가》; 토브스의 주장을 자세히 보고 싶다면 《굿 칼로리 배드 칼로리》Good Calories, Bad Calories(뉴욕: 앵커, 2008./도도, 2014.)를 참고하라. 다음은 토브스가 내린 결론을 이해하기 쉽게 요약한 것이다.

① 식이지방은 포화지방이든 아니든 비만이나 심장질환을 비롯한 현대인의 만성 질환을 유발하지 않는다.

② 문제는 식사로 섭취하는 탄수화물에 있다. 탄수화물은 인슐린 분비에 영향을 미쳐 호르몬의 항상성 조절을 건드리고, 나아가 인체의 전체적인 조화를 깨뜨린다. 소화가 잘되고 더 많이 정제한 탄수화물일수록 사람의 건강, 체중, 행복에 큰 변화를 일으킨다.

③ 설탕, 특히 자당과 액상과당은 몸에 해롭다. 과당과 포도당이 결합하면 인슐린 수치가 높아지는 동시에 간에 탄수화물 과부하가 일어나기 때문으로 보인다.

④ 인체에 쌓인 탄수화물, 전분, 설탕은 인슐린과 혈당에 직접 영향을 미치며 이 것은 관상동맥성 심장질환 및 당뇨병의 식이요인이다. 이런 것을 섭취할 경우 암과 알츠하이머를 비롯해 현대 만성질환에 걸릴 위험이 높다.

⑤ 비만은 과식하거나 오래 앉아 있어서 생기는 게 아니라 지방의 과도한 축적으로 나타난 장애다.

⑥ 성인이 칼로리를 과도하게 섭취한다고 살이 더 찌지 않듯, 어린이가 칼로리를 과잉 섭취한다고 키가 더 자라는 것은 아니다. 섭취량 이상으로 에너지를 소비해도 장기적으로는 살이 빠지지 않으며 단지 배가 고파질 뿐이다.

⑦ 지방조직과 지방대사 호르몬 조절이 불균형 상태에 놓이면 살이 찌고 결국 비만에 이른다. 이때는 보통 지방조직에서 지방을 유동화해 연소하는 작용보다 지질 합성 및 저장 작용이 더 많이 일어난다. 지방조직의 호르몬 조절이 균형을 되찾을 경우 살이 빠진다.

⑧ 인슐린은 지방을 저장하는 주요 조절자다. 인슐린 수치가 높아지면(만성적이든 식사 후 일시적이든) 지방조직에 지방이 쌓인다. 반대로 인슐린 수치가 낮아지면 지방조직에서 지방이 배출돼 에너지원으로 쓰인다.

⑨ 탄수화물은 인슐린 분비를 촉진해 살이 찌게 하고 결국 비만에 이른다. 탄수화물을 적게 섭취할수록 날씬해진다.

⑩ 탄수화물은 지방을 축적해 공복감을 불러일으키고 신진대사와 신체활동에 필요한 에너지의 양을 줄인다.

건강한 식사에서 지방이 어떤 역할을 하는지 더 알고 싶을 때 참고할 책: 니나 타이숄츠Nina Teicholz, 《지방의 역설》The Big Fat Surprise(뉴욕: 사이먼 앤 슈스터, 2014./ 시대의창, 2016.)

3 게리 토브스, 《우리는 왜 살이 찌는가》
4 상동
5 상동

Lesson 10

1 피오치Piozzi 외, 《새뮤얼 존슨의 모든 것》Johnsoniana(런던: 존 머레이John Murray, 1836.)

2 오스카 와일드, 《도리언 그레이의 초상》(메인 주 손다이크: G. K. 홀G. K. Hall, 1995./ 열린책들, 2010.)

3 라로슈푸코La Rochefoucauld, 《인간의 본성에 대한 풍자 511》Collected Maxims and Other Reflections, E. H. 블랙모어E. H. Blackmore와 A. M. 블랙모어A. M. Blackmore 번역(뉴욕: 옥스퍼드 월드 클래식Oxford World Classics, 2008./나무생각, 2003.)

4 뮤리엘 스파크, 《의도를 갖고 어슬렁거리다》Loitering with Intent(뉴욕: 뉴 디렉션스 New Directions, 1981.)

5 오마르 마네즈왈라Omar Manejwala, 《갈망》Craving(미네소타 주 센터시티: 헤즐던 Hazelden, 2013.)

6 윌리엄 제임스, 《심리학의 원리》(뉴욕: 라이브러리 오브 아메리카Library of America, 1992.)

7 로이벤 다르Reuven Dar 외, "비행 승무원의 흡연 욕구"The Craving to Smoke in Flight Attendants, 《이상심리학 저널》Journal of Abnormal Psychology 119호 no. 1, 2010년

Lesson 11

1 브라이언 완싱크, 《나는 왜 과식하는가》

2 《컨슈머 리포트》, 2011년 8월, http://bit.ly/1oiPAUB

3 피어스 스틸, 《결심의 재발견》

4 마이클 추이Michael Chui 외, "사회적 경제"The Social Economy, 《맥킨지 글로벌 인스 티튜트》McKinsey Global Institute, 2012년 7월, http://bit.ly/1d4fPbE

5 클레어 베이츠Claire Bates, "계단을 새롭게 오르다"Scaling New Heights, 《데일리 메 일》Daily Mail, 2009년 10월 11일

6 마이클 폴락Michael Pollak, "네덜란드식 혁신"A Dutch Innovation, 《뉴욕 타임스》, 2012년 6월 17일

Lesson 12

1 마이클 폴란,《푸드 룰》Food Rules(뉴욕: 펭귄, 2009./21세기북스, 2010.)

2 피어스 스틸,《결심의 재발견》; 테리 모피트 외, "아이들의 자제력 그래프를 보면 미래의 부와 건강, 공공안전을 알 수 있다",《미국 국립과학원 회보》108호 no. 7, 2011년

3 쉬나 아이엔가Sheena Iyengar,《선택의 심리학》The Art of Choosing(뉴욕: 트웰브 Twelve, 2010./21세기북스, 2012.)

4 편의성이 쇼핑에 어떤 영향을 주는지 설명하는 책: 파코 언더힐Paco Underhill,《쇼핑의 과학》Why We Buy(뉴욕: 사이먼 앤 슈스터, 1999./세종서적, 2000.)

5 리처드 탈러Richard Thaler, 캐스 선스타인Cass Sunstein.《넛지》Nudge(뉴욕: 펭귄, 2008./리더스북, 2009.)

6 리사 포데라로Lisa Foderaro, "대학 카페테리아에서 쟁반을 없애자 물 사용과 섭취 칼로리가 줄어들었다"Without Cafeteria Trays, Colleges Cut Water Use, and Calories,《뉴욕 타임스》, 2009년 4월 28일

7 마이클 쉬나이얼슨Michael Shnayerson, "앤의 자택에 사건이 터졌다"Something Happened at Anne's!,《베니티 페어》Vanity Fair, 2007년 8월

Lesson 13

1 호메로스Homer,《오디세이아》The Odyssey 12권, 로버트 페이글스Robert Fagles 번역(뉴욕: 펭귄, 1996./숲, 2015.)

2 빌헬름 호프만 외, "일상의 유혹",《성격과 사회심리학 저널》102호 no. 6, 2012년 6월

3 브라이언 완싱크, "정보가 부족한 소비자의 소비량과 식품 섭취량을 늘리는 환경 요인"Environmental Factors That Increase the Food Intake and Consumption Volume of Unknowing Consumers,《영양학회 연례보고서》Annual Review of Nutrition 24호, 2004년

4 제이콥 톰스키,《저는 분노 조절이 안 되는 호텔리어입니다》Heads in Beds(뉴욕: 더블데이Doubleday, 2012./중앙M&B, 2013.)

5 미셸 드 몽테뉴Michel de Montaigne, 《몽테뉴 수상록》The Complete Essays(뉴욕: 펭귄 클래식Penguin Classics, 1993./동서문화사, 2007.)

6 피터 골비처, "실행 의도", 《미국 심리학자》American Psychologist 54호, 1999년; 칩 히스, 댄 히스, 《스위치》

7 칩 히스와 댄 히스, 《스위치》; 하이디 그랜트 할버슨Heidi Grant Halvorson, 《기회가 온 바로 그 순간》Succeed(뉴욕: 허드슨 스트리트 프레스, 2010./21세기북스, 2011.); 피터 골비처, 파스칼 시런Paschal Sheeran, "실행 의도", http://bit.ly/1lKxCtU

8 드와이트 아이젠하워, 1957년 11월 14일 미 연방안보위원회 준비회의National Defense Executive Reserve Conference에서의 발언

9 관련 연구를 다루는 참고 자료: 켈리 맥고니걸, 《왜 나는 항상 결심만 할까?》

10 카렌 파인Karen Pine, "여성의 경제행위와 소비의 감정조절 기능에 대한 조사 보고서"Report on a Survey into Female Economic Behaviour and the Emotion Regulatory Role of Spending, 허트포드셔대학교, 《여성 경제학 조사 보고서》Sheconomics Survey Report 2009.

11 필리파 랠리, "습관은 어떻게 형성되는가", 《유럽 사회심리학 저널》40호, 2010년

12 로이 바우마이스터, 토드 헤더튼, 다이앤 타이스Dianne Tice, 《통제력 상실》Losing Control(뉴욕: 아카데믹 프레스Academic Press, 1994.); 로이 바우마이스터, 존 티어니, 《의지력의 재발견》

13 피터 허먼Peter Herman, 자넷 폴리비Janet Polivy, "자가조절 섭식"The Self-Regulation of Eating; 캐서린 보, 로이 바우마이스터 엮음, 《자제력 핸드북》Handbook of Self-Regulation 제2판(뉴욕: 길포드 프레스, 2011.)

Lesson 14

1 닥스 어브자트Dax Urbszat, 피터 허먼, 자넷 폴리비, "즐겁게 먹고 마시자, 내일은 다이어트다"Eat, Drink, and Be Merry, for Tomorrow We Diet, 《이상심리학 저널》111호 no. 2, 2002년 5월

2 워런 비켈Warren Bickel, 루디 부치니치Rudy Vuchinich 외, 《행동경제학으로 건강행동 변화 재구성하기》Reframing Health Behavior Change with Behavioral Economics(뉴

저지 주 마와: 로렌스 얼바움Lawrence Erlbaum, 2000.); 로이 바우마이스터, 토드 헤더튼, 다이앤 타이스,《통제력 상실》

3 제임스 매튜 배리,《표류 소년들》, 예일대학교 바이네케 희귀본 도서관Beinecke Rare Book and Manuscript Library 종합자료실

4 새뮤얼 존슨,《에세이 선집》Selected Essays(뉴욕: 펭귄 클래식, 2003.), 최초 발표는《램블러》The Rambler 28호, 1750년 6월 23일

5 새라 나사우어Sarah Nassauer, "새로운 시즌으로 과소비를 부르는 레스토랑"Restaurants Create New Seasons as Reasons to Indulge,《월스트리트 저널》, 2013년 3월 6일

6 데시데리우스 에라스무스,《우신예찬》(일명 '궤변 패러독스'Sorites paradox), 클래런스 밀러Clarence Miller 번역(코네티컷 뉴헤이븐: 예일대학교 출판부, 1979.)

Lesson 15

1 제프리 슈워츠Jeffrey Schwartz, 샤론 베글리Sharon Begley,《마음과 뇌》The Mind and the Brain(뉴욕: 레이건북스ReganBooks, 2002.)

2 진 커,《데이지는 먹지 마세요》Please Don't Eat the Daisies(뉴욕: 더블데이, 1957.)

Lesson 16

1 보상의 함정을 이용하는 흥미로운 방법을 더 알고 싶을 때 참고할 자료: 에드워드 데시Edward Deci, 리처드 플래스트Richard Flaste,《마음의 작동법》Why We Do What We Do(뉴욕: 펭귄, 1995./에코의서재, 2011.); 알피 콘,《보상으로 벌주기》; 다니엘 핑크,《드라이브》

2 토마스 말론, 마크 레퍼, "즐겁게 배우는 법"Making Learning Fun; 리처드 스노Richard Snow, 마샬 파Marshall Farr 외,《적성과 학습, 지도》Aptitude, Learning, and Instruction(뉴저지 주 힐스데일: 로렌스 얼바움, 1987.)

3 마크 레퍼, 데이비드 그린David Greene, 리처드 니스벳Richard Nisbett, "외적 보상은 아동의 내적 흥미를 약화시킨다"Undermining Children's Intrinsic Interest with Extrinsic Reward,《성격과 사회심리학 저널》 28호 no. 1, 1973년

4 에드워드 데시,《마음의 작동법》; 알피 콘,《보상으로 벌주기》

5 미셸 레빈Michele Levine 외, "체중에 대한 걱정은 출산 후 금연 의지를 꺾는다"
Weight Concerns Affect Motivation to Remain Abstinent from Smoking Postpartum, 《행동
의학 회보》Annals of Behavioral Medicine 32호 no. 2, 2006년 10월

6 엔피디 그룹NPD Group, "미국의 식습관 보고서"Report on Eating Patterns in America,
http://bit.ly/1zHGeu1

7 트레이시 맨Traci Mann 외, "효과적인 비만 치료를 찾는 메디케어"Medicare's Search
for Effective Obesity Treatments, 《미국 심리학자》 62호 no. 3, 2007년

Lesson 17

1 아이리스 머독, 《바다여, 바다여》(뉴욕: 펭귄, 1978./문예출판사, 2012.)

2 다이앤 타이스 외, "나를 되찾다"Restoring the Self, 《실험 사회심리학 저널》Journal of
Experimental Social Psychology 43호, 2007년

3 잰 스트러더, 《미니버 부인》Mrs. Miniver(뉴욕: 마리너Mariner, 1990.)

4 제임스 보스웰James Boswell, 《새뮤얼 존슨의 일생》The Life of Samuel Johnson(뉴욕:
펭귄 클래식, 2008.)

5 소냐 로드리게즈Sonia Rodriguez 외, "초콜릿 이미지에 대한 주관적 및 생리적 반
응"Subjective and Physiological Reactivity to Chocolate Images in High and Low Chocolate
Cravers, 《생물심리학》Biological Psychology 70호 no. 1, 2005년

6 "미국인의 시간 활용 조사"American Time Use Survey, 노동통계국Bureau of Labor
Statistics, 2013년 6월 20일, http://www.bls.gov/news.release/atus.nr0.htm

7 만프레트 쿤Manfred Kuehn, 《칸트》Kant(케임브리지: 케임브리지대학교 출판부, 2002.)

Lesson 18

1 윌리엄 제임스, 《심리학의 원리》

2 제임스 블라오스James Vlahos, "앉은 자세는 건강에 치명적인가"Is Sitting a Lethal
Activity?, 《뉴욕 타임스 매거진》New York Times Magazine, 2011년 4월 14일; 마크 해
밀턴Marc Hamilton 외, "너무 적게 운동하고 너무 오래 앉아 있다"Too Little Exercise
and Too Much Sitting, 《최신 심장혈관 위험 보고서》Current Cardiovascular Risk Reports

2호 no. 4, 2008년 7월

3 A. J. 제이콥스,《한 권으로 읽는 건강 브리태니커》; 러닝머신 책상 사용기를 더 보고 싶을 때 참고할 기사: 수잔 올린Susan Orlean, "걸으면서 살기"The Walking Alive, 《뉴요커》The New Yorker, 2013년 5월 20일

Lesson 19

1 토리 존슨,《시프트》(뉴욕: 하이페리온Hyperion, 2013.)

2 바네사 패트릭Vanessa Patrick, 헨릭 헤그베트Henrik Hagtvedt, "거절하는 방법"How to Say 'No', 《국제 마케팅 연구 저널》International Journal of Research in Marketing, 29호 no. 4, 2012년

3 미국 소비자 동맹Consumers Union, "약은 꼬박꼬박 먹어야 한다"Take Meds Faithfully, 《처방약 쇼핑 가이드》Shopper's Guide to Prescription Drugs No. 7, 2007년, http://www.consumerreports.org/health/resources/pdf/best-buy-drugs /money-saving-guides/english/DrugComplianceFINAL.pdf

Lesson 20

1 오스카 와일드,《도리언 그레이의 초상》

2 다른 사람의 존재와 섭취량에 따른 식사 조절을 설명하는 참고 자료: 브라이언 완싱크,《나는 왜 과식하는가》; 피터 허먼, 자넷 폴리비, "자가 조절 섭식"; 캐서린 보, 로이 바우마이스터 외,《자제력 핸드북》제2판

3 크리스토퍼 브라이언Christopher Bryan 외, "자아정체성이 투표율을 높인다"Motivating Voter Turnout by Invoking the Self, 《미국 국립과학원 회보》Proceedings of the National Academy of Sciences 108호 no. 31, 2011년 8월

4 무라카미 하루키,《달리기를 말할 때 내가 하고 싶은 이야기》What I Talk About When I Talk About Running(뉴욕: 크노프, 2007./문학사상, 2009.)

5 재닛 맬컴,《41가지의 부정 출발》Forty-one False Starts(뉴욕: 패러, 스트라우스 앤 지루Farrar, Straus & Giroux, 2013.)

6 칩 히스와 댄 히스,《스틱》(뉴욕: 랜덤 하우스, 2007./엘도라도, 2009.)

7 "포기의 심리학"The Psychology of Abandonment, 굿리즈,
http://www.goodreads.com/blog/show/424-what-makes-you-put-down-a-book

Lesson 21

1 세네카, 《스토아 철학자의 편지》, 로빈 캠벨Robin Campbell 번역(뉴욕: 펭귄, 1969.)

2 디에나 메일러Deanna Meyler, 짐 스팀슨Jim Stimpson, 크리스틴 피크Kristen Peek, "커플의 건강 일치 현상"Health Concordance Within Couples, 《사회과학 및 의학》 Social Science and Medicine 64호 no. 11, 2007년 6월

3 애런 렁Aaron Leong, 엘함 라메Elham Rahme, 카베리 다스굽타Kaberi Dasgupta, "배우자의 당뇨병도 당뇨병 위험 요인이다"Spousal Diabetes as a Diabetes Risk Factor, 《BMC 의학 저널》BMC Medicine 12호 no. 12, 2014년, http://www.biomed-central.com/1741-7015/12/12

4 켈리 맥고니걸, 《왜 나는 항상 결심만 할까?》

5 그레첸 레이놀즈, 《1일 20분 똑똑한 운동》

6 앤디 워홀, 《앤디 워홀의 철학》

7 데이비드 리 로스David Lee Roth, 《열기로 미치다》Crazy from the Heat(뉴욕: 하이페리온, 1997.)

에필로그

1 윌리엄 제임스, 《심리학의 원리》

328